KB263417

원리 · 천황 · 전쟁

글쓴이

정의(鄭毅, Zheng Yi)

중국 길림(吉林)대학 법학연구과 법학박사. 현재 북화(北華)대학 교수, 북화대학 동아역사문화원 원장. 일본 호세이(法政)대학 법학부 초빙연구원, 야마가타(山形)대학 지역교육학부 방문학자. 근래에는 '동아시아의 전쟁 기억과 역사 인식'에 대해 관심을 갖고 집필 활동 중이다. 주요 저서로는 『일본제국주의의 흥망』, 『위만주국』(역서), 『요시다 시게루(吉田茂)의 제국의식과 대(對)중국 정책관 연구』, 『요시다 시게루(吉田茂)의 정치사상 연구』, 『수상 요시다 시게루(吉田茂)』 외 다수.

전성곤(全成坤, Jun Sung-Kon)

일본 오사카(大阪)대학 문학연구과 문화형태론(일본학) 전공, 문학박사. 오사카대학 외국인 초빙연구원. 북경외국어대학 일본학연구센터 객원교수를 거쳐 현재 북화(北華)대학 외국인 교수. 북경과 길림에서 지내면서 '우익과 전쟁론'에 대해 관심을 갖고 집필 활동을 하고 있다. 주요 저서로는 『내적 오리엔탈리즘과 그 비판적 검토』, 『트랜스 로컬리즘과 재해사상학』, 『이미지로서의 동아시아 문화공동체』, 『일본인류학과 동아시아』 외 다수.

제국에의 길 — 원리·천황·전쟁

초판인쇄 2015년 8월 23일　**초판발행** 2015년 9월 3일
지은이 정의·전성곤　**펴낸이** 박성모　**펴낸곳** 소명출판　**출판등록** 제13-522호
주소 서울시 서초구 서초중앙로6길 15, 1층
전화 02-585-7840　**팩스** 02-585-7848
전자우편 somyong@korea.com　**홈페이지** www.somyong.co.kr

값 23,000원　ⓒ정의·전성곤, 2015
ISBN 979-11-86356-35-7　93910

본 저서는 중국 2015년도 國家社會科學基金의 지원을 받아 수행된 연구임. (15ASS004)

The Road to Empire : Principles · Tenno · War

제국에의 길

원리 · 천황 · 전쟁

정의 · 전성곤 지음

소명출판

1.

본서에서 일본의 '우익'과 '우익 사상가' 오카와 슈메이와 그 주변 인물에 대한 문제를 다루고 있다. 그러나 '우익'이나 '우익 사상'을 미리 설정하거나, '우익'이란 무엇인가를 설명하는 것은 아니다. 오히려 그러한 일본의 '우익'이나 '우익 사상'이 형성되는 논리 그 자체를 규명하려 하는 것이다. '우익'이나 '우익 사상'은 선험적으로 존재한다기보다는 '우익'으로 사상화(thought)하는 그 프로세스를 탐구한다는 의미이다.

일본의 '우익'은 어떻게 정의될 수 있을까. 이러한 물음을 던지는 것은, '우익'이라는 언어가 갖는 힘에 압도되어 하나의 이미지적 틀에 그것을 맞추어버리는 문제점에 대해 비판적 견해를 세우기 위함이다. '우익'이라는 '틀' 자체에 대해 의심도 하지 않고, 마치 자명한 것처럼 그 틀을 상정하고, 그 틀에 '우익'을 대입시키는 '위험성'에 대한 각성이기도 하다.

사실 '우익'은 '좌익'과 쌍을 이루며 형성되는 것이다. 그렇기 때문에 결과적으로 '우익'과 '좌익'은 역사적 과정에서 동시에 형성된 개념이다. 그럼에도 불구하고 무엇을 '우익'이라고 할 것인가는 그 발화자의 위치와 시대에 따라 또 달라진다. 또한 '우익'을 '좌익'의 대립 개념이라는 이분법으로 보는 것이 아니라, 이를 4개로 나누었을 때 생기는 경계의 문제도 고민이 필요하다. 즉, '좌좌익', '좌우익', '우우익', '우좌익'으로 배치했을 때 상호 섞이는 문제를 어떻게 볼 것인가라는 점이다. 아니 8개의 입체, 16개의 입체로 볼 때 그 내부에서 혼성되는 부분에 대해서 어떻게 내부 경계를 그을 수 있는가라는 것이다. 여기서 바로 '우익'을 설정하는 '인식 틀' 혹은 '사상으로 정리하는 파편들의 조합'이 갖는 문제가 등장하는 것이다.

그리고 또 하나 여기서 '사상'이라는 용어에 대한 설명이 필요하다. 사상가란 때로 '저항정신'의 표현자라는 의미로도 사용된다.[1] 본서에서 다룰 오카와 슈메이(大川周明)는 기타 잇키(北一輝)와 함께 국가 혁신을 주장했고, 무정부주의나 사회주의라는 반국가사상을 수용해야 한다고 주장하는 등 국가 지배 체제에 대해 저항적인 부분이 있었다. 이렇게 본다면 '우익'은 반체제적이라는 의미가 된다.[2] 그것은 '좌익'과 그럼 또 어떠한 차이를 가질 수 있을까.

그뿐만이 아니라, '좌익'이나 '우익'이 나누어진다 하더라도 그 각각의 내부에서는 서로 반목하고 논쟁하는 다채성(多彩性)이 존재한다. 그 내적 차이성들이 다시 '좌우익'의 '우익' 부분이 재정의되면서 '좌익'적인 부분들이 어떻게 소거되고 반대로 '우좌익'의 '좌익' 부분은 또 어떻게 잘라지는가에 따라 '우익'이 구성되기 때문이다. 그러한 의미에서 '우익'이나 '우익 사상'은 재고되어야 할 것이다.

---

1   伊藤整他, 「近代日本を創った思想家10人を選ぶ」, 『中央公論』 929號, 中央公論社, 1965, 395면. 이하 출처가 거듭 언급될 경우에는 '저자, 글명, 책명, 인용쪽수'로 서지사항을 간략히 표기한다.
2   松本健一, 『思想としての右翼』, 第三文明社, 1976, 10면.

더욱이 '우익'을 어느 국가에서 바라보는가에 따라서도 달라진다. 물론 '우익'에 대한 해석이 다양할 수 있다는 측면은 열어 두지만, 가장 중요한 것은 당사자 국가인 일본에서 '우익'에 대한 논의가 어떻게 구성되고 있는가라는 점이며, 이를 또 외부에서 어떻게 재고해야 하는지, 그러한 우익 재구성이 갖는 현재적 의미는 무엇인지를 함께 고려해야 할 것이다. 올해는 특히 전후 70년을 맞이하는 해이다. 그렇지만 아직도 전후의 '우익' 아니 전전(戰前)의 '우익 사상'은 아직도 계속되고 있다. 또한 한국, 중국, 일본에서 보는 3개의 70년이 존재하는 것이다. 전후 70년을 맞이하는 지금의 '우익' 연구는 지나간 '우익'이 아니라 전후 140년을 맞이할 때 만날 수 있는 '미래의 우익'이기도 한 것이다.

최근, 일본 내부에서 '우익'을 과거의 복고주의로서 제국주의의 부활이라는 의미로서 재구성하기도 하지만, 트렌드로서 하나의 개념으로서의 '우익'이 아니라 '우익' 내부의 차이 그리고 시대에 따라 달라진 개념 등을 상정한 연구들이 등장하고 있다. 국가적 입장을 중시한 연구에서 개인 당사자의 사상성에 초점을 맞추고, 주변 인물들과의 비교를 통해 '당사자성'을 중시하는 연구 흐름으로 변화한 것이다. 중요한 것은 후자 쪽인데, 시대의 유행담론 즉 당사자성을 기준으로 하는 연구 논리에 의거하여 기존 '우익'과는 다른 방향으로 재구성되고 있다. 그런 의미에서 '우익' 연구는 재편되고 있으며, 현재적인 것이다.

특히 본서에서는 '우익'이라고 일컬어지는 오카와 슈메이를 중심에 두고, 그 주변 인물들과의 논쟁이나 의식의 변용을 살펴보았다. 전전(戰前) 일본이 제국주의를 창출해 내고, 태평양전쟁을 일으키는 데 있어서 커다란 이데올로그(ideolog) 중 한 명이 바로 오카와 슈메이였다. 도쿄

전범재판에 A급 전범으로 기소되었지만, 재판 도중 도조 히데키(東條英機)의 뒤통수를 때리는 등 정신이상 행동을 보여 결국 사형을 면하고 불기소 입건되었다고 알려진 인물이다. 그렇지만, 오카와 슈메이는 사실 메이지기나 다이쇼기에 리버럴리스트(liberalist)로 '우익' 내부에서는 차이를 가진 '신(新)우익'이었다. 바로 이 '신자유주의 우익'이 갖는 특징이 어떤 '우익 사상'인가를 밝혀내고, 그러한 논리가 어떤 사상적 근거로 형성되어졌는가를 고찰하려 했다. 그 사상형성의 길을 그려낸 의미이기도 하다.

그런 의미를 포함하여 제목을 '제국에의 길'이라고 붙였다. 이를 구체적으로 설명하기 위해 부제목으로 원리·천황·전쟁이라고 붙였다. 제국이란 말 그대로 민족(타민족 포함)과 국가(타국가 포함)를 통치하고 관리, 지배하는 것을 가리킨다. 그러나 다른 의미에서는 그것이 영토적 한계를 넘어 외부로 나아가며 '탈중심주의'적이고, '탈영토화'를 설명하는 데 사용하기도 한다. 제국이 갖는 의미가 이중적이기는 하지만, 후자의 탈중심주의나 탈영토화가 갖는 의미로 본다면 제국은 주권국가나 국민국가를 넘어 세계적이고 보편적인 '이론'을 갖는 문맥으로 작용하기도 한다.

이것은 일본에서 '우익'이 주장하는 논리의 더블 스탠다드(double standard)와 중첩된다. 구체적으로 오카와 슈메이를 본다면, 오카와 슈메이는 로마 제국(Roman Empire)이 융성한 것을 도시국가들이 통합하여 만들어진 아시리아(Assyria)나 바빌로니아(Babylonia)가 메소포타미아 문명국가를 이루었고, 이는 페르시아가 이어받았고, 헬레니즘(Hellenism)을 거쳐 로마 제국으로 이어졌다고 상정했다. 바로 그렇게 형성된 로마 제국은 항구적 세계 평화 관념을 갖고 있었고, 로마의 법률로 만국을 복종시켰으며, 복종시키는 것이 사명이었다고 해석했다.[3] 이것이 바로 오카와 슈메이가 상정한 '제국의 보편성'이었다.

그런데 이러한 역사적 경위는 일본이 씨족사회에서 부족국가로 이어지고, 전국시대를 거쳐 문명국가를 형성하게 되는 역사와 중첩된다고 보았다. 오카와 슈메이의 논리에 의하면 이것은 로마에도 있었지만, 일본에도 있었다는 논리인 것이다. 이러한 논리를 설정할 수 있었던 것은, 빌헬름 부세(Wilhelm Bousset)가 제시한 세계사적 종교 흐름 이론을 통해서였다.[4]

그것은 서구의 기독교가 세계사의 유일적인 종교가 아니라 여러 종교들 중의 하나일 뿐이라는 '비교종교학의 비판적 시각'을 모방하는 것으로 출발했다. 기독교를 주변국인 동양국가의 종교와 연결해서 해석해야 하고, 동양의 종교적 영향을 무시할 수 없다는 이론적 방법론을 수용한 것이었다. 이는 발레리(Valéry)가 유럽을 구대륙의 곶(cap, 先端 = 頭 = 岬)이며, 아시아의 서구 부속체(付屬体)라고 지적한 논리와도 연결된다. 이를 근거로 데리다가 곶(cap)[5]이 갖는 의미를 재고한 것과 오카와 슈메이가 해석하는 유럽의 기독교 이론은 상통한다.

바로 여기서 원리의 발견이 이루어진 것이다. 서구와의 만남이 새로운 변화를 가져왔다는 논리가 아니라, 서구를 모델로 설정하면서도 그 서구 또한 하나의 사회에 불과한 존재이며, 모든 국가나 지역과 마찬가

3　　大川周明, 「國家の起源」, 『大川周明全集』 第4卷, 岩崎書店, 1962, 548면.
4　　大川周明, 「宗教の本質」, 『大川周明全集』 第3卷, 岩崎書店, 1962, 796~839면.
5　　자크 데리다, 김다은·이혜지 역, 『다른 곳』, 동문선, 1997, 22면.

지로 하나이며, 유럽도 아시아에서 보면 변경일 뿐 중심이 아니라는 것이었다. 그것은 반대로 일본이 중심이 될 가능성도 존재한다고 보는 논리였다. 바로 이것이 부제목의 첫 머리인 원리의 의미이다. 여기에서 사용한 원리는 사실 '서구를 상대화'한다는 이론으로서 '원리'의 발견이고, 그것을 기준으로 세계사를 보는 원칙을 삼았다는 의미에서는 프린시플(principle)이다. 그렇지만 그 원리는 동시에 배제성을 내포하면서 대중에게 훈육하려 했다는 의미에서는 디스플린(discipline)이었고, 결과적으로는 '일본 원리주의'를 만들어낸다는 의미에서 판다멘탈리즘(fundamentalism)의 의미도 포함하고 있다.

그리고 발레리가 제1차 세계대전을 겪으면서 『정신의 위기(*La Crise de l'esprit*)』를 집필하며 서양의 몰락과 정신의 의미를 재구성했는데, 오카와 슈메이 역시 유럽의 피폐를 보면서, 이것은 세계적 사상의 대지진이라고 보았다. 세계는 유럽이 중심이 아니고 유럽이 지배하는 세계질서는 유지되지 않는다고 본 것이다. 그리고 서양 제국이 전쟁을 통해 몰락의 길로 들어선 것은 새로운 '이상적 국가'가 새롭게 등장해야 함을 알리는 '지축의 흔들림'이었던 것이다. 세계사적 흐름에서 서구를 대신할 새로운 국가가 필요한 시기라 본 것이다.

오카와 슈메이는 바로 이 시기에 국가의 의미를 두 가지 측면에서 재구성했다. 톨스토이(Lev Nikolayevich Tolstoy)가 제시한 논리, 즉 "국가는 허위이며, 정부라고 부르는 것은 환영(幻影)으로서 우매한 관리가 상식적 인간을 학대하는 기관의 미명(美名)일 뿐"[6]이라고 지적한 논리를 활

---

6 大川周明, 「日本及び日本人の道」, 『大川周明全集』第1卷, 岩崎書店, 1961, 4면; 大川周明, 「道義國家の原則」, 『大川周明全集』第4卷, 454면.

용했다. 즉, 제1차 세계대전으로 인해 새롭게 발생한 무정부주의나 사회주의, 개인주의는 국가를 부정하는 것이 아니라, 새로운 국가를 잉태하기 위한 논리의 절반으로서 반(反)일 뿐, 이를 수용하여 전체로서 '신국가'를 구축해야 하며, 그를 통해 세기 전환의 시대에 일본이 제국으로서 새로운 역할을 해야 한다고 본 것이다.[7] 이것은 일본 국가의 내적 재구성을 주장한 것이다.

그리고 또 하나는 외부적으로 세계사적 지배를 가능케 할 제국으로서의 일본이었다. 그에 대한 이유로써 서양의 몰락하는 이유와 일본의 가능성을 제시했다. 즉 서구 제국의 시작이었고, 보편적 제국으로 상정했던 로마 제국이 멸망한 것은 도덕과 정치와 종교가 전체적인 조화를 이루지 못한 '정신의 결여'에 있다고 보았다. 로마 제국은 유대인 신앙을 받아들이는 과정에서 혼란이 왔고 결국 서구 유럽이 종교와 도덕, 종교와 국가, 교회와 국가의 대립이 일면서 결국 그 불균형으로 인해 몰락에 이르게 된 것이라고 보았다.

이에 반해 일본은 유교와 불교, 기독교라는 새로운 종교가 들어와도 일본인의 정신생활에 적응되었고, 그것은 천황을 통해서 귀일(歸一)되고 순종되면서 모순이 일어나지 않았다고 보았다. 바로 이것이 부제목의 두 번째에 천황을 붙인 이유이다.

오카와 슈메이는, 슈메르(sumer)에서 시작된 제국의 역사가 로마 제국으로 완성되고, 서구 제국들이 존재했지만, 그것은 개별적 제국이었고, 그 제국들의 정통성은 존재하지 않았기 때문에 충돌하고 몰락하게

---

7   大川周明, 「君國の使命」, 『大川周明関係文書』, 芙蓉書房出版, 1998, 106~112면.

된 것이라고 보았다. 반대로 일본은 하나의 제국 속에서 조정(朝廷)은 바뀌었지만, 천황으로 계승된 유일한 제국의 국가라고 본 것이다. 그렇기 때문에 여기서 상정한 것은 '엠페러(emperor)'로서의 천황, 바로 덴노(天皇)였던 것이다.

그리고 그것은 일본이라는 '국가'에 있는 것이 아니라 바로 '천황'이라는 '일본정신'으로 연결시켰다. 일본 국가는 유교와 신도를 접목시키는 새로운 '도(道)'에 의해 완성된 도덕 국가이며, 그 정신에 천황이 유지되는 제국이기 때문에 세계사적 보편성을 지닌 제국이 되는 것이었다. 그러니까 '일본정신 = 천황'이야말로 제국 즉, 탈국민국가, 탈영토적인 제국이라고 주창한 것이다. 이것은 기존의 엠페러를 넘어 일본의 천황 즉 덴노의 제국이었던 것이다. 그런 의미에서 천황을 일본어 표기로 덴노(tenno)라고 했다. 그렇지만 여기서 천황이라고 한 것에는 또 하나의 의미도 포함하고 있다. 즉, 이러한 주장은 '천황 자체'에 대한 논의가 아니라 천황이 어떠한 존재인가를 논하는 천황'론'이라는 점이다. 바로 여기서 천황을 상징적 의미로 설정하고 그 천황'론'을 구축한다는 의미에서 '천황창출론'임을 알 수 있게 되는 것이다.

이는 일본이 세계 사상사를 뒤흔든 청일전쟁과 러일전쟁[8]이라는 '피의 제국'으로 완성되고, 이는 전쟁을 통해서만 획득된다는 '전쟁 긍정론'을 갖게 되고 결국 태평양전쟁을 추동시켰던 것이다.[9] 미국이 문명국이 된 것은, 1898년 미국이 스페인에게 승리하면서 필리핀과 괌을 얻고 하와이를 합병하면서부터라고 보았다.[10] 그것은 일본이 청일전쟁

---

8   판카지 미슈라, 이재만 역, 『제국의 폐허에서』, 책과함께, 2012, 11~25면.
9   佐藤優, 『日米開戦の真実』, 小學館文庫, 2011, 8~9면.

(1894~1895)과 러일전쟁(1904~1905)에서 승리하면서 가라후토(樺太)를 쟁취하고, 한국을 보호국화하고 요동의 조차권을 얻으면서 세계사에 등장했던 시기와 거의 동일했다. 일본 입장에서는 동일시기에 문명국으로 데뷔했기 때문에 동일한 문명국으로서 치르게 된 전쟁이라고 간주된 것이다.

이것은 가라타니 고진(柄谷行人)이 지적했듯이, 일본인 내부에 코스모폴리탄적 인식이 생겨나고, 그것이 주체의 획득이라고 착각하면서, 일본이 청일전쟁과 러일전쟁을 치르기 이전에 가졌던 자신들의 위치, 즉 '종속'의 위기를 잊고 일등국 혹은 서양과 대등한 문명국으로 스스로를 간주하기 시작하면서 생긴[11] 논리였던 것이다. 이러한 시대적 흐름의 결을 따라 일본 내부에서의 오카와 슈메이는 청일전쟁과 러일전쟁 그리고 제1차 세계대전을 계기로 '백인과의 전쟁, 아시아의 해방'이라는 혁명 의식을 형성하게 된 것이다. 이것이 바로 부제목 세 번째에 전쟁을 붙인 이유이다.

서구침략을 저지하는 전쟁을 치르기 위해서 오카와 슈메이는 피억압민족인 아시아의 연대를 주장했다. 당시 이 피억압민족의 해방론은 아시아의 많은 국가들에게 희망을 주었고 이를 주장한 일본은 많은 지지를 받았다.[12] 그렇지만 그 아시아 연대 논리에는 일본에 의한 영토지배와 일본 국민국가의 확장으로 일본적 에토스 천황을 주입시켜야 한다는 논리를 들고 나왔다. 그것은 바로 서구의 로마 제국(탈중심화, 탈영토화)을

---

10   大川周明, 「米英東亜侵略史」, 『大川周明全集』 第2卷, 岩崎書店, 1962, 700~701면.

11   柄谷行人, 『戰前の思考』, 講談社, 2002, 186면.

12   판카지 미슈라, 이재만 역, 『제국의 폐허에서』, 12~15면.

모방하면서 일본을 중심에 두고 아시아에서의 일본중심화를 꾀하며 주변국 영토를 획득하려는 '국민국가적 제국'에의 길로 나아간 것이다. 이것이 바로 본 저서에서 논하려는 후자, 즉 국민국가적 입장에서 일본중심주의적 지배 논리를 만들어가는 '제국에의 길'인 것이다. 그렇기 때문에 제목을 제국'의' 길이 아니라 제국'에의' 길이라고 붙였다.

2.

특히 오카와 슈메이는 이를 잘 보여주는 사상가이다. 오카와를 중심에 두고 '우익'이 만들어지는 원리를 살펴보면 일본에서 이야기되는 우익의 성격을 잘 볼 수 있기도 하다. 동시에 오카와 슈메이는 보수의 의미(후술하겠지만)를 내포하면서 제국을 지향했다는 의미에서 '우익'과 보수의 융합 논리도 보여주는 인물이다.

문제는 오카와 슈메이가 메이지기 근대일본 지식인들이 그러하듯이 서구를 의식하면서, 근대일본을 고안해 낸 것으로 치부할 수 있지만, 오카와 슈메이는 그렇게 단순하지 않았다. 도쿄대학에서 종교학을 전공하면서 아네자키 마사하루(姉崎正治)나 도회(道會)의 마쓰무라 가이세키(松村介石)의 영향을 받아, 서구 종교철학의 흐름을 수용한 것이라고 보는 견해도 있다. 또한 오카와 슈메이가 신비주의로 경도된 것[13] 등을 통해 그 사상적 특성을 이해하려 했다. 그렇지만, 오카와 슈메이는 아네자키 마사하루의 영향이나 또한 마쓰무라 가이세키의 논리와도 차이를 가졌고, 신비적 세계로 빠져드는 신비주의 입장과 또 다른 차원을 갖고 있었

---

13   鈴木正節, 「アジア主義の源流—青年大川周明論」, 『流動』 9月號, 流動出版, 1979, 206~207면; 宮川英子, 「宗教硏究の中の宗敎學」, 『現代思想』 7(vol.30-9), 靑土社, 2001, 30면.

다. 그러한 의미에서 아주 독특한 인물인데 그렇기 때문에 기존에 언급하지 못한 우익 사상을 잘 보여줄 수 있는 인물이며, 이를 이해하면 현재의 '우익'에게 흐르는 '혈맥'을 짚을 수 있는 힌트를 준다고 본다.

　그 시발점에 되는 메이기의 사상적 조류, 그 조류와의 연계성이나 차이성을 염두에 두면서 역으로 오카와 슈메이라는 인물이 창출해 내는 우익 사상이 무엇인지를 중심에 두고, 일본의 근대와 '보수' 그리고 '우익'이 신내셔널리즘의 양상을 드러냈으면 한다. 이를 위해 오카와 슈메이가 시대적 상황에 맞게 재편하는 '일본주의 사상'을 제시하고, '메이지 = 보수' → '다이쇼 = 개조의 원리' → '쇼와 = 광기의 천황주의'로 이행하는 논리적 프로세스를 중첩시켜 일본의 '신원리주의 = 원리내셔널리즘 = 천황주의 = 원아시아 제국 = 전쟁'이라는 새로운 계보를 그려보려고 한다.

　특히 일본 내부의 '우익들' 간의 입장적 차이를 만들어내는 인식의 근원을 근대적 보수주의 개념으로 새로 해석해 보고, 보수가 완고한 전통주의자가 아니라 혁신과 개선을 받아들이면서 자신들의 디스토피아(dystopia)를 제거하는 논리로 재탄생되는 것이었음을 살펴보고자 한다. 이는 아시아 침략 과정에서 숨은 주역이었던 오카와 슈메이, 오카쿠라 덴신(岡倉天心), 도회(道會)의 마쓰무라 가이세키(松村介石), 미노다 무네키(蓑田胸喜) 등의 사상에 내재하는 혁신과 보수의 의미를 통해 그들이 주장하는 제국주의 리더십(아시아 속의 일본중심주의 논리)이 무엇이었나를 보여줄 것이다.

　이는 일본이 아시아 침략과 제국을 완성해가는 과정에서 내재적으로 통저(通底)하던 핵(核)으로 황통 정당화 논리가 어떻게 계승되었는지도 드러날 것이다. 특히 서구 종교와 일본의 종교를 재구성해 낼 때 제시한 도(道)의 개념들, 그리고 방법론에 있어서의 절충주의 혹은 서구 철학을 서구 철학으로 비판하면서, 일본의 천황을 재구성하는 프로세스들이 밝혀질 것이다.

3.

이러한 사상적 구조를 파악하기 위해 오카와 슈메이 자료를 모으기 시작했는데, 이를 처음부터 상정한 것은 아니지만, 중국인 연구자와 함께 공저로 간행하게 되었다. 아주 우연한 인연으로 중국인 입장과 한국인 입장에서 일본의 '우익 사상'을 들여다보게 되었다. 중국에서도 일본 제국주의에 대한 피해 기억이 존재하는데, 이는 한국에서 일본제국주의를 비판하는 입장과 공통적이었다. 이번에 공저를 통해 일본 '우익' 사상가를 다루어 보려는 것은 그 피해자 기억에 대한 재고와 제국의 침략이나 일본 국민국가 내부에 존재하는 '우익'에 대한 새로운 패러다임을 제시하고자 하는 점에서 일치했다. 그렇지만 그것보다는 중국이나 한국에서 '피식민자'의 입장에서만 보는 시각을 넘어, 일본 내부의 국민국가가 가진 '제국의식'의 심부를 들여다보자는 것이 더 큰 공감대였다.

'기억'이란 지나간 일을 잊지 않고 망각하지 않는 것이라고도 하지만, 현재의 인식에서 과거를 재구성하는 것 또한 기억이다. 그렇기 때문에 현재의 인식 그것 자체가 갖는 의미가 더 크다고 본다. 그러한 의미에서 중국과 한국 연구자가 공동으로 피식민자의 입장이 아니라 국가와 '우익'의 문제를 국가가 가진 내적 인식지배의 문제로 치환하여 '탈'국가주의적 입장에서 일본 '우익'을 연구할 필요성을 공유했다. 그것은 일본적 우익의 논리를 역으로 중국과 한국의 '우익 사상'과도 상대화하며, '자국의 반성'을 꾀하기 위함이다. 이러한 의미에서 3개의 '전후 70년'을 조감하는 기회이기도 한 것이다. 이는 본 저서의 발행일이 9월 3일인데 이날은 중국의 항일전쟁 승리 기념일이다. 세계사의 패러다임이 바뀐 날인 것이다. 그것은 새로운 헤게모니를 획득했다는 의미가 아니라 평등의 가능성을 열고 제국의 반성을 촉구한다는 의미인 것이다.

공동저자인 정의(鄭毅) 교수는 일본의 수상인 요시다 시게루(吉田茂) 전공자이다. 요시다 시게루에 관해 20여 편의 논문과 3권의 저서가 있다. 요시다 시게루는 일본정치사에서 빼놓을 수 없는 '핵심 인물'이라고 보고 있다. 정의 교수는 요시다 시게루를, 일본의 운명을 재편하면서 시대를 움직이고, 그러한 매시기마다 전환기에 일본의 곤경을 해결한 인물이라고 평가한다. 동시에 이러한 요시다 시게루의 사상적 배경을 메이지기 보수주의의 탄생과 연계하여, 그 국가주의적 흐름을 보수와 진보 개념을 통해 분석하고 있다. 특히 메이지기부터 쇼와에 이르는 시대적 배경과 요시다 시게루 개인의 사상과 정치적 입장을 동시에 고려하면서 일본인의 정신사를 연구하고 있다. 그리고 요시다 시게루와 미노다 무네키의 국가주의 사상까지 다루면서, 일본의 보수, 우익, 제국주의, 그리고 전쟁으로 나아가는 커다란 기획을 세우고 있다.

정의 교수는 2014년 12월 16일 동국대학교 아시아연구원에서 개최한 '동북아시아 국제관계의 역사와 현상'에 참가하여 발표한 원고를 시작으로 2015년 1월 5일 원광대학교 한중역사문화연구소와 공동으로 기획한 '동아시아 역사와 현실 문제'라는 제목의 학술대회에서 발제한 원고를 수정 보완하여 본 저서에 넣었다. 그리고 2015년 4월 16일 남개

(南開)대학 역사문화학원에서 '한중일 삼국의 전쟁 기억과 역사인식'이라는 제목으로 강연하면서, 동아시아 한중일이 얽혀 있는 식민지지배와 전쟁의 기억 속에서 나타나는 집단기억, 즉 역사인식 공동체의 문제를 제기했다.

이러한 문제의식을 바탕으로 일본에서 나타나는 우익적 전쟁 기억과 국민국가 창출 속에 숨겨진 '제국의식'과 천황주의의 문제점에 대해 '월경적' 시각을 구축하는 논리를 바깥의 시점에서 제시하고자 했다. 특히 일본에서 메이기(明治期)에 형성된 보수주의 개념이 어떻게 다이쇼(大正) 그리고 쇼와(昭和)를 거치면서 국민국가 개념이 어떻게 재편되고 제국주의 기억공동체를 만들어가는지 미노다 무네키와 국민국가의 입장에서 살펴보았다. 그러한 원고들이 본서에 반영되었다.

그 이후 2015년 4월 20일 길림사범(吉林師範)대학 역사학원에서 '동아시아 역사 기억 공동체의 구조와 형성'이라는 제목으로 강연했고, 2015년 6월 29일 러시아 시베리아연방대학에서 '동방외교사'를 주제로 열린 국제학술대회에 참가하여 '러일전쟁과 일본의 만주 경영으로 보는 국제관계'라는 제목으로 발제했다.

특히 2015년 7월 18일 남개대학 일본연구원에서 '일본의 대외 침략과 역사 교훈 및 현실 사고'라는 열린 학술대회에서 '한중일 삼국의 전쟁 기억의 대립과 충돌'이라는 제목으로 발제했다. 그리고 본 저서를 마무리하는 과정에서 북화대학 동아역사연구원 주최로 한국, 중국, 일본, 미국, 독일, 러시아, 아르헨티나 등 8개국이 참가한 국제학술대회를 치렀다. 전체 테마가 '동아시아의 전쟁 기억과 역사인식'이었는데, 여기서 '허실과 실상—전쟁의 과거 기억과 현실의 충돌'이라는 제목으로 발제하면서 재확인하고 마무리했다. 그것을 수정 보완하여 본 저서에 수록했다.

정의 교수는 일본과의 전쟁에 대한 기억이나 역사의 문제를 고민하는 것이었다. 그것이 중국에서 나타나는 일본과의 전쟁 역사가 만들어내는 기억을 일국의 내셔널리즘적 입장에서 토의하기보다는 왜 그러한 기억 전쟁이 현재 충동을 일으키는지에 대한 역사성 그 자체를 부각시키면서, 기억 자체의 재고찰을 시도하는 입장이다. 여기서 말하는 역사성 그 자체라는 것은 포퓰리즘적 시대적 필터를 동원한다는 의미가 아니라, 내적 특성으로 형성되는 프로세스 자체를 역사성으로 다룬다는 의미이다. 그것은, 일본의 역사 전체를 들여다보면서 각각의 입장에서 나타나는 기억의 '상징 투쟁'[14]에 대해 통합적으로 파악하려는 시도이기도 한 것이다.

각각의 국가적 역사 속에서 근대의 문제나 인식의 문제가 어떠한 형태로 시대적 흐름 속에서 재편되는가에 지속적으로 관심을 갖고 연구하고 있다. 즉 어쩔 수 없이 갖게 되는 국가적 아이덴티티와 역사 기억이라는 내적인 시점을 동아시아라는 '국가의 바깥'을 레토릭으로 상정하면서 역사적 기억이 국가가 개인의 내면을 지배하는 원리가 무엇인지를 파악하는 방식이다.

국가가 개인의 내면 지배를 위해 만들어내는 상징물이 어떻게 기획되고, 그것이 어떻게 해석공동체로서 나타나는지 그 '원리성' 문제를 해석하고 있다. 그것은 국가와 개인의 문제를 사회주의 국가와 개인, 민주주

---

14 Bourdieu, P., 石崎晴己 譯, 『構造と實踐』, 新評論, 1988, 215～216면.

의, 자본주의 국가에서 나타나는 개인의 자유성 문제가 아니라, 그러한 인식들이 기준이 되어 낳게 되는 개인의 외적 통제성에 대한 비판적 고찰이다.

그것은 가벼운 시대적 유행담론을 빌려오는 피안적 인식의 속물도 아니며, 외부로 나아가야 한다는 인식의 우월성도 아니다. 오히려 그러한 인식론적 역사성들이 갖는 모순에 순응하는 순응주의자가 갖는 문제점을 지적한다. 고정관념의 중력과 '편견의 폭력'에 대해 비판적으로 자신의 몸을 던져보는 논리인 것이다. '우익'과 좌익, 국가와 개인의 양극점에 환원되지 않으며, 대립적이고 대항관계로 존재하는 국가들 간의 사이 즉 그 사이에 새로운 접점을 찾고 커뮤니케이션이 가능한 지점을 찾는 시도이며, 그 렌즈를 찾고 있는 것이다.

이러한 인식을 가진 정의 교수를 중국에서 만나게 되었다. 처음에 중국에 왔을 때는 새로운 생활이 그렇듯 익숙지 문화나 언어가 통하지 않는 불편함을 견뎌야 했지만, 더 고민스러웠던 것은 신분이 불안정하다는 '이산자'적 현실이었다. 그렇지만 새로운 미지의 언어와 문화 속에서 일상을 보낸다는 것은, 평범함이나 그동안 일반적 상식이라고 여겼던 자신 내부의 편견을 발견하는 시간이기도 했다.

외국에서 주변인으로 산다는 것은 어떤 의미에서는 독특한 정신적 재미를 느끼게 해준다. 차이성을 매일매일 무한반복으로 자각하면서, 차이성이 가진 그 의미를 끌어안고 사는 독특함이다. 그냥 피난소를 찾는 것이 아니라 그 차이성 그 자체에 속해 있으면서도, 동시에 뭔가에 구속되지 않는 자유로움이 있지만, 또 뭔가가 불안정한 그 혼란함의 위치는 고정되고 변화하지 않는 위치에서 세상을 보는 것보다 훨씬 많은 것을 생각하게 해준다.

그러한 '차이의 차이성'이야말로 윤택한 진실과 마주한다는 독특한 경험이 안정적이고 권력적인 위치에서 보는 권력보다는 더 큰 힘을 가질 수 있다는 것을 알게 된 것이다. 그러기 위해서는 평온함이나 안락함보다는 불편해야 하고 매일 매일이 처절한 도전이지만 말이다. 그러한 의미에서 뭔가 그 자체를 지금 엮어내지 않으면 안 된다는 절박함이 있었고, 그 절박한 무엇이 이 저서를 탄생시켜준 것이다.

특히 본 저서는 특히 중국 북경외국어대학 일본학연구센터에서 2015년 1월 18일에 열린 "동아지역(중국, 일본, 한국, 베트남) 맹자 연구의 역사와 현재"라는 제목의 국제학술대회에서 발제한 원고가 근거가 되었다. 동아시아에서 맹자가 어떻게 수용되었고, 해석되었는가에 대한 문제였는데, 이는 맹자 사상에 혁명적 '사상'이 어떻게 평가되는지에 대한 논의이기도 했다. 바로 동아시아에서 공유된 유학이라는 이름의 상징기호가 오카와 슈메이에게 어떻게 제국과 연결되어 갔는지에 대해 생각할 수 있는 기회였다.

그리고 강소사범대학(江苏师范大學)에서 "중국 전통 가훈문화와 우수(優秀) 가풍 건설"이라는 제목으로 열린 국제학술대회에 참가하여, '중국의 가훈과 한국의 한국문화의 변용'이라는 주제로 발제를 했다. 이 발제를 준비하면서 가훈이 가진 규범성이 설정되어 가는가를 알게 되었다. 가훈에 나타나 윤리관 또는 그것이 사대부의 상(像)으로서 재편되는 과정을 살펴볼 수 있는 기회였다. 이는 국가적 입장에서 보아, 개인이 어떻게 훈련을 받으면 아니 어떠한 점에서 국가가 훈련을 시키는지 그 기획의 문제를 다시 확인하는 시간이었다.

  그리고 8월에 북경의 인민대학에서 "동아시아 철학과 유학적 당대 발전"이라는 제목으로 열린 학술대회에 참가하여, '유교 탈식민지와 '중용천황론' 구축에 대한 비판적 고찰'이라는 제목으로 발제했다. 특히 '중용' 해석이 갖는 의미를 통해 동아시아론의 재구성과 어떻게 연결시킬지를 분석해서 발표했다.

  이처럼 국제학술대회에 참가하면서 발제한 자료는 일본의 '우익'적 사상의 탄생이나 구체적으로 오카와 슈메이가 맹자나, 특히 『대학』과 『중용』을 읽어내는 방법론으로 새롭게 활용할 수 있었다. 그 『중용』 해석 속에 오카와 슈메이가 모토다 나가자네(元田永孚)가 연결되는 것을 찾게 되었고, 국체의 이해를 보충 설명하는 의미에서 일반론적이긴 하지만, 이전 원고를 본 저서에 보충 가필하여 제7장으로 넣어 보았다.

  이처럼 본 저서는 전면적인 전쟁론이라기보다는 그 전쟁으로 나아가는 제국의식이나 사상을 만들어내는 배경장치인 사상적 측면을 강조한 연구임을 다시 한번 밝혀둔다. 그러나 본 저서는 일본의 '우익' 연구에 대한 겨우 시작에 불과하다. 내용 자체가 시계열(時系列)적인 흐름을 상정하기는 했지만, 그 내부에는 연속적인 것이 있어서 각장의 논고들이 동시적이기도 하다. 그리고 본서는 우익 전체를 그려내지 못했다. 아니 오카와 슈메이조차 제대로 그려내지도 못했다. 그럼에도 불구하고 '우익' 연구에 대해 하나의 형식주의(formalism)를 탈피하고 새로운 연구를 시도해 본다는 것에 의미를 두고 출간을 결심했다. 다시 강조하지만 본 저서는 '우익' 연구나 오카와 슈메이 연구의 첫출발이며 바로 오카와 슈메이의 2부작을 준비 중이다. 중일전쟁과 만몽론, 역사와 신화로서의 천황론, 고대전쟁과 문명론에 대한 글을 구상하고 있다. 오카와 슈메이의 전쟁관, 특히 중일전쟁과 태평양전쟁에 대한 논리가 무엇인지를 살펴볼 것이다.

그리고 이렇게 자유롭게 연구를 할 수 있도록 처음에 흔쾌히 객원교수로 받아준 북경외국어대학의 곽연우(郭連友) 교수에게 감사를 드린다. 그리고 인문학 분야의 어려운 출판사정이 있음에도 불구하고 본 저서를 간행해 준 소명출판에 진심으로 감사를 드린다.

2015년 길림의 여름을 보내며

정의 · 전성곤

제2부 제국의 완성과 전쟁으로의 길

서론

1. 문제제기 - '보수'와 '우익'의 이접(異接)

다케우치 요시미(竹内好)는 일찍이 오카와 슈메이(大川周明)가 '우익 사상가'로 한데 묶일 수 있지만, '특이한 위치'에 있다고 지적한 바 있다. 오카와 슈메이가 일본형 파시스트의 전형적 인물이라는 것은 인정하지만, 동시에 독립적인 사상가[1]라는 점을 인정하지 않으면 안 된다는 견해였다.

오카와 슈메이가 일본의 우익 사상가이며 전형적인 일본형 파시스트라는 것은 인정하지만, 그 하나로 묶을 수 없는 '독립적인 사상가'라고

---

[1] 다케우치 요시미, 서광덕·백지운 역, 『일본과 아시아』, 소명출판, 2004, 331·355·357면; 竹内好, 「大川周明のアジア研究」, 『近代日本思想大系21 — 大川周明集』, 筑摩書房, 1975, 391·405·406면.

다케우치 요시미가 고집하는 이유는 어디에 있었을까.

그럼에도 불구하고 다케우치는, 오카와 슈메이가 태평양전쟁이 시작된 이후부터는 '사상가로서의 창조성'이 없어졌다며 비판적인 결론을 내린다. 다케우치의 논리를 역으로 뒤집어 보면, 태평양전쟁이 개시되기 이전까지는 '사상가로서의 창조성'이 있었다는 이야기가 된다.

이러한 지적을 거듭 되새겨보면, 다케우치는 오카와 슈메이가 '우익'이고, 전형적인 일본형 파시스트이지만 적어도 태평양전쟁 개시 이전까지는 '창조성을 가진 사상가'였다는 것이 된다.

바로 여기서 본 저서를 시작하려는 두 가지 문제점을 발견하게 된다. 첫째 어떠한 의미에서 '독립적'이라는 것일까. 둘째 사상가로서의 '창조성이 존재했다'는 것은 어떤 것을 가리키는 것일까이다. 물론 오카와 슈메이가 독립적이며, 사상가로서의 창조성이 이슬람 연구를 선택[2]했다는 '특이성'에 기인하는 것만은 아니라고 여겨지기 때문이다.

사실 후자의 '사상가의 창조성' 문제는 여러 가지로 해석될 수 있다. 그렇지만 본서에서 상정한 '사상가의 창조성'은, 오카와 슈메이처럼 종교철학 흐름사나 기독교, 유교, 불교 연구를 하다가 새롭게 이슬람 연구로 전향하여 이슬람의 세계성을 읽어냈다고 해서 그 연구자를 '사상가의 독창성이 존재했다'고 보는 논리가 아니다. 그것도 사상가의 독창성이 아니라고 부정하지는 않지만, '사상가의 독창성'이란 연구자로서 자신만의 '논리'를 터득한다거나, 그 논리가 '세계적 보편성을 가질 수 있는 각성된 논리'가 될 수 있다는 의미로 받아들인다. 이를 바탕으로 자

---

2   松本健一, 『大川周明―百年の日本とアジア』, 作品社, 1986, 8면.

신만의 독창적인 사유 방식으로 새로운 원리로서 세계성을 그려내는 '인식의 창조자'라는 의미로 해석한다.

이렇게 말하면 마치 오카와 슈메이를 일본 우익이나 파시스트들과 차이를 두고, 독립적인 사상가로 끄집어내어, 창조적 사상가로 평가하려는 것이 아닌가라고 오해할 수도 있다. 그런 의도가 아니라, '우익 = 파시스트 = 오카와 슈메이'라는 선입견을 투영시킨 '정형화된 오카와 슈메이'가 아니라, 독창적 사유방식과 독립적 사상가로서 오카와 슈메이가 가진 사상적 편력의 '내적 특징'을 통해 그 '우익 = 일본형 파시스트'의 성격을 그려내려 하는 것이다. 문제는 오카와 슈메이가 사상가로서 창조성이 존재했다고 평가되는 부분이며, 그 사상가로서의 창조성이 태평양전쟁 개시 전까지만 존재했다는 점을 어떻게 설명해 내야 하는가에 있는 것이다.

이는 역으로 사상가로서의 창조성이 갖는 문제, 즉 보편적으로 '연구자'의 자세 문제와 겹쳐지고, 동시에 국민국가를 논할 때 생기는 개인과 국가라는 현재진행형의 문제에 대해 힌트를 주기 때문이다. 또한 일본인이 아닌 입장에서 일본이라는 '국가론'을 논할 때 갖는 기존의 동어반복적 '국민국가론'의 한계점과 그 문제의식을 논리적으로 극복하기 위한 케이스로써도 활용될 수 있다고 여겨진다.

이러한 양면적 협로를 돌파하기 위해 본 저서에서는 '보수'와 '우익'의 문제를 연결하여 그 '사이'를 들여다보는 것을 시도한다. '보수'와 '우익' 개념에 대해 정리한 가타야마 모리히데(片山杜秀)는 '현재를 중시하면서 과거로부터 이어받을 것은 이어받고, 미래의 이미지로부터 받을 깃은 받으면서, 급진적이고 난폭하게 변하지 않지만, 착실하게 움직여 가는 것'[3]이라고 제시했다. 이러한 보수의 의미가 특별하게 기존 보수 해석과 별반 차이가 없는 것으로 보이지만, '보(保)'는 유지한다는 의미이고, '수(守)'는 지킨다는 의미를 적극 반영한 해석이다. 물론 이러한 해석은 진보의 반동으로 성립되는 반진보주의나, 중도주의적 개념과 또 차이를 두었다는 점을 동시에 다룬 점에서는 큰 의의가 있었다.

이러한 '보수' 개념은 다시 하시카와 분조(橋川文三)가 제시한 '보수' 개념을 상기시켜 준다. 하시카와는, 첫째 보수주의를 인간 본성에 존재하는 하나의 인식으로서, 새로운 것이나 미지에 대한 두려움이나 기피의 감정이기도 하지만, 둘째 일정한 역사적 단계에서 발달하게 된 특정한 정치 사상적 경향으로 보는 시점을 제시했다. 바로 후자 쪽의 '근대적 기원을 가진 정치사상사 혹은 정신사적 경향으로서의 보수주의'가 갖는 의미는 중요하다. 특정한 '특정한 역사적 상황하에서 발달하는 것'으로 '근대보수주의'와 우익을 연결시킨 것이다.

특히 일본의 경우는 메이지기에 서구와의 접촉에 의해 '외부적인 것'을 받아들이면서, 내부에서 어떻게 그것들을 재구성해야 하는가에 대한 문제로서 '보수'와 '우익'이 접목되고 있었다는 것이다. 그러한 의미에서 일본의 '보수'와 '우익'의 출발은 메이지기에 있었다는 것이 증명된다.[4]

---

3 片山杜秀, 『近代日本の右翼思想』, 講談社, 2007, 9면.

4 橋川文三, 「日本保守主義の体験と思想」, 『橋川文三著作集』 6, 筑摩書房, 1986, 5~7면. 좀 길기는 하지만 하시카와 분조의 보수주의와 우익에 대한 해석 논리를 설명해 둔다. 하시카와 분조는 로드 휴 세실(Lord Hugh Cecil)의 『보수주의』를 참조하여 인간 본성에 내포된 감정으로 새로운 것이나 미지적인 것에 대해 공포나 기피를 갖는 입장을 '순수 혹은 자연적인 보수주의'가 존재한다고 보았다. 그리고 칼 만하임(Karl Mannheim)의 『보수적 사고(保守的思考)』를 참조하여 전통주의라고도 표현하기도 하지만, 전자의 심리적 사실로서의 보수적 태도와 '하나의 특수한 역사적 혹은 근대적 현상으로서 보수주의'를 구별해야 한다고 제시했다. 하시카와 분조는 후자의 '특정한 역사적

하시카와는, 일본의 보수와 우익이 중첩되는 것은 국가의 중심에 천황을 두고, 각각의 시기마다 '무한가치를 창출'한다는 점에서 공통적이라고 여겼다.

이러한 제언을 수용하면서 필자는 천황론이 갖는 문제점을 알게 되었다. 다시 말해서 천황의 문제가 천황이 주체적으로 존재하면서 천황이 어떤 역할을 했는가에 초점을 맞추고 연구된 것이 아니라는 점이다. 천황이라는 권위적 원칙을 무한정적인 고대에 담보를 두고, 그를 호명하

상황하에서 발달하는 보수주의'이며, 그것은 '근대적 기원'을 갖는 것에 주목했다. 즉, 역설적이지만, 버크는 첫째로 '항상 현재상태(現狀, status quo) 속에 지켜야 할(conserve) 것'과 '개선해야 할 것(improve) 것'을 변별하고 절대적 파괴(absolute destruction)의 경박(levity)과 '어떠한 개선을 받아들이지 않는 완미(頑迷, the obstinacy that rejects all improvement)'를 함께 배제하려는 것이고, 둘째는 그러한 보수와 개혁에 있어서는 '옛 제도의 유익한 부분이 유지'되고, 개혁에 의해 '새롭게 보태어진 부분은 이것에 적합(適合)되게 해야 한다', 전체적으로는 '서서히 움직이기는 하지만, 그러나 지속되는 진보(a slow but well-sustained progress)가 유지되는 것을 정치의 안목으로 하는 것에 그 현저한 특색이 존재한다'는 논리이다. 즉, 근대적 보수주의는 결코 모든 개선을 받아들이지 않는 완고함과 동일한 것이 아니다. 정치적이고 사회적인 진보와 변혁을 부정하는 것이 아니다. 단지 그 진보가 과거로부터 완전한 단절이나 전반적인 현실 부정에 의해서만 달성된다고 하는 사고 양식과 거기에서 생겨나는 행동양식에만 대립한다. 프랑스혁명 이념에 대항하여 제시한 완만하지만 확실히 지속되는 진보의 이념이었다. 보수의 확실한 원리, 전달의 확실한 원리를 제공하는 것을 표현하면서, 자연적인 움직임을 따르는 것으로 설명한 것이다. 즉 프랑스혁명 이념은 자연적인 '훌륭한 예지(叡智)'를 무시하고 인위적인 '기계학적 철학의 원리'(계몽적 합리주의)에 의해 사회의 모든 것을 한 번에 개혁하려고 한 것이었다. 에드먼드 버크(Edmund Burke)는, 프랑스혁명이 과거와 조상을 경멸하면서 구축한 무신론자와 광인(狂人)의 행위라고 간주한 것이다. 그렇기 때문에 볼테르와 같은 혁명철학은 공동사회에 아무것도 남기지 못하는 논리라고 간주한 것이다. 이러한 18세기의 보수주의와 일본의 보수주의의 공통성을 지탱하는 것이 바로 보수주의의 심성은 시간＝역사의 의미에 관해서 거의 동형(同型)의 지향성을 보여준다고 보았다. 그것을 메이지20년대의 일본 지식인의 모습으로 설명된다. 정부반항으로 좌익이 되거나 외국인에게 반항하여 국수주의자가 되는 것은 일괄적으로 묶어서 말할 수 없지만, 진보주의, 근대주의, 혁명주의에 심취하는 것이 아니라, 오히려 보수로 가는 공통적인 에토스를 가졌다는 특징을 구체적으로 설명해 냈다.

면서, 각각의 시대에 각각의 인식론적 배경을 통해 시대적 흐름에 맞춰 불변의 천황으로 창출해 냈다는 점이다. 그것은 천황 그 자체 연구가 아니라 바로 천황'론'으로서 구축된 것이다. 그것은 바로 제국의식을 지조(知造)하고, 그 시대의 사상가들이 사상적으로 호동(互動)하면서 창출되었다는 점이다.

구체적으로 메이지유신 이후 다이쇼, 쇼와시기를 관통하면서, 즉 근대와 연동하면서 '천황' 지배 원리를 시대상의 변혁 속에서 창출해 낸 것이다. 그렇지만 그것은 시대적 배경을 두고 국수주의가 진행되는 논리나 청일전쟁, 러일전쟁, 중일전쟁, 태평양전쟁이라는 시류적 상황과 맞물린 것으로 귀결시켜 해석해 버리는 것이 아니다. 그러한 전쟁 자체를 수행하기 위한 논리를 만들어 내는 '원리'를 규명하고 그 '원리'의 결들이 하나의 사상으로 융합하는 과정을 보아야 한다는 것이다.

그것은 항상 시간을 위기상황으로 아지테이션(agitation)하여 그를 배경에 두고, 그 현실 인식의 아노미를 극복하여 새로운 질서를 구축하려는 모색 논리를 항상 만들어낸다는 의미이다. 바로 그 지점에서 '보수'도 '우익'도 '진보'도 '좌익'도 등장하는 것이다. 그 내적 주장 즉 새로운 민족론이나 새로운 공동체 이론도 모두 동일선상에서 탄생한 것이다.

특히 그러한 의미에서, '우익'과 '보수'는 일본의 국민국가론이나 천황 전통론을 주조하며, 일본이 아시아 침략과 제국을 완성해가는 과정에서 내적으로 통저(通底)하는 핵(核)으로 계승되었다. 이때 중요한 기반이 된 것이 메이지의 '보수' 개념과 그 혁신 그리고 개조 개념이 '우익' 국가론과 천황론들이 통합되는 길을 열었던 것이다.

그리고 이때 제시된 '서구'의 대립 개념으로서 '아시아' 개념이 동시에 동일한 레토릭으로 재구성된다. 오카와 슈메이나 오카쿠라는 아시아의 유교와 불교를 중심에 두고, 아시아의 연대를 구상하는 키워드로 두었는데 그러한 점에서 아시아는 '아시아적(亞細亞的)'인가라는 문제를 던지고 있다. 오카와 슈메이의 경우는 서구를 상대화하고, 아시아의 주체성을 종섭(綜攝)하는 이론으로 아시아주의를 주창하고, 그러한 광기는 황통＝일본＝아시아침략을 정당화하는 이데올로기를 '실천'한 것이다. 이 문제는 아시아가 아시아인론을 정립하는 주체성 문제라는 의미에서 현재적인 의미를 갖는다. 다시 말해서 오카와 슈메이를 대표로 그 주변 인물들이 만들어 가는 아시아론이 가진 구조성이 가진 문제이다. 그런 의미에서 아시아적인 것이 갖는 의미를 각성하게 해준다.

이것은, 오카와 슈메이가 살아간 역사적 시간의 변천 상황을 대조시키면서 그 바탕에 흐르는 국가론과 천황론이 작위 되어 가는 의미로서, 기이한 위기 상황의 선동을 통해 제조해 낸 논리의 한계점을 파악할 수 있을 것이다. 그것이 갖는 현재적 의미는, '일본' 내부에서 벌어진 '아시아' 담론이 오카와 슈메이처럼 '아시아적 가치나 정신적 사유'가 존재한다고 보고 출발하는 그것 자체를 되돌아보게 할 수 있을 것이다.

즉, 아시아는 '아시아적인 것'에서 존재하는 것이 아니며, 아시아는 그 자체로 '주체적일 수 있다'는 논리를 주장하면서, 그것을 전통이나 서구적 변용의 합체로 가능하다고 하는 '인식론적 아시아론'이 문제라는 점을 깨닫게 해준다. '아시아적 주체를' 사유한다는 것은 '아시아적 에토스를 구축하는 것'이 아니라 '아시아와 탈아시아'의 '사이'를 끊임없이 인식하는 것이기 때문이다.

2. 오카와 슈메이(大川周明)의 선행 연구

전시기(戰時期)에 발간된 오카와 슈메이의 '전체적 사상성'을 분석한 것으로는 사야마 사다오(左山貞雄)[5]의 저서가 있다. 사야마는 오카와가 일본 정신을 자각하는 과정에서 서구 사상을 섭렵하는 과정, 그리고 서구 사상의 수용은 결과적으로 일본정신을 의식하게 되는 경로임을 설명했다.

'회상' 형식으로 전개되는 사야마의 저서는 오카와의 사상적 흐름을 잘 정리해 두었다. 특히 유존사(猶尊社), 행지사(行地社)의 활동을 소개하고, 나아가서는 오카와의 사상성이 가진 특징을, '역사 = 국민적 생명의 발현', '일본적인 것 = 천(天)의 마스히토(益人) 자각', 국체, 국민운동, 국가 혁신, 종교, 전쟁, 아시아정신, 대동아공영권으로 세분화하여 분석했다. 그리고 지나론(支那論), 인도론, 아시아론으로 새롭게 구성하여, 오카와의 아시아론을 제시했다.

이러한 사야마 사다오의 연구는 최초의 오카와 슈메이 연구라는 점과 오카와의 사상성을 국사관, 아시아관, 동양사관과 연계시켜 제시한 점에 있어서는 높게 평가할 만하다. 그렇지만, 전시기라는 시기적 상황의 반영이라는 의미에서 '1억 국민 = 일본'이 중심이 되는 '10억 아시아 국민의 정진(精進)'을 시대 분위기에 맞춰서 평가했다는 측면에서, 오카와 슈메이를 '우익'으로 고정시켰다는 한계를 가졌다.

사야마가 제시한 오카와 슈메이의 사상관은 일본중심주의가 탄생하

---

5   左山貞雄, 『大川周明博士その思想』, 大同書院, 1944, 1~140면.

면서 대동아공영권을 만들어내는 논리가 결국 패전이라는 시대적 배경과 관련되면서, 오카와 슈메이가 주변화된 것이다.

특히 동경재판에 회부된 오카와는 패전국가 일본의 현실이라는 시대적 배경과 함께 주변화 과정을 겪고, 오카와와 연관되어졌다. 전전기 사야마의 오카와 사상성 논리와 전후에 평가되는 오카와 평가에 대한 연관성이 강조되어간 것이다. 이러한 사야마의 오카와 슈메이, 연구 즉 오카와 슈메이의 사상이 가진 형상(form)은 오카와 슈메이 연구에 대한 열쇠를 쥔 중요한 저서임에도 불구하고, 전후에는 '전쟁 = 악'이라는 세상의 인식론적 분위기에 압도되어 거의 주목받지 못했다.

그렇지만 그러한 연구의 방향을 새롭게 뒤집고 오카와 슈메이의 연구에 대한 신패러다임을 결정한 것은 바로 다케우치 요시미(竹內好)의 제안이었다. 앞서 언급했지만, 다케우치 요시미는 오카와가 대동아공영권 이데올로기를 부추긴 사상가이지만, '독립성'을 인정하자는 부분이었다. 그러한 측면도 포함하여 오카와 사상을 연구해야 한다고 본 것이다. 즉, 대동아공영권을 주창한 우익 파시스트로 규정되는 '당연한' 평가에 대해 그렇지 않은 부분이 존재한다는, 그 부분에 대한 새로운 연구가 필요하다고 본 것이다. 그것은 곧 사야마가 전개한 이론을 역으로 읽어내는 방법론을 통해서였다.

다시 말해서 다케우치 요시미는 「오카와 슈메이와 아시아 연구(大川周明とアジア研究)」에서, 오카와 슈메이가 우익 사상가라고 묶여지지만, 특이한 위치를 차지한다고 제시했다. 다케우치는 오카와와의 만남을 회상하면서 오카와 슈메이의 이슬람 연구 등을 소개하고, 오카와의 종교관, 아시아관 인도와 중국에 대한 환상, 미일 문제 등을 통한 동서대립의 문

제를 제기한다. 이는 오카와가 도덕론을 중시하게 되는 이유와 연결시켜가면서 일본형 파시스트를 인정하면서도, 독립된 사상가임을 설파한 것이다.[6] 그러한 의미에서 새로운 오카와 슈메이 연구이기도 했다.

그리고 그 뒤를 이어 나타난 것이 하시카와 분조(橋川文三)의 『오카와 슈메이집(大川周明集)』에 대한 해설이다. 이는 오카와 슈메이가 기타 잇키나 다치바나 시라키(橘樸), 곤도 세이쿄(権藤成卿) 등에 비해 연구가 부족한 것을 지적하며, 오카와 연구의 의의를 피력한다. 이를 위한 기초 자료 제시의 의미에서 전기적 부분을 중심으로 해설을 적었다. 오카와의 출생부터 가족관계를 비롯해 오카와의 학교시절, 도회(道會)활동, 인도철학, 만철조사부 근무, 유존사(猶存社)와 행지사(行地社)를 배경으로 한 국가주의 운동, 사회교육연구소 활동과 그 결과물로 간행된 『일본 및 일본인의 길(日本及び日本人の道)』(1926.2 간행)과 『일본정신연구』(1927.4 발행) 간행, 동경재판까지를 개괄적으로 설명했다. 동시에 오카와가 어떻게 국가주의자가 되었는가라는 사상형성을 '향토의 문화전통이 어떻게 작용했는가'에서 찾아, 소라이학(徂來學)과 연결시켜 해석했고, 오카와가 어릴 적부터 자란 쇼나이(庄內)지방의 전통과 연결시켰다. 그래서 플라톤의 이상국가론을 받아들이고, 유교적 소국가주의를 갖고 공상을 전개한 것은 아닌가 하고 논한다. 그렇기 때문에 국가생활이 전체주의적인 것이 아니면 안 된다는 사상이 자연스럽게 심리적으로 기반을 형성한 것이라고 해석했다.[7]

그리고 이를 이어받아 노지마 요시아키(野島嘉晌)는 오카와 사상이 국가주의적 사상과 동일시되어 해석되는 것에 대한 위화감을 언급하면서,

---

6   竹内好, 「大川周明とアジア研究」, 『近代日本思想大系21－大川周明集』, 391~406면.
7   橋川文三 編集, 『近代日本思想大系21－大川周明集』, 407~443면.

오카와의 사상을 일본의 국가혁신 운동과 사회주의 이론, 문명사의 입장에서 다루어야 한다고 주장했다. 그를 위해 오카와의 출생부터 동경제국대학시절, 서양사상 수용 과정, 아시아에 대한 자각, 일본회귀, 국가혁신운동, 그리고 아시아 부흥 이론의 의미들을 일관성 있게 다루고, 국민주의와 세계성이라는 논점으로 서양 원리적 시각에서 본 근대화나 문명화의 문제점 재고를 아시아의 주체적 문제로 연결시켜 논했다.[8] 이처럼 오카와 슈메이에 대한 평가가 '단순하게' '우익'으로 치부할 수 없는 부분이 존재한다는 것이 부각되고, 그러한 부분들을 포함한 연구들이 등장한 것이다.

마쓰모토 겐이치(松本健一)는 오카와 슈메이의 아시아주의나 도의(道義)의 이념, 『일본이천육백년사(日本二千六百年史)』 등의 전환, 대동아전쟁의 이데올로기스트 성격을 제시하면서, 서구와 다른 개념으로 아시아적 주체를 형성해 보려는 시도가 있었음을 제시했다.[9]

또한 오쓰카 다케히로(大塚健洋)는 오카와가 구마모토(熊本) 제5고등학교 입학시절부터 만년까지의 일생과 연동시켜 사상적 추이를 구체적으로 밝히고 있어, 오카와 연구의 커다란 성과를 이루었다. 오카와의 아시아주의와 인도와의 관련이나, 노장회(老壯會), 유존사(猶存社)의 관계, 그리고 그 속에서의 기타 잇키(北一輝), 미치카와 가메타로(満川亀太郎)의 영향관계, 사회교육연구소의 활동과 일본주의자 인물로서 야스오카 마사히로(安岡正篤), 가노코기 가즈노부(鹿子木員信)와의 관계 등을 제시하면서, 일본정신 고취에 대한 활동을 소개한다. 물론 국민적 이상을 확립하고

---

8   野島嘉晌, 『大川周明』, 新人物往来社, 1972, 96~159면.
9   松本健一, 『大川周明―百年の日本とアジア』, 作品社, 1986, 7~120면.

세계를 도의적(道義的)으로 통일하려는 오카와의 사상을 제시했다.[10]

그 이외에도 오카와에 대한 연구는 존재하지만[11] 특이할 만한 시선은 우스키 아키라(臼杵陽)의 논고이다. 우스기는 기존의 오카와 슈메이 연구들과 본인의 연구 내용 차이점을 '이슬람 연구자 오카와 슈메이'라는 점에 초점을 맞추어 분석했다. 오카와 슈메이의 내재적 논리 속에 감춰진 이슬람 연구를 재고하려는 시점이었다. 이는 오카와 슈메이의 전집을 여섯 개로 분류하여 오카와의 사상 속에서 이슬람이 차지하는 위치에 대한 연구로 특이할 만한 저서이다.[12] 그럼에도 불구하고 이러한 선행 연구에서는 '보수'와 '혁신', '우익'의 원리가 가진 특징과 그 교차점과 차이점이 나타나지 않는다.

그리고 한국에서는 우익 연구[13]에 대해서는 다수 있지만, 직접 오카와의 사상과 행동을 연관시켜 분석한 것에는 거의 없는데, 그럼에도 불구하고 대표적 논고로는 채수도와 노병호의 논고가 있다. 채수도는 오카와의 전체적 사상 구도 속에 차지하는 아시아주의가 침략인가, 연대

---

10 오쓰카 다케히로(大塚健洋)의 두 권의 저서가 대표적이다. 大塚健洋, 『大川周明と近代日本』, 木鐸社, 1990; 大塚健洋, 『大川周明—ある復古革新主義者の思想』, 講談社學術文庫, 2009.

11 특히, 大森美紀彦, 『日本政治思想研究—権藤成卿と大川周明』, 世織書房, 2010; 關岡英之, 『大川周明の大アジア主義』, 講談社, 2007 등이 있다.

12 臼杵陽, 『大川周明—イスラームと天皇のはざまで』, 靑土社, 2010, 10~17면. ① 일본통사 및 원리론, ② 아시아론, ③ 종교론, ④ 인물평전, ⑤ 유럽식민사 연구, ⑥ 이슬람론으로 구분하면서, 이슬람 연구의 중요성을 강조했다.

13 김호섭 외, 『일본 우익 연구』, 중심, 2000; 호사카 유지, 김양희, 김채수, 홍현길, 『일본 우익 사상의 기저 연구』, 보고사, 2007; 김채수, 『일본 우익의 활동과 사상 연구』, 박이정, 2014; 박훈, 『일본 우익의 어제와 오늘』, 동북아역사재단, 2008; 김양희, 「일본 우익의 사상적 기저로서의 신도(神道) 고찰」, 『日本文化研究』 제20집, 동아시아일본학회, 2006, 291~323면; 무라오카 쓰네쓰쿠 · 박규태 역, 『일본신도사』, 예문서원, 1999; 마루야마 마사오, 김석근 역, 『일본의 사상』, 한길사, 1998.

인가라는 문제를 설정하고, 침략과 연대의 경계 분석이나 오카와의 인도관, 중국관을 제시하면서 일본중심주의의 새로운 아시아질서로서의 '대아시아주의' 표출임을 제시했다. 그 의미에서 한국에서는 특별한 연구이다.[14]

그리고 노병호는 미노다 무네키의 원리주의와 간나가라노미치와 신도(神道), 시키시마노미치(しきしまのみち) 그리고 『월리일본』에 대해 분석하면서 원리일본적인 우익 사상을 구체적으로 제시[15]하고 있다. 그 후에 집필된 논고에서는 오카와 슈메이, 기타 잇키, 곤도 세이쿄, 미노다 무네키를 다루며, 그들의 유사성과 차이성에 대해서 다루었다. 특히 오카와 슈메이의 입장이 천황을 도덕적 차원에서 다루고, 그에 따른 행동을 촉구한 점이 전전(戰前)의 우익 및 좌익에서 전향한 우익의 패턴을 연상케 한다[16]고 지적한 부분은, 기존의 우익 연구와는 다른 시사성을 준다. 그리고 중국인의 논문으로는, 티엔푸(田富, TianFu)와 우후아이종(吳怀中, WuHuaiZong)[17]의 논고가 있다.

이러한 선행 연구를 통해 오카와의 전체적 흐름을 살펴볼 수 있었지

---

14 채수도, 「大川周明の思想と行動に関する一考察」, 『日本語文學』 第62輯, 일본어문학회, 2013, 431~454면; 채수도, 「오가와 슈메이의 '만몽구상'에 대한 고찰—안보 경제 논리를 중심으로」, 『日本文化研究』 제52집, 동아시아일본학회, 2014, 371~390면.

15 노병호, 「미노다 무네키(蓑田胸喜)의 원리일본과 1930년대의 일본」, 『동북아역사논총』 41호, 동북아역사재단, 2013, 403~445면.

16 노병호, 「天皇과 日本의 교착과 분열—초국가주의자 4인의 '현실' '비전' '천황'」, 『日本學研究』 44집, 단국대 일본연구소, 2015, 79~102면. 특히 98면의 결론 부분의 언급이다.

17 田富, 「论大川周明的法西斯主义思想」, *Jilin Shifan Daxue Xuebao(Renwen Shehui Kexue Ban)*, Vol.38 No.3, 吉林師範大學, 2010, pp.84~86; 吳怀中, 『大川周明と近代中國』, 日本僑報社, 2007. 오카와 슈메이의 중국에 대한 인식론, 만몽식민지 구상론, 만주사변과 중일전쟁시기의 중국과의 관계, 대동아전쟁시기로 나누어 집필한 논고이다.

만, 일본에서 '전통 창출론'을 주장하는 고야스 노부쿠니(子安宣邦)가 지적한 것처럼 일본은 '위기에 처한 국가'를 재건해야 한다는 사명감에서 나온 오카와의 국가 재건 담론이라는 점에 초점을 맞춘 것은 많은 시사점을 준다. '일본 국가론'은 '위기 상황'에서 일본의 부흥을 위해 필요한 '논리'로 작동한 것으로, 국가개조와 사회개혁을 논하지만 결국 '일본의 전통'에 현재 '위기 상황'을 극복하기 위해 '과거 부흥'을 투영시킨다는 것이다.[18] 그러한 의미에서 혁신 에토스로서 '천황 = 국가론'을 체현해 내는 논리에 대해 많은 시사를 받았고 본 저서를 구상하는 데 많은 도움을 받았다.

이러한 선행 연구를 답습하면서 본 저서에서는 우익과 보수, 오카와 슈메이, 그리고 오카와 슈메이와 그 주변 인물들의 행동 철학을 원리주의와 연결하여 분석한다. 그를 통해 동양과 서구의 대비 문제 그 안에 나타난 일본중심론 등을 다루고, 서구를 소거시키는 방법론을 구체적으로 제시하면서 일본의 '혼(魂)'이 '국민국가 제국론'으로 어떻게 부상되는지를 '국가와 천황 = 국체 원리주의' 개념으로 확인되면서 제국'에의' 길이 어떻게 구축되었는지를 살펴보기로 한다.

---

18 子安宣邦, 「一九二三年と二〇一一年 二つの震災の間 小田実, 『被災の思想 難死の思想』 / 大川周明, 『日本精神研究』」, 『現代思想』(7月臨時増刊號) 第39卷 第9號, 2011, 12면.

3. 본 저서의 전체 흐름

본 저서는 총 8장으로 구성되어 있는데, 각 장의 문제의식에 대해 설명하는 것으로 시작하고자 한다.

먼저 제1장에서는, 메이지유신과 메이지유신에서 성공한 일본이, 제국주의와 서구열강 대열에 끼어들면서 치르게 된 청일전쟁을 중첩시켜 본다. 메이지유신은 일본 내에서 자국사를 넘어 '세계사'를 등극하는 패러다임 전환을 가져온 '혁신'이었고, 청일전쟁 또한 일본이 자신의 위치를 세계사적 위치로 부상시켰다는 점에서 동일성이 있었다. 그 동일성과 동시에 통일성 속의 차이성을 통해 제국의 의미를 고찰하기 위해 메이지유신과 청일전쟁을 중첩시켜 다루었다.

메이지유신이 서구와의 접촉을 통해 '지배받는 나라'에서 동아시아의 지배하는 나라로 전환되는 근대국가적 제국의식을 형성했다면, 청일전쟁 또한 동아시아 내부에서 지배받는 나라가 아니라 동아시아의 지배하는 나라로 전환되는 계기가 되었다.

결과적으로 메이지유신과 청일전쟁은 천황제 국가의 완성도를 높여가는 과정이었다. 천황중심주의라는 일본적 수직국가의 특수성이 메이지유신에 의해 나타났다면, 청일전쟁은 이를 국가주의와 연결시켜, 서구와 대등한 수평국가로서의 보편성을 만들어내는 지점이기도 했던 것이다. 바로 이 지점을 확인하는 것은, 일본이 서구숭배를 환골탈태하여, 국수주의를 창출해 내고, 청일전쟁의 승리로 국가주의로 치환시키면서 만들어낸 '제국의식'으로서의 현재의 보수주의적 국가사상을 읽어낼 때 많은 힌트를 준다. 그러한 의미에서 메이지유신에서 청일전쟁을 다시 재고하는 것은 현재적이며, 현재의 일본이 주장하는 '창조적 동아시아 상(像)'이 '천황제' 국가를 바탕으로 하는 제국의식의 해독 작업이기도 한 것이다. 또한 현재의 동아시아론이 갖는 '탈'서구주의적 시각과 국수주의, 국가주의, 제국의식을 극복하기 위한, 새로운 지평을 구축해 가기 위한 시도이기도 한 것이다.

이러한 문제의식에서 메이지유신과 청일전쟁이 서구와 동아시아라는 이분법적 대립 구도를 넘어 '자국중심적' 지역주의의 문제가 아니라, 세계적 탈영토화 문제와도 연결하여, 메이지유신이나 청일전쟁과 같은 형태가 아닌 새로운 패러다임임으로서의 '균형적 밸런스를 가진' 동아시아 주체를 재구성하는 계기로 활용되기를 기대하는 의미도 있다.

제2장에서는, 일본의 대표적 기독교 연구자인 마쓰무라 가이세키(松村介石)가 주장한 종교와 윤리, 그리고 천황의 문제를 비판적으로 읽어내고자 한다. 메이지기(明治期) 서구 기독교와의 접촉에 의해 당시 일본에서는 '무엇이 종교다운 것인가'라는 종교의 고유성을 재고하게 되었다. 그 상황 속에서 일본 내부에서는 서구의 종교를 동양의 불교 경전에 의거하여 '교지(敎旨)'라는 신조어를 창조해 내고 있었다.

이러한 분위기 속에서 마쓰무라는 일본의 '종교 = 교지'가 갖는 의미를 재고했다. 특히 종교를 교지로 볼 수 있는 이유 즉, 종교와 교지 속에는 '믿음'이라는 개념이 공통적으로 존재한다는 점을 발견했다. 그리하여 그 믿음에 중점을 두고 새로운 종교 창출을 시도한다.

그것을 마쓰무라는 당시 유행하던 수양 개념을 도(道)와 연결시켰다. 도(道) 개념을 수양과 사랑, 윤리 개념으로 연결시킨 것이다. 그것을 실천한 것이 바로 신종교로서 도회(道會)의 창립이었다. 마쓰무라가 주장한 것은, 앞서 언급한 믿음을 내세워 기독교를 비롯한 불교·유교의 외적 차이에 불과한 종교적 분파를 넘는 '신전(神殿)'으로서 도(道)였다.

이 도(道)의 경지는 초자아적 세계이며, 그것은 '내성(內省)을 통해 선험적 종교 개념의 해체와 재구성'이라는 왕복운동 속에서 성취된다고 주장했다. 이러한 초자아적 경지가 서구에서는 기독교로 나타난 것인데, 이 기독교는 일본의 황천상제(皇天上帝)와 동일한 것이라고 보았다. 단지 '체현 방식'의 '형식적 차이'에 불과하다고 인지했다.

그리고 이러한 인식에서 보면 일본은 고대부터 현재까지 변하지 않는 '황천상제에 대한 믿음'이 존재하고 동시에 그 실체적 황통(皇統)이 이어지고 있다고 주장했다. 이는 세계적인 종교로서 '신종교 = 도의(道義) = 천황'을 제시한 것이다. 그리고 이를 기독교의 윤리와 동일한 것이라고 보고, 천황 = 도의를 갖고 있는 일본이 세계적 성격을 가진 것이라는 제국의식을 표명한 것이었음이 드러날 것이다.

제3장에서는, 오카와 슈메이(大川周明)의 종교사상이 가진 특징을 밝히려 하였다. 이를 위해 먼저 오카와 슈메이가 사상적으로 영향을 받은 마쓰무라 가이세키의 도회와의 관련성에 대해서 살펴본다. 도회는 마쓰무라 가이세키가 서구 기독교를 접하면서 종교 일반이 가진 '의례' 중시가 아니라 종교에 내포된 '믿음과 진리'를 존중해야 한다는 입장에서 설립한 신종교 단체였다.

그것은 서구나 동양의 종교적 관념을 넘는다는 동서융합을 의식한 것이고, 일본 내부에서 생겨난 구종(舊宗), 신종(新宗)의 개별적 종파(宗派)를 넘는 '신앙심과 진리'를 도의(道義)라고 표현했고, 그 도의를 '공통,

보편'으로 제시하면서 출발했다. 다시 말하면 신을 믿는 인간의 마음은 동양이나 서양에 상관없이 모든 인간의 의식 속에 존재하는 것인데, 그러한 의식의 발현이 '도의'라고 명명한 것이었다.

마쓰무라 가이세키가 주장하는 이러한 도의를 오카와 슈메이는 공감하면서 도회에 참가했다. 오카와 슈메이 또한 종교적 파벌의 차이는 본질적인 의미를 갖지 않고, 모든 인간에게 공통된 의식의 발현에 가탁한 '진리적 종교'로서의 신종교에 공명한 것이었다.

오카와는 이러한 신종교를 세계적 '종교혁명'시대라는 시대적 조류와 연결시켜서 '서구의 릴리전(religion)'과도 공통적인 '보편종교'로 도의를 치환시켜 나간다. 특히 '진리적 종교'에 대한 답을 오카와 슈메이는 고대로부터 일본에 존재하던 서민적 종교 믿음이나 신앙(信仰)이 가진 생활 속에 나타난 것에서 찾았다. 오카와 슈메이는 신(神)을 '믿는다'는 의식이 일본의 원시적 시대에 존재했던 '믿음'이라고 확인하고, '가장 오래된 것'이 현재에 '가장 새로운 것'이라는 논법을 제시하며, 일본이 고대부터 믿어 온 신앙심과 천황을 다시 호명해 왔다.

서구의 기독교가 우주에 초월하는 것이라면, 일본의 신앙심은 생활에 내포된 '생명의 힘'이라고 간주하면서 '실질성'을 확보했다. 그리고 그것은 고래로부터 일본에 전해지는 아마테라스 오미카미(天照大神)에 대한 믿음이라고 주장했다. 이것을 믿는 신앙심은 다시 충(忠)과 효(孝)를 연결하는 논리로 비약되었다. 충효는 곧바로 도(道)였고, 종교의 본질 논리인 '자기 생명의 본원'을 경(敬)하는 의미에서 충효가 공통적이며 이것이야말로 바로 국가를 믿는 것이라고 주장한 것이다.

결국 도, 충효, 생명을 연계시켜 통합적인 도의를 의미화했고, 이는 바로 국가 귀일의 논리라며 국가 통합 이데올로기로 승화시켰다. 그것은 기독교가 인간의 내면을 지배하는 '폭력'적이라는 견해에서 출발하여 '탈기독교 = 탈폭력화'를 지향하는 '탈서구주의'를 의식했지만, 인간 본연의 '신앙심'과 '일본 국가 = 천황제'라는 '천황환원주의 종교적' 폭력이 갖는 내적 폭력은 자각하지 못하면서 만들어낸 국민국가 내부의 '탈종교의 폭력'이었음이 규명될 것이다.

제4장에서는 다시 오카와 슈메이와 미노다 무네키의 시대상황 인식과 양자가 만들어낸 내셔널리즘의 양상을 제시한다. 다이쇼기(大正期)와 쇼와기(昭和期)에 국가 위기론이 나타나는데, 이 '위기론 = 국체의 존망'을 배경으로 주체적인 국민국가론의 내적 특성을 규정해 내기 위해 노력한 것이 바로 오카와 슈메이와 미노다 무네키였다. 특히 양자는 국가 위기론을 내세우면서 서구와는 다른 일본인적 아이덴티티에 근거로 한 국가론으로써 신국가론을 제시했으며, 그 과정에서 신내셔널리즘을 체현해 낸 인물들이었다.

양자는 '국가의 위기 상황'을 설정하고, 이를 돌파하기 위한 국가사상 구축을 내걸고 출발했다. 그러나 그 국가론을 구성하는 논리에서, 오카와 슈메이는 물질보다는 인격에, 제도보다는 정신에 중점을 두면서, 개인과 국가의 상관관계를 구성해 냈다. 특히 절충주의를 내걸고 서구 철학도 일본인의 입장에서 재구성해 내는 방식이었다.

이를 위해 '자연적 개인'을 '도덕적 개인'으로 완성해가면, 바로 도덕적 국가로 통일해가야 함을 주장하고 그것만이 세계성을 가진 국가로 성장한다고 설정했다. 그리고 제도는 정신에 의해 탄생하는 것이라고 보고, 그 정신적인 것을 찾아내야 한다고 주장했다. 그런 측면에서 오카와 슈메이는 국가 부정사상도 국가사상의 진보를 위해서는 '힘'이 되고, 그것이 살아있는 국가가 될 수 있는 논리라며 무정부주의, 사회주의, 향락주의도 '변증법적'으로 국가 내부에 수용하면서 신국가주의를 창출해야 한다는 국가론이었다.

이와 반대로 미노다 무네키는 국가 발전이 온전하게 이루어지기 위해서는 정신이 중요하다는 측면은 동조하지만, 국가를 부정하는 사상 자체를 배제하고 차단해야 한다고 주장했다. 전자 오카와 슈메이는 '변증법적 국가사상 발전론' 입장이고, 후자 미노다 무네키는 '차단적 국가사상 발전론' 주창자였던 것이다.

물론 오카와 슈메이는 미노다 무네키와 서로 상대주의적인 입장에서 물질과 인격, 제도와 정신을 주장했지만, 국가의 완성을 위해서는 일본인의 체험에 입각한 국가를 건설해야 한다는 국가 개조론이라는 논리를 주장하면서 신(新)내셔널리즘의 혈근(血筋)적 역할을 수행했다. 이러한 프로세스는 역으로 내적 국민국가 = 전체주의가 인격과 정신의 지배를 통해 이루어지고, 물질과 제도라는 생활을 컨트롤하는 국가론으로 완성된 것을 보여주며, '국민 사상'의 창출이었음을 말해주는 것이다.

제5장에서는, 오카와 슈메이와 미노다 무네키(蓑田胸喜)의 국가론을 비교 검토한다. 오카와 슈메이와 미노다 무네키는 동일한 우익으로 비춰지지만, 그 내적 특징을 보면 대립적이었다. 오카와 슈메이는 '서구 이론'과 일본의 '유학(儒學)'적 특성을 절충하는 방식으로 일본의 정신적 가치 구축을 시도한다. 반대로 미노다 무네키는 서구의 마르크스주의나 헤겔의 이론을 '미신'이라고 간주하고, 이를 서구의 이론을 부정하면서 일본의 전통을 지키려 한다.

오카와 슈메이는 서구와 동양의 절충주의를 통해 일본의 '도덕이나 인격주의'를 찾아냈다. 그것은 근대적 충효 논리를 설명해 냈고, 결국 종교적 천황론을 제시했다. 특히 오카와 슈메이와 미노타는 '천(天)'에 대한 분리론과 합일론이라는 대립과, 개인의 사회적 분리 혹은 합일, 충과 효의 개념에 대해서 강하게 대립되었다.

그것은 메이지천황을 제도적 측면으로만 강조되는 것을 비판하는 오카와 슈메이였고, 오카와 슈메이는 제도의 천황론을 넘어 순수 일본적 '종교 = 충' 논리가 '종교 = 도덕'으로 연결시키려 했다. 반대로 미노다 무네키는 서구 철학을 '서구의 신이론'인 심리구조학을 빌리면서 서구적 논리가 가진 한계성을 지적했다. 그 이론을 근거로 이번에는 일본의 '간나가라노미치(かんながらのみち)'를 탐구해 냈다. 오카와 슈메이와는 달리 미노다 무네키는 천(天)이 분리되는 것이 아니라 전체 자체로서, 모든 것은 천(天) 하나로 수렴된다고 보았다.

이 전체론은 그대로 천황이 시키시마노미치, 즉 간나가라노미치였으며, 메이지시기에 제도로서 만들어진 것이라고 주장한 것이다. 그 근거로서 『메이지천황어제(御製)』에 나타난 시키시마노미치를 제시했다. 결국 오카와 슈메이와 미노다 무네키 사이에는 대립이 있었음에도 불구하고 공통적으로 '천황 = 일본주의' 논리를 구축하는 결과를 낳았고, 이에 공모했던 것임이 부각될 것이다.

제6장에서는, 오카와 슈메이의 유교 해석이 갖는 특징을 규명하려 한다. 오카와 슈메이는 『대학』과 『중용』을 '유교사상'적 측면에서 관심을 가지면서도 종교철학적 시대적 흐름과 연계시켜 이를 재해석해 내는 특징을 살펴본다. 오카와 슈메이는 『대학』과 『중용』을 해독하는 방법론에

서, 유교가 '종교, 도덕, 정치'가 분리되는 것이 아니라 하나의 전체성을 갖는 것이라고 설정했다.

이를 설명하기 위해 설정한 것은 도(道)였다. 종교 · 도덕 · 정치 그것들의 공통분모로 관통하는 것이 '도'라는 관점이었다. 이것은 서구 종교학이나 서구 종교사 연구 이론인 '모든 종교의 공통적 특성'을 수용하고 이를 극대화시킨 논리였다.

서구적 인식론의 흐름을 꿰뚫고, 이를 유교가 가진 통합성을 접목시키는 방법으로 새로운 학문의 지평을 여는 '원리'를 발견해 냈다. 그것은 '신민(新民)'의 개념과 '수(修)'의 의미를 재구성하면서 시작된다. 모든 개인에게 선천적으로 주어진 '도'는 수양이 중요한 개념인데, 이는 자연과 정신을 구분해 내는 논리이고 정신의 자각 과정 논리를 설명해 주는 것으로 보았다. 오카와 슈메이는 그를 통해 개인의 수양과 사회적 공동체를 위한 신민(新民)의 탄생을 기대했다.

한편으로 서구에서는 유일신으로 나타나는 절대성 논리의 한계를 지적하는 것으로, 오카와 슈메이는 천지인(天地人)을 통해 변증법이 아닌 '종섭(綜攝)' 이론 즉 '종교, 도덕, 정치'가 합체되어 나타나는 논리로서 설명해 냈다.

오카와 슈메이는 유교가 서구 학자들이 주장하는 개인과 국가(사회)의 관계를 통합해주고, 유교 내부에서의 논쟁을 천지인 개념으로 극복해 냈다. 그리고 동시에 보편적 개념으로 중(中)을 제시하는데, 중은 시대의 흐름에 따라 변화하는 것이 아니라 우주적 보편성을 가진 경지이며, '궁극적 위치'라고 설명했다. 이러한 궁극의 위치를 설명해 주는 것이 원래 유교였는데 그를 통해 유교를 보면, 그것이 중국에서 발생했지만, 이미 중국에서는 '전통과 황통'이 모순되고, 그것이 사라졌다고 보았다. 그렇지만 유교는 일본의 '신도' 속에 모두 포함되어 있고 그것이 일본에 존재한다고 주장하게 된다. 그것은 일본의 '천(天)사상'에 나타난 정통과 황통의 계승이라고 주장하면서 『대학』과 『중용』에서 '황체 이데올로기'를 특정해 낸 것이었다.

제7장에서는 유교를 통해 자신의 정체성을 찾는 작업이 '일본중심주의'와 어떻게 연결되어 가는지 그 양상을 살펴보았다. 특히 일본 내에서는 '국체' 논리를 만들어내기 위해 조선과도 다른 새로운 이념을 필요로 했다는 점이다. 잘 알려진 것처럼, 일본에서는 근세와 근대를 이어오면서 유학 개념이 변용되고, 수양에서 국민도덕으로 '변용'되면서 유학이 재해석되었다. 다시 말하면, 일본이 구체적으로 말하면 조선의 퇴계의 영향을 받으면서도 '일본중심주의'를 제창하는 존황론으로 '변형'되고 있었다.

그러한 도정 역학을 자세하게 일본에 소개한 자는 바로 아베 요시오(阿部吉雄)였다. 그런 의미에서 특히 아베 요시오가 해석하는 퇴계의 학문이 야마자키 안사이(山崎闇齋)로 이어지고, 모토다 나가자네(元田永孚)로 어떻게 이어지는지 그 사상 논리를 살펴본다. 특히 퇴계의 개인 수양의 정점을 경(敬)으로 제시했고, 경을 통해 마음을 다스리는 논리였는데 이 개인의 수양 부분을 특화시켜 국가 체제 안에서의 개인 내면 관리로 작동하게 하는 논리였음이 드러날 것이다. 특히 야마자키 안사이나 모토다 나가자네가 만들어낸 유학의 '개인 수양' 인식의 틀이 재구성되어, 일본화된 유교의 정점으로 천황제를 옹립하고, 교육을 통한 국민의 관리를 실시하게 된 사상으로 전화되었음을 알 수 있을 것이다. 이를 오카와 슈메이는 수용, 계승하고 있었다는 점은 더더욱 오카와 슈메이의 사상성이 가진 유교 변형 논리를 이해하는 데 중요한 의미를 갖는 것이다.

제8장에서는, 오카쿠라 덴신과 오카와 슈메이의 아시아론을 고찰한다. 오카와 슈메이는 오카쿠라의 영향을 직접적으로 받았기 때문이다. 오카쿠라 덴신은 일본이 인도에서는 불교를 받아들이고, 중국으로부터는 유교와 도교를 수입하고, 그리고 조선반도와 여러 주변국의 문물을 받아들여 그것을 근대까지 보존했다고 설정했다. 그렇기 때문에 일본은 '아시아의 박물관'이며, 아시아적 양식의 총합이라고 상정했다.

이러한 논리를 근거로 '아시아는 하나다'라는 사상을 지탱시켰고 그 결절점(結節点)으로서 일본이 존재한다고 본 것이다. 서구의 식민지 정책 아래 허덕이고 있는 조건 그것이 바로 아시아를 하나로 볼 수 있다고 제시하고, 서구 문명에 의해 수탈되는 객체로서 아시아를 서구와는 별개로 그러나 포괄적인 원리를 내걸기 위해 하나의 통일체 설정한 것이었다.

이를 적극적으로 수용한 오카와 슈메이는 아시아의 정수와 일본정신을 연결시켰다. 아시아문화의 집합체로서의 일본을 설정할 수 있는 논리를 오카쿠라를 통해 학습하면서, 그것이 '일본정신'으로 재편성되는 논리를 '시대적 구분'과 '인도와 중국'의 식민지화를 중첩시키는 담론 속에 끼워 넣으면서, 아시아의 가능성을 일본에서 찾아야 한다고 주장한 것이다.

그리고 아시아의 부흥을 주창하면서, 그 아시아의 부흥은 바로 일본정신의 부흥이라고 보았다. 오카와 슈메이가 내세운 슬로건이 '일본정신의 부흥'이었다. 다시 말하면 일본정신을 부흥시켜야 한다고 주장한 것이다. 그런데 이 슬로건에는 두 가지 중요한 문제를 내포하고 있다.

일본정신의 부흥이라고 말할 때 첫째 '정신'은 무엇이며, 둘째 '일본정
신'은 또 무엇인가라는 점이다. 정신은 신체와 대조되는 의미로 사용되
면서, 정신과 신체를 분리해 내는 심신이원론적 시각에서 발명된 정신
론이다. 기계적인 것이나 물질적인 것이 아닌 것을 정신이라고 설정한
것이다. 정신은 '배고픔이나 갈증, 분노, 기쁨, 불쾌감' 등을 의미하는
것이 아니라 '의식, 관념, 성찰, 사고, 자아, 사상'이라는 코기토(cogito)
와 논증이라고 보고 있었다.[19]

　바로 이 정신의 의미가 '일본정신'과 어떻게 구조적으로 연결되는가
그것이 문제인 것이다. 그리고 부흥이라는 논리가 '쇠퇴한 것을 다시 회
복하는 것'이라는 논리로 볼 수 있는데 여기에도 많은 의미가 부여되어
있다. 다시 말해서 전쟁이나 재해(피해)를 극복하고 원래의 상태로 재생
되거나 되살아난다는 의미도 있지만, 더 중요한 것은 인간과 사회의 통
합시키는 원리로서 '모두 함께' 새롭게 일어나자는 '부흥' 이데올로기
가 있는 것이다. 특히 부흥에는 인간의 내면적 '회복'의 문제도 있지만,
더 넓게는 집합체라는 '공간적' 의미도 내포하면서, 사회의 부흥을 논하
는 수법이 사용되기 한다. 다시 말해서 사회라는 '공간'의 부흥이기도
한 것이다. 이는 인간과 생활의 부흥을 강조한다는 의미에서 사회 부흥
인데 이때 개인의 회복은 소거된다.[20]

　이처럼 부흥이 갖는 의미가 개인을 희생시키면서 사회 전체를 부흥시
킨다는 의미에서 본다면, 일본정신의 부흥은 일본이라는 사회 속의 개
인을 매몰시켜 전체의 정신을 부흥시킨다는 의미로 설정할 수 있을 것

19　市川浩, 강미리 역, 『정신으로서의 신체』, 시절인연, 1995, 13~29・49면.
20　宮入興一, 「東日本大震災と復興のかたち」, 『世界』8, 岩波書店, 2011, 43~54면.

이다. 그 상황에서 일본정신의 부흥이 갖고 있던 또 하나의 레토릭은, 역으로 부흥되어야 하는 것이 '일본정신'이 존재한다는 설정이었다. 그러니까 '일본정신'이 존재하고 이것이 부흥되어야 한다는 논리가 가진 모순이었던 것이다. 바로 이러한 순간에 '일본정신'이 역으로 의식화되었고, 일본정신을 '창출'해 내야만 했던 것이다.

이는 오카쿠라 덴신의 아시론을 수용하면서, 오카와 슈메이에 의해 부흥되어야 할 '일본정신'의 에토스가 '의식적으로' 발견되는 논리였음을 말해주는 것이다. 그것은, 정신으로서의 아시아의 부흥을 위해 필요한 아시아 문화의 '정신적 유전자'가 바로 국체(國體) = 천황이라는 논리가 배양되는 프로세스의 폭로이기도 한 것이다. 바로 이러한 의미에서 결국 일본정신의 본질이 어떻게 재구성되고, 그것이 부흥으로 나타나며, 일본민족 = 일본문화가 하나로 어떻게 통합되었는지를 보여줄 것이다.

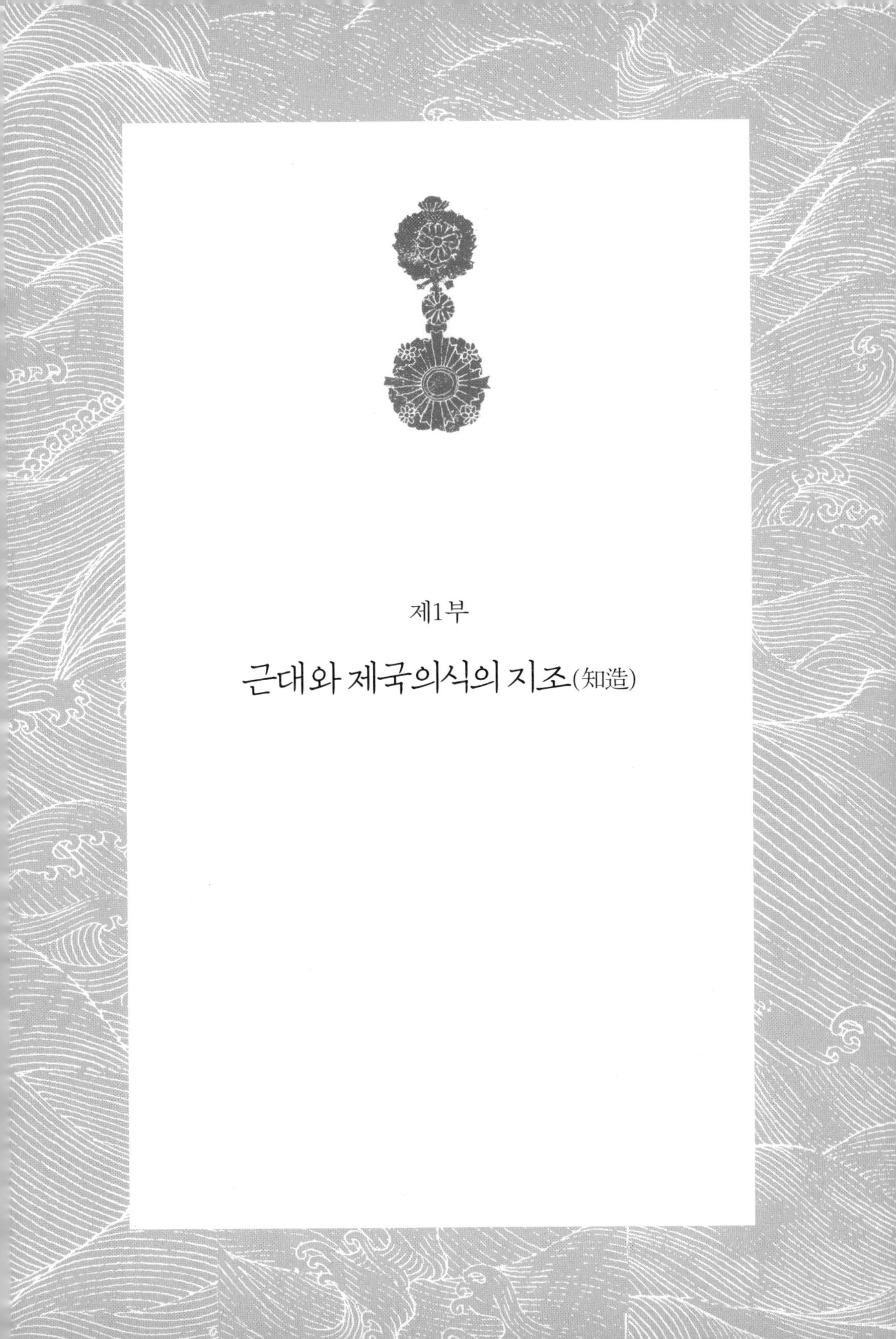

제1부

근대와 제국의식의 지조(知造)

제1장

근대일본의 서구숭배와 '국수주의'의 발명

1. 세기의 전환점 메이지유신과 청일전쟁

메이지유신은 일본에 있어서 무엇을 의미하며 동아시아 세계에 있어서 무엇을 의미하는가? 이러한 물음에 대해 일반적으로 알려진 것은, 서구와의 만남이라는 세계사적인 흐름 속에서 일본의 메이지유신은 서구적 근대를 지향하면서도, 서양과 대비된 동양, 나아가 동양 안에서 차별화된 '근대일본'을 구축하는 '세기적 전환점'을 완성해 낸 것이라고 보는 시각이다. 특히 메이지유신은 일본서구화의 서막이며 일본의 근대국가성격을 조각하고 결정짓는 '시점(始點)'이었던 것이다.

그럼 메이지유신이 일본에서 의미하는 것과 동아시아 세계에서 의미하는 것을 어떻게 새롭게 보여줄 수 있을까. 그것은 메이지유신과 청일전쟁을 연결하여 일본 내부에 장착되는 '내셔널 아이덴티티'를 일본의 근대 국민국가로 완성시켜 가는 '프로세스' 자체를 보여주는 것으로써 가능하다고 본다.

그것이 바로 천황주의를 정점에 두면서 갖게 되는 제국의식의 성격이며, 이는 반대로 천황주의를 '상징'에 두고 '지배받는 나라에서 지배하는 나라로' 전환하는 세기의 전환점이었음을 보여주려 한다. 그러나 그 출발점 메이지유신은 일본이 제국주의로 나아가는 첫발부터 이미 '비틀림'을 갖고 있었다. 잘 알려진 것처럼 유럽중심주의가 갖는 '자국중심주의' 논리를 모방하면서도, 서구적 근대를 '반격'하면서, 일본의 고유성이라는 이름으로 '천황'을 고안해 냈다. '천황의 전통성'을 복고와 유신이라는 논리와 결합시켜가면서, 국가의 내부에서서 찾아낸 '셀프 제국주의' 논리를 만들기 시작한 것이다.

특히, 메이지유신은 개혁운동으로서 봉건사회에서 자본주의 국가로 전환하는 중요한 전환점이었다. 근대일본의 국가 성격적 시각에서 볼 때 메이지유신에서 시작한 20여 년의 전면적인 서구화의 경로는 일본으로 하여금 양면성을 갖게 했다. 일면으로는 권세에 아부하는 소인배처럼 서구열강사이를 맴돌면서 강자를 찾아 그와 맞장구를 치고 일면으로는 자기의 강함을 믿고 이웃나라에 해를 입히면서 동아시아패주로 된 군국주의 일본이었다. 메이지유신과 청일전쟁 그리고 러일전쟁은 근대일본사회의 서구화 과정에서 보여준 획기적인 세 개의 역사사건이었다. 근대일본의 국가성격과 발전 전략은 일본서구화의 경로선택으로 말미암아 정해지고 고착화되었던 것이다.

다시 말해서 그것은 서구에 대한 근대의 초극을 실험하는 것이라고 여겨졌고, 동아시아에서는 '우월주의 = 국수주의'를 획득하는 이중성의 노정(路程)이었다. 동아시아에서 일본이 우월주의를 획득하면서 국수주의를 구축한다는 것은, 주변의 중국이나 조선에 대해서도 '열등과 우월'이라는 선택과 배제를 통해서였다.

마침내 '우월주의 = 국수주의'를 완성하게 되는 것이 바로 청일전쟁이었고, 동아시아에서 중국과 조선에 대한 열등의 이미지를 고착화하는 담론을 완성해 갔다. 이러한 이미지의 완성을 일궈낸 '메이지유신과 청일전쟁'은 역사적 패러다임의 세기적 전환을 획득했다는 점에서 공통적이었다.

메이지유신이 서구와 동양, 동양 내부의 차이성 확립을 위한 시점(始點)이었다면, 청일전쟁은, 청나라와 일본의 전쟁이 아니라, 서구숭배주의의 실천적 실험이었으며, 그 결과 중국이나 조선을 '미개의 후진국'이라는 보는 동아시아에서 일본의 제국의식을 현실화하는 동아시아 지역적의 직접적인 충돌이었다. 메이지유신을 통해 서구화를 숭배하며 근저에는 봉건사회에서 도출해 낸 천황을 전면에 내세우며 '근대 제국주의 국가'로 부상했고, 청일전쟁에 이르는 기간 동안 그 천황제는 동아시아 내부의 차이, 즉 일본우월주의를 만들어내는 정신적 기반으로 작동했으며, 그것이 청일전쟁을 통해 완성되어 갔다.

그렇기 때문에 '세계사적'인 패러다임 전환을 가져온 '혁신'이었다는 점에서 메이지유신과 청일전쟁은 중요했다. 또한 메이지유신이 '지배받는 나라'에서 동아시아의 지배하는 나라로 전환되는 근대국가적 제국의식을 형성했다면, 청일전쟁은 지배하는 나라로 실천한다는 의미에서 지속적이며 동일선상에 있었다.

그것은 천황제 국가의 완성도를 높여가는 과정으로 천황중심주의 일본적 수직국가의 특수성이라는 국수주의를 청일전쟁을 통해 국가주의로 전환하면서 서구와 대등한 수평국가의 보편성을 만들어내는 지점이기도 했다. 바로 이 지점을 확인하는 것은, 일본이 서구숭배를 환골탈태하여, 국수주의를 창출해 내고, 청일전쟁의 승리로 국가주의로 치환시키면서 만들어낸 '제국의식'으로서의 현재의 보수주의적[1] 국가사상을 읽어내는 데 시사점을 갖는다고 볼 수 있을 것이다.

그러한 의미에서 메이지유신에서 청일전쟁을 다시 재고하는 것은, 현재적이며 현재의 일본이 주장하는 '창조적 동아시이 상(像)'이 '천황제' 국가를 바탕으로 하는 제국의식의 해독해 내는 작업이기도 한 것이다. 또한 현재의 동아시아론이 갖는 '탈'서구주의적 시각과 국수주의, 국가주의, 제국의식을 극복하기 위한, 새로운 지평을 구축해가기 위한 계기가 될 것이다.

이러한 문제의식에서 메이지유신과 청일전쟁이 서구와 동아시아라는 이분법적 대립 구도를 넘어 '자국중심적' 지역주의의 문제가 아니라, 세계적 탈영토화 문제와 연결시켜, 메이지유신이나 청일전쟁과 같은 형태가 아닌 새로운 패러다임으로서의 '균형적 밸런스를 가진' 동아시아 주체를 재구성하는 계기로 활용되기를 기대하면서 서두에서 제시한 '메이지유신은 일본에 있어서 무엇이었고, 동아시아에서 무엇을 의미하는가'를 재조명해 보기로 한다.

---

1 橋川文三, 「日本保守主義の体験と思想」, 『橋川文三著作集』 6, 筑摩書房, 2001, 3~51면.

2. 사상의 전형기(轉形期)적 특성과 '보수주의' 계보

먼저 '메이지유신이 일본에게 있어서는 무엇을 의미하는가'라는 문제를 고찰하기 위해서는 메이지기(明治期)의 사상적 구도를 파악할 필요가 있다. 일본에서는 근대의 시작이기도 하지만, 그 근대가 서구문명을 의식하면서, 근대의 뿌리가 일본에 존재한다고 의식하는 계기로 작용했다. 다시 말해서 메이지유신 그 자체 속에는 '왕정유신(王政維新)'과 '왕정복고(王政復古)'가 길항하면서 만들어진 새로운 체제였다. 이 슬로건에 공통적으로 왕정이 사용되었지만 후자의 복고는 보수적 정신을 대표하는 것이었고, 전자의 유신은 진보적 정신을 대표하는 '어휘'였다.

이미 이 메이지유신 담론 속에는 진보적 정신과 보수적 정신이라는 '길항'된 이중적 의미가 잠거하고 있었다. 결국 메이지유신 자체가 이 잡거성(雜居性)을 근거로 일본사회에 침투하게 되었고, 그 사상적 '영혼'이 끈질기게 양립 가능하도록 유지하려는 이중성을 갖게 된 것이다.[2] 이것이 바로 메이지유신이 일본에게 있어서 무엇인가를 물을 때 필연적으로 따라 붙는 '분열'과 '이접'의 쌍곡선이었다.

그것은 서구에 대한 자아 변환의 갈망과 맞물리면서, 근대적인 입헌사상과 전통적인 국체(국가의 체재) 관념으로 표백해가는 '실용주의' 노선이 '국가 이성'과 맞물리고 있었다. 후술하게 되는 후쿠자와 유키치(福澤諭吉)나 도쿠토미 소호(德富蘇峰)의 문명개화와 문명의 지도자 논리

---

2   井田輝敏, 『近代日本の思想像―啓蒙主義から超國家主義まで』, 法律文化社, 1991, 3~4면.

가 바로 이것으로 연결되어 가는 것이다.

물론 이러한 후쿠자와 유키치나 도쿠토미 소호는 '메이지기의 대표적 국가주의 사상가'인데 여기에도 보수적 정신과 진보적 정신의 '양면적 진자운동'이 가진 일본적 특성이 존재했다는 것을 이해하지 않으면 안 된다는 점이다.

특히 현재적 의미로서 치환 가능한 보수주의의 의미는, 메이지기에 존재한 국수주의나 국가주의와 무관하지 않으며, 오히려 현재 일본의 보수주의가 역설적으로 메이지시기에서 찾아낼 수 있다.

이러한 지적(知的) 전통은 하시카와 분조의 이론에서 참조가 가능하다. 하시카와 분조는 '보수'라는 용어를 '오래된 제도의 유익한 부분이 유지되고, 개혁에 의해 새롭게 보태어진 부분은 그것에 적합하도록 해야 한다는 것'으로 전체적으로는 '서서히 진행되나 그러나 틈새가 생기지 않는 진보가 유지되는 것을 정치의 주안으로 한다는 것에 현저한 특색이 존재한다'며, 근대적 보수주의는 결코 '일체의 개선을 받아들이지 않는 완미(頑迷)와 동일한 것이 아니다'[3]라고 제시했다.

문제는 보수주의가 다시 전통주의와 구별된다는 점이다. 또한 보수주의라고 해서 전혀 개선을 받아들이지 않는다는 것도 아니라는 점이다. 바로 보수주의의 핵심 개념으로 전통주의만을 강조하는 디스토피아(dystopia)를 제거한다는 것이다.

3　하시카와 분조는 '보수주의' 이론을 "일정한 역사적 단계에 있어서 발달하면서 이르게 되는 특정한 정치적 경향을 가리키는 경우" 쪽에 관심을 두었다. 보수주의가 인간 본성에 내재하는 보편적인 경향이기도 한데, 여기서 이를 '전통주의'와 구별하면서, '특수한 역사적 근대적 현상으로서의 보수주의'와는 구별하지 않으면 안 된다고 제기했다. 橋川文三, 「日本保守主義の体験と思想」, 『橋川文三著作集』 6, 筑摩書房, 2001, 5~7면.

서구주의의 물결에 흔들리면서 일본은 서구와의 불평등한 권력관계를 극복하기 위해 추구한 서구숭배주의와 그에 대한 저항으로서의 '보수주의'적 쌍생아로 '일본주의'를 낳았다. 일본주의는 "인간의 대도(大道)로서, 이 대도가 외국에서는 상고(上古)에 폐했지만, 우리나라에서는 태고 이래로 전해지고, 우리 일본의 국체도 되고 문화도 되었다. 바빌론이나 이집트나 인도나 페르시아, 그리스, 로마, 아라비아, 멕시코나 고대 문화는 모두 쇠망(衰亡)하지 않을 수 없었고, 그리하여 근대 유럽도 오늘날 로마의 말로(末路)와 같은 종류로서 서양의 몰락을 면치 못하게 되었는데, 일본만이 태고(太古) 이래 번영과 번영을 그치지 않았던 것은 일본주의 때문이다. 즉 인간의 대도이고 그것을 떠나지 않았기 때문"[4]이라고 역설하면서 일본과 서구를 가로지르는 논리로 표백해 간다.

다시 말해서 서구 숭배를 통한 서구와의 동등한 지위 획득과 일본주의를 통한 '일본의 우월성'을 찾는 세계사적 방향을 찾으려는 힘겨운 고투를 벌였다. 일본주의의 연장선상에서 '국수주의'가 발흥하고, 존황(尊皇)사상과 양이사상을 확대시키고, 서구주의와 숭배 이론과 배타주의적으로 보이는 전통주의의 장벽을 넘는 이론으로 투박한 일본주의와 국수주의를 조화시키려 했다. 다카야마 초규(高山樗牛)는 '우리들의 일본주의는 결코 편중되어, 나를 세우고 다른 것을 배제하는 협루한 것과 함께 논

---

4   일본주의라는 명칭은 1897년 5월 기무라 다카타로(木村鷹太郎)(木村鷹太郎, 『日本主義國教論』, 開発社, 1899)가 이를 주창하고, 다카야마 초규(高山樗牛)가 이를 화(和)하고, 대일본협회를 조직하여, 잡지 『일본주의』에 의거하여 이를 고취시켰다. 기무라는 이를 일본주의의 심연을 연구하고자 일본태고사의 세계사적 연구로 나아갔다. 井箆節三, 『日本主義』, 平凡社, 1926, 3~4면; 전성곤, 『일본인류학과 동아시아』, 한국학술정보(주), 2009, 51~83면.

할 수 없다'고 주장했다. 초규는 미야케 세쓰레이(三宅雪嶺)의 사상을 '국수보존주의'라고 규정하면서, 초규 자신의 일본주의를 '국민의 특성에 본거를 두고, 자주 독립의 정신에 의거하여 건국 시초의 포부를 발휘하는 것을 목표로 하는 것'[5]이 '일본주의'라고 주장했다.

바로 여기서 일본주의의 바리에이션을 알게 해준다. 전통적인 일본정신에 의한 일본주의와 '국수'라고 하는 '통일적 원리'를 합체하는 과정에서, 서구의 유입사상과 일본 내의 서구화 좌절 및 전통사상의 계승 문제가 얽히게 된 것이다. 도쿠도미 소호가 '복고야말로 유신'이라고 주장하면서, 일본민족의 핵심을 소환시키려는 내성(耐性)을 만들어내던 시기와도 중첩되었다.

그것은 메이지유신 초기에는 미야케 세쓰레이, 이노우에 엔료(井上円了), 시가 시게다카(志賀重昻), 스기우라 주고(杉浦重剛)의 정교사(政敎社, 1888) 발행 기관지인 『일본인』 잡지에서 전개한 일본주의와, 메이로쿠사(明六社)의 니시무라 시게키(西村茂樹), 가토 히로유키(加藤弘之)나 우에키 에모리(植木枝盛)의 국가주의가 상충되고 있었다.

그 과정에서 구가 가쓰난(陸羯南)과 같은 인물이 주장한 국수주의는 독특했다. 메이지정부의 서구화 정책에 반대, 물론 서구문화의 배척은 아니었지만, 서구화를 이루기 위한 일본 고유성의 유지에 대한 입장에서도 정통 국수파와 차이가 있었다.[6] 특히 구가 가쓰난은 '국제법적인 측면에서 서구중심주의적 논리를 타파하기 위해 청일연대론'도 주장했고, 나카무라 마사나오(中村正直) 역시 중국멸시론을 경계해야 한다고 주

---

5   浅沼和典, 「'日本主義'覺書」, 『日本思想の地坪と水脈』, ぺりかん社, 1998, 15면.
6   小松茂夫, 「陸羯南」, 『日本の国家思想』 上, 靑木書店, 1980, 262~263면.

장하면서 아시아 연대의 의미를 재고했다.[7]

이러한 사상 지형 속에서 국수주의의가 '서구와 일본의 융합'을 기획하고 청불(清佛)전쟁에서 중국이 패하는 국면을 보면서, 국민과 국가를 동일한 범주에 넣는 내셔널리티(nationality), 즉 국가주의로 치환되어 간 것이다. 국민성과 민족성이 합체되고, 국가와 민족 구성원이 하나라고 상정되면서, 일본주의는 국가지상주의로 독자화되고, 절충주의, 국민 점진주의, 보수주의가 국초(國礎)로 발명되어진 것이다.

여기서 민권과 국권의 문제, 서구화의 프러스트레이션(frustration)을 극복하기 위해 주창된 논리는 후쿠자와 유키치와 도쿠토미 소호의 '문명 개화, 문명의 선도자' 사상이었다.[8]

바로 후쿠자와 유키치가 문명개화 모델을 서구숭배에 둔 것이 하시카와 분조와 이야기하는 '보수'의 해석이며, 문명의 선도자로서 복고를 주장하는 도쿠토미 소호가 '국가주의'를 모델로 삼아 전통주의를 교화시켜 간 '보수'가 메이지기 사상이 가진 특징이었던 것이다. 그것은 바로 "일본주의는 대립하지도 않으며 우뚝 홀로 선다. 서양이나 동양도 존재하지 않는다. 편견도 없다. 자신을 잃고 타인에게 이 땅을 양도하는 것도 아니다. 초연한 것은 자신을 잃는다. 일본주의는 결코 일본을 잠시도 망각하는 것이 아니다. 상주(常住) 천황의 신변을 돌보는 마음으로 평상적 준비가 없어서는 안 된다. 일본이 일어서는 것만이 동양이 있고, 서양이 있고, 만국이 있고, 세계민이 있다는 신념에 서는 것, 이것을 이 일본주의에 서

---

7   松本三之介, 『近代日本の中國認識』, 以文社, 2011, 65~79면.

8   ひろた まさき, 「福沢諭吉」, 『日本の国家思想』上, 47~81면; 和田守, 「德富蘇峰」, 같은 책, 199~234면.

는 것"[9]으로 '보편적 논리로서' 예리하게 다듬어져 간 것이다.

그것은 마루야마 마사오(丸山眞男)가 상호간에 원리적으로 모순되는 것을 '포용'하여, 이것을 자신의 정신적 경험 속에 '공존'시키려는 사상 속에는 '정신적 잡거성의 원리적 부정'을 통해, 가치적인 헤게모니를 내면적으로 강요하는 논리가 부수적으로 따라온다고 지적한 것을 상기시켜 준다. 특히 외부적인 것을 자신의 풍토와 타협시킨다면 그 속에서의 정신혁명의 의미는 사라지고, 역으로 그것을 집요하게 쫓는다면 말 그대로 잡거적(雜居的) 관용 때문에 거친 불관용에 부딪치는 딜레마를 피할 수 없게 된다[10]는 지적처럼, 메이지유신을 기점으로 일본의 일본주의와 국수주의는 비분리적 사상으로 일원화되는 '불관용'을 선택해 간 것이다.

그것은 '서구와 동양을 절충하는' 일본적 제국의식으로 세례화해 간다. 일본주의 사상은 정치적 사유를 바로 천황이라는 정신적 핵(核)에 수렴시키는 것으로 훌륭하게 정치적 이데올로기를 만들어내고, 국민 사상 선도에 이르게 된 것이다.

---

9   大石隆基, 『日本主義の基調』, 日本電報通信社, 1942, 4면.
10   丸山真男, 「日本の思想」, 『丸山真男集』第7卷, 岩波書店, 2003, 11~12면.

3. 서구화와 전통의 복합체로서의 천황

일본사회가 과학과 문화차원에서 서양문명을 접수하고 배우기 시작한 것은 18세기 70년대 난학(蘭學)운동시기부터였다. 1852년에 출판된 『서양학가역술목록(西洋學家譯述目錄)』의 통계에 의하면 1774년부터 1852년의 108년간 일본에서 번역된 구라파의 의학·천문·역법 등에 관한 서적은 470여 종류에 달했고 서양서적 번역에 종사한 학자들의 수는 117명에 달했다고 했다.[11]

앞서 언급한 것처럼 일본의 사회제도와 문화차원에서의 서구화는 메이지유신으로부터 본격적으로 시작되었다. 메이지유신정부가 추진한 세 가지 국책 즉 문명개화·식산흥업(殖産興業)·부국강병(富國强兵)은 서구화를 갈망하는 사회심리를 강하게 반영하는 것이다. 같은 시대 외부세계 열강들의 패권다툼은 일본의 서구화에 모델의 대상과 발전경로를 제공하여 주었다. 19세기의 마지막 30년간은 자본주의가 자유경쟁시기에서 독점단계로 들어가고 서구열강들의 해외 식민지 쟁탈전이 절정에 도달한 시기였다.

일본의 서구화를 목표로 하는 국가발전 전략은 이와 때를 같이하여 메이지유신으로부터 20여 년 만에 제도와 문화차원의 서구화 과정을 초보적으로 완성하였다. 이 역사 과정에서 일본의 근대천황제는 중요한 사회응집 역할을 발휘했다. 근대절대주의 천황제의 형성 과정과 일본사

---

11 辻善之助, 『增訂海外交通史話』, 內外書籍株式會社, 1930, 757면.

회의 전면적인 서구화 과정이 결합되고 동시에 진행되었다.

첫째 천황의 존재가 없었다면 짧은 시간 내에 막부체제의 해체와 중앙집 권국가의 확립을 이루어내기에는 아주 힘들었을 것이다. 왕정복구란 천황 의 명의로 무가(武家)와 공가(公家)로 결합된 전통체제를 해체시켰음을 의 미한다. 둘째 천황은 문명개화의 추진자로서 솔선하여 머리를 자르고 우유 를 마시고 양복을 입고 소고기를 먹으면서 중요한 모범적 역할을 담당했다. 셋째 천황이 이데올로기의 주도권을 확보했기에 급격하게 진행된 일본서구 화의 정통성을 확보하게 되었고, 또한 이로 인하여 근대일본에 대한 천황의 통치권을 확보하게 되었다.[12]

'화혼양재(和魂洋才)'가 일본서구화의 패턴이고 천황은 '화혼(和魂)'의 핵심과 출발점이라는 것을 의미한다. 일본사회는 서구문명에 대하여 '순종(順從)'과 '흡수(吸收)'라는 외래문화에 대한 전통적인 접수방식을 계승하였으며 그 과정에서 앙증스러운 순종태도와 탐욕스러운 흡수방 식을 전면적으로 융합하고 이를 유통시켰다.

청일전쟁과 러일전쟁 그리고 대동아전쟁 등 근대일본의 기본국책은 서구 의 사상문화에 대한 모방을 통해 자신을 강하게 연마시킴으로 하여 서구열 강의 대열에 들어서게 되었다.[13]

---

12 岩波新書編輯部 編, 『日本の近現代史をどう見るか』, 岩波書店, 2010, 36~38면.
13 土居健郎, 閆子妹 譯, 『日本人の心裡構造』, 商務印書館, 2007, 29면.

그렇다면 근대일본사회에 있어서 메이지천황은 어떤 존재였을까? 그 것은 말할 것도 없이 "일본은 메이지14년(1881)의 정변을 통하여 사쓰마번(薩摩藩)과 초슈번(長州藩)의 연합통치를 확립하기 시작하였고 프러시아식의 군주입헌천황제국가 길을 선택하였으며 일본 제국을 향한 도정에 들어섰다"고 표현한 것처럼,[14] 메이지유신의 서구화 과정을 통해 정신적 리드의 존재뿐만 아니라 사실상 일본 제국의 형성 과정을 리드하는 역할을 했다. 특히 근대 해군을 건설하기 위해 1887년 3월 메이지천황은 솔선하여 30만의 내부경비를 6년 동안 헌금하였고, 동시에 문무관료(文武官僚)들에게도 급료의 10분의 1을 헌금하도록 요구하여 해군함제조와 선박구입 자금을 마련하였다.

전(前) 일본 총리 요시다 시게루(吉田茂)는 "일본은 청일전쟁을 통하여 겨우 제국주의 시대의 험악한 국제환경을 벗어날 수 있었다. 불행하게도 일본은 청일전쟁과 러일전쟁을 치르게 되었는데, 이 두 차례의 전쟁에서 메이지천황이 리더 재능을 발휘하여 그에 상응한 국민활력을 집중시킴으로써 세계의 예측을 뛰어넘어 두 차례 전쟁에서 모두 승리를 거둘 수 있었다"[15]며, 메이지천황은 청일전쟁과 러일전쟁 승리의 관건적인 요소였다고 그 배경에 내재된 동일성과 그 통저(通底)성을 간파했다.

천황제는 일본 전통가치관의 핵심이었고 동시에 국가의 총체적인 서구화를 이끌어가는 리더의 역할을 담당하였다. 이로서 메이지천황은 제국 일본의 창시자로 상징화되었다. 후쿠자와 유키치(福沢諭吉)는 중국과

---

14   了安宣邦,「二の60年と日中関係」,『読書』雑志編『亜洲の病理』, 生活・読書・新知三聯書店, 2007, 173면.
15   吉田茂, 孔凡・張文 譯,『激動の百年史』, 世界知識出版社, 1981, 25면.

일본 양국의 서구화 구별에 대해 "중국인은 우둔하여 서양문명에 대해 전혀 모르고 있다. 근래에 약간의 서양문물을 채용하고 있지만 그것은 문물(文物)에 대한 이용(利用)에 불과할 뿐 문명주의가 무엇인지에 대해서는 전혀 생각하지 않고 연구하지도 않는다"[16]고 지적했다.

사실상 같은 시기의 중국사회도 서구화를 추구하여 '중학위체(中學爲體) 서학위용(西學爲用)'이라는 서구화 방향을 제시하고 있었다. 하지만 당시 중국사회의 중학위체는 구호에 불과한 것으로써 구체적이고 명확한 내용이 결여되어 있었다. 중국의 양무(洋務)운동은 문물 차원에서의 서구화를 중시하였고, 제도와 문화차원의 서구화에 까지는 인식이 미치지 못하였다. 이것이 중일 양국 서구화 과정에서의 가장 본질적인 차이점이었고 미래의 차이화를 가져온 것이다.

4. 사상의식의 서구화와 제국의식의 형성

1871년 12월 이와쿠라(岩倉) 사절단은 1년 9개월을 거쳐 구미의 12개 국가를 방문 고찰하였다. 신정부 핵심구성원들의 단체유학은 일본메이지정부로 하여금 서구를 스승으로 숭배하게 하는 중요한 계기가 되었으며, 근대일본사회의 역사발전에 지대한 영향을 주었다.

---

16 福澤諭吉, 『福澤諭吉全集』 10卷, 岩波書店, 1961, 49~50면.

소위 말하는 '처음에는 놀라고, 그 다음은 취하고, 마지막에는 미쳐버렸다'는 슬로건까지 나올 정도였는데, 이것은 이와쿠라 사절단 성원들의 공통된 느낌이었다. 영국과 프랑스 와 같은 국가들의 공업화가 일본의 '식산흥업(殖産興業)'을 대표로 한 경제 근대화에 모델을 제공해 주었다면 프러시아귀족의 철혈외교 이론은 일본고유의 확장 의식을 더욱 강화시켰다.

독일수상 비스마르크는 이와쿠라 사절단에 '지금 세계 각국은 비록 친목외교로서 예의를 갖추어 지내고 있지만 그것은 모두 표상적인 것에 불과하다. 그 뒤 구석에서는 강자가 약자를 압제하고, 대국이 소국을 지배하고 있다'라는 충고를 주었고, 독일 참모총장 몰트케(Helmuth Kari Barnhard Moltke)는 일본방문단에 "법률·정의·자유 이 세 가지는 다만 국경 내를 보호할 수 있을 뿐이다. 국경 외를 보호 하려면 반드시 병력을 갖추어야 한다. 만국공법은 소국에 해당한 것이고 대국은 모두 자국의 힘에 의하여 권리를 추구하고 있다"[17]는 것을 명확히 알려 주었다.

한 사회의 전환시기는 사상의식의 선행을 전제로 하고 기초로 한다. 사상의식의 서구화와 제국화는 일본근대사회의 본격적인 서구화의 지도자이고 추동 역할을 했다. 계몽사상가 후쿠자와 유키치의 국제교류 및 왕래에 대한 인식도 독일정치가와 동일한 강권이념이었다. 후쿠자와는 다음과 같이 말했다.

각국의 교제방식은 오직 두 가지가 있다. 즉 남을 소멸하는 것 아니면 남에

17　久米邦武, 田中彰 校注, 『特命全権大使米欧回覧實記』第1卷, 岩波書店, 1985, 82~83면.

게 소멸되는 것이다. 백 권의 만국공법이 몇 대의 대포보다 못하고 몇 권의 우호조약이 한 바구니의 탄알보다 못하다. 대포와 탄약을 갖추는 것은 도리를 주장하기 위한 준비가 아니고 도리가 없음을 제조하기 위한 기계이다.[18]

또한 후쿠자와 유키치는 명확한 「탈아론(脫亞論)」을 제출하여 "우리는 이웃나라가 개명하여 아시아를 진흥시키기를 기다릴 수 없다. 오히려 그 대오를 탈리(脫離)하여 서양문명국과 같은 길을 가야 한다. 중국이나 조선에 대한 방법에 있어서도 이웃이라고 특수하게 대하고 해석할 필요가 없다. 반드시 서양인들이 양국에 대한 방법대로 처리해야 한다"[19]고 주장했다.

한편 도쿠토미 소호(德富蘇峰)는 청일전쟁 기간에 「대일본팽창론(大日本膨脹論)」을 제출하여 일본이 '문명의 지도자(指導者)' '인도(人道)의 확장자', '문명의 사자(使者)'가 되어야 한다고 고취하였으며 청나라에 대한 전쟁의 정당성을 긍정하였다.

독립성과 비판정신을 상실한 사상가들이 중국과 조선 등 이웃나라를 멸시하는 일본사회의 국가우월감의 성숙을 촉진시켰고, 서구열강과 어깨를 나란히 하려는 열광적인 욕망과 자만심은 일본으로 하여금 끊임없는 대외 침략전쟁의 승리를 통하여 성취감을 얻게 하였다.

근대일본의 국가 사회 전체가 효율성 높은 전쟁기계로 탈바꿈되는 과정에서 사상가들의 이론과 주장이 윤활제와 같은 추진역할을 하였다. 후쿠자와 유키치의 문명관과 탈아론 속에는 일본을 서구문명 우등생의 화

---

18 福沢諭吉, 「通俗國権論 前篇」, 『福沢諭吉全集』 第4卷, 時事新報社, 1898, 51~52면.
19 福澤諭吉, 『福澤谕吉全集』 第10卷, 岩波書店, 1960, 240면.

신으로, 중국과 조선 등 이웃나라를 서구문명을 위반한 우매한 국가로 간주하고 일본이 이러한 이웃나라를 침략하고 정복하는 것은 문명전파를 완성하기 위한 정당행위로써 일본이 동아사회에서 마땅히 담당해야 할 국제책임이라고 선전하는 논리가 내장되어 있었던 것임을 보여준다.

다카마스(高增)는 후쿠자와 유키치가 제출한 「탈아론」은 19세기와 20세기 전반기에 중대한 역사유산을 남겨 놓았다고 지적했다. 「탈아론」은 일본으로 하여금 아세아의 나라들을 마음대로 유린하고 분할하는 길을 걷게 하였으며, 아세아의 이웃나라들에게 헤아릴 수 없는 많은 재난을 가져다주었다. 뿐만 아니라 그 후 일본이 군국주의 길을 선택하여 '실력정책(實力政策)'을 고집하면서 대외확장 침략을 감행하는 데 이론적 근거를 제공해 주었고 최종적으로 20세기에 일본민족이 비극의 길로 나아가게 하는 사상적 기초가 되었다.[20]

근대일본의 지식인 계층에서 제국 일본의 패권국가 행위에 왕도의 외의를 장식하여 준 것은 독립사상을 결여한 일종 병적심리의 발로였던 것이다. 도쿠토미 소호(德富蘇峰)는 「다이쇼시대 청년과 제국의 전도(大正時代青年と帝國の前途)」라는 글에서 '청일전쟁은 일본국민 제국의식의 각성기였고, 러일전쟁은 일본 제국이 세계의 인정을 받는 시기였다'라고 하면서 두 차례의 침략전쟁에 역사적 사명을 부여했다. 미국학자 시릴 블랙(Cyril E. Black) 등은 일본과 러시아의 현대화 과정에 대한 비교 연구에서 다음과 같은 인식을 내놓았다.

---

20 高增杰, 「'脫亞論'의 形成—福澤諭吉의 國際政治思想 軌迹」, 『日本研究論集』 4, 南開大學出版社, 1998, 403면.

19세기에 어떤 사람들은 전쟁에서 승리하는 것이 시정건설에서 얻은 성적보다 현대화의 성과를 더욱 잘 입증할 수 있다고 믿었다. 일본과 러시아는 모두 육군과 해군의 발전을 가장 우선적이고 중요한 위치에 놓았다.[21]

'마관조약'의 배상금과 영토할양 조항은 일본사회가 전쟁으로 나라를 세우려는 강권의식을 조장시켰고, 러일전쟁 후 히비야(日比谷) 소동은 다른 한 측면으로 일본사회의 전쟁부속품에 대한 극도의 갈망을 입증했다.

5. 선택된 서구, 그리고 패턴적 일본의 서구화

정치체제와 외교 영역에서는 영국과 미국을 스승으로 삼고, 군사 영역에서는 독일을 본보기로 삼아 서구열강의 강세적인 제도와 문화를 직접 복제한 것이 바로 일본의 서구화가 가진 중요한 특징이다.

영국은 19세기 세계에서 가장 강대한 제국주의 국가로서 근대 국제체제 속에서 중요한 발언권을 가지고 있었고, 서구열강 중에서 제일 먼저 메이지정권의 합법성을 인정받음으로써 서구세계에서 모범적 역할을 담당했다. 메이지정부는 서구 나라를 모델로 하는 근대국가 형성 과정에서 영국으로부터 받은 영향이 가장 컸고 영국에 대한 인상이 특별히 깊었다.

---

21 Cyril E. Black, 周師銘 외역, 『일본과 러시아의 현대화―비교연구보고』, 商務印書館 1989, 175면.

예를 들면 1871년 일본정부가 고용한 외국고문 중에서 영국인이 119명, 미국인 16명, 프랑스인 10명이였고 지방정부에서 고용한 외국인고문 중에서 영국인 50여 명, 미국인 25명, 프랑스인 19명이였다. 영국인고문과 전문가가 절대적인 다수를 차지하고 있었다. 메이지시기 일본외무성은 영국과 미국의 고문을 가장 많이 초청한 부서로서 일본의 외교전보문도 전부 영문으로 주고받았으며 서구 각국과의 교섭문서도 역시 영미고문에게 맡겼다.

메이지시기에 친영 친미 특징의 '가스미가세키(霞關)' 외교가 출현한 것도 아주 자연스러운 일이었고, 서구화 과정에서 강세적인 영미 유전자가 근대일본의 영미와의 동맹 및 협조의 외교성격을 결정지었다.

근대 일본해군은 건립 초기부터 영국식 근대해군을 모델로 영국화를 실현하였는데 청일전쟁시기 '나니와호(浪速號)' 함장이었고 러일전쟁시기 일본연합 함대사령관을 맡았던 도고 헤이하치로(東鄕平八郎)는 8년간의 영국유학 경력을 가지고 있는 철저한 친영파(親英派)였다. 일본해군 사관학교의 생도교육도 영국교관이 담당하였다. 일본학자 우치야마 마사쿠마(內山正熊)는 심지어 '영국해군은 일본해군을 양육한 부모'라고까지 표현했다.

청일전쟁 전 일본은 해군근대화의 신속한 발전을 위해 서양의 군함을 대량으로 구입하였는데, 그중 특히 영국군함의 수가 많았다. 일본연합 함대의 주력함 전부가 영국제 군함이었다. 러일전쟁 시에도 마찬가지였다. 일본의 해군주력함대 전부가 영국제 전투군함이었으며, 순양함대의 주력함 전부 역시 영국제 전투함이었다. 소량의 프랑스제와 독일제 군함이 있었지만 다만 보충적 위치에 배치되어 있었다. 일본제 군함은 한

척도 없었다.[22]

외교 영역에서 영미를 추종하는 전략과 상응하여 일본은 '부국강병'의 근대군사체제의 확립 과정에서 영국식 해군과 독일식 육군을 군대건설의 법칙으로 삼았다. 1872년(메이지 3) 일본육군 리더 가쓰라 타로(桂太郎)와 오야마 이와(大山岩)는 독일 방문 후 막부시대로부터 내려온 프랑스식 군제를 독일식 군제로 바꾸고 대대적으로 외국교관을 초청하여 일본 근대화 육군체제 건설을 돕게 했다.

특히 독일군사고문 요한 메켈(Johann Friedrich Meckel)이 중용되었는데 이를 계기로 독일은 일본육군개혁의 모델로 되었고 일본의 군사제도와 전쟁 이론 그리고 전법 등 모든 면에서 독일을 모방하였다. 1878년 12월 일본은 독일을 군사개혁의 모델로 삼아 육군참모국을 폐지하고 육군참모본부를 설립하였으며 '칙임(敕任)' 장관이 본부장을 담당하였다. 참모본부는 육군경(陸軍卿)과 대정대신(大政大臣)의 관할을 받지 않으며 천황에 직속되었다. 이것은 "일본 참모본부의 설립은 일본이 무력으로 대외 정책을 실시하는 권력기관이 형성되었음을 의미"[23]하는 것이었다.

프러시아는 비스마르크수상의 지도하에 '철혈 정책(鐵血政策)'으로 인한 세 차례의 대외전쟁을 통하여 독일의 통일을 이루어 냈으며, 구라파대륙에서 독일의 강국지위를 결정지었다. 독일이 구라파대륙의 대국으로 성장한 성공적인 경험은 일본에 아주 강렬한 표본적 역할을 했다. 일본은 참모본부를 설립한 후 적극적으로 중국대륙에 대한 침략전쟁을 준

---

22 內山正熊, 「日淸戰爭百年―光と影」, 日本國際政治學會學會 編, 『國際政治』 109號, 1995, 145~146면.

23 米慶余, 『近代日本의 東亞戰略과 政策』, 人民出版社, 2007, 109면.

비하였으며 1882년 2월 제출한 「청국정토책안(淸國征討策案)」은 일본이 중국에 대한 본격적인 침략전쟁의 로드맵(loadmap)이라고 볼 수 있다. 이 책안에서 다음과 같이 명확하게 그것을 드러내고 있다.

> 일본 제국의 독립을 유지하려면 국위를 신장하여 만국 속에 우뚝 설 수 있어야 한다. (…중략…) 영국의 부강 유지에는 반드시 인도가 필요하였다. 일본이 중국의 땅을 약탈하여 부속적인 방어물로 만드는 것은 영국에서의 인도와 같은 도리이다. 더구나 중국과 일본은 최종적으로 병립할 수 없는 형세에 처해 있다. (…중략…) 가장 주의해야 할 점은 시운에 맞추어 중국이 아직 유치한 시기에 처해 있을 때 그 사지를 꺾어버리고 신체에 중상을 입혀 더 이상 활동하지 못하게 만들어야만 일본의 안녕을 유지하고 아세아의 대세를 유지할 수 있다.[24]

조선을 정복하는 것은 일본대외 확장의 첫 걸음이었다. 역사적으로 볼 때 메이지시대의 주요 기조가 바로 '정한론(征韓論)'이었다. 야마가타 아리토모(山縣有朋)는 조선을 일본의 이익선(利益線)으로 업그레이드시켜 "사실 일본 이익선의 초점은 조선이다"[25]라고 하였다. 참모본부 독일고문 요한 메켈은 더 나아가 조선은 '일본의 심장을 향한 비수'라고 하면서 반드시 확보하여 제3국이 통제하지 못하게 해야 한다고 하였다.

독일 군사고문의 이 견해는 일본의 조선통제에 대한 긴박감을 더 한층 강화시켰다. 독일요소는 일본근대육군 발전 과정에서 중요한 존재로

24　米慶餘 編, 『日本百年外交論』, 中國社會科學出版社, 1998, 19면.
25　大山梓 編, 『山縣有朋意見書』, 原書房, 1960, 185면.

작용하였으며, 일본육군의 독일에 대한 이러한 각별한 감정은 군부가 정부를 협박하여 친영미(親英美) 정책을 포기하고 일독(日獨) 동맹을 선택한 중요한 원인으로 작용했다.

6. 전쟁과 제국형성의 초석

일반적으로 한 나라가 상승단계로 나아가려면, 그 대다수는 주변의 국제환경에 순응하고 최선을 다해 자기보다 강한 나라와의 정면적인 충돌을 피면하면서 자국의 국력을 증강시키기 위한 시간을 필요로 한다. 그러나 근대 일본 제국의 궐기역사는 근대역사상 대국궐기의 규칙을 위반하고 아주 급박한 심리상태로 10년이라는 짧은 시간 내에 연이어 두 차례의 모험적인 대외전쟁을 발동하여 나는 듯이 제국주의 계열에 뛰어들었으며 아울러 제국의 형성 과정을 완성하였다. 이렇게 짧은 시간 내에 비정상적인 방식으로 제국을 건립하였기에 근대 일본 제국의 의식 속에는 역사의 침전과 사상의식에 대한 지양이 결여되었고 침략전쟁에 대한 의존성이 강했으며 군국주의 경향이 짙었다. 그리고 대외확장의 열정과 욕망이 특별히 강했다.

일본의 대외확장 정책과 영미의 아시아식민 이익이 서로 조화를 이룰 때 영미는 자연히 악당적 역할을 하게 된다. 근대일본이 두 차례의 국운을 건 전쟁에서 다행히 승리할 수 있게 된 것은 영미가 동맹자와 악당

노릇을 함께 하였기 때문이다.

그러나 일본의 확장 세력이 영미의 아시아 이익에 위태롭다고 느껴질 때 영미는 일본 제국의 행동을 제한하고 규범화시킨다. 근대일본 외교 전통 속의 친영미(親英美) 협조주의는 바로 이러한 모순을 평형화시키기 위한 산물이었다. 메이지정부가 전면적으로 서구문명에 접근하는 과정에서 가장 먼저 모방하고 장기적으로 운용한 것이 바로 전쟁방식으로 동아시아의 이웃나라들에서 서구 제국주의 국가들이 누리고 있는 제국의 권리를 얻어내는 것이었다.

이로 말미암아 일본은 독특한 나라가 되었다. 일본과 서구열강 사이에 불평등 조약이 존재하고 다른 한편으로 일본은 동아시아 이웃나라들로 하여금 불평등조약을 접수하게끔 강요하였다. 이러한 압박자와 피압박자 두 가지 국가캐스트의 병존과 끊임없는 전환은 일본으로 하여금 제국형성 과정에서 모순적이고 분열적인 국가성격을 띠게 하였다.

특히 일본 리드 인물 중 많은 사람들은 글로벌 국제질서를 '서구와 기타 국가' 또는 '현대와 비현대'의 이원 대립적 지정학으로 표상 기술하고 '문명'국가를 이중체계로 보았다.

문명국가의 활력과 기술로 일본 제국을 건립하고, 다른 일면으로는 '원시' 사회들을 자국의 식민지로 전변시켰다. 일본의 리더들은 자국을 전자의 그 집단속에 귀속시켰다. (…중략…) 일본을 그 미묘한 '대국'권 속의 두 번째 방식으로 업그레이드 시켰다. 즉 일본의 리더들로 하여금 제국주의 정책의 두 가지 우둔한 캐스트를 담당하게 하였다. 하나는 제국의 건립자 캐스트이고 다른 하나는 낙후 민족에 대한 문명개화자 캐스트였다. 만약 조선이 일본의 외적인 위험요인으로 줄곧 존재하였던 전략적인 문제가 없었다 하더라도 일본과의 가까운 지리적 위치로 인하여 일본제국주의 침략의 우선목표가 되었을 것이다.[26]

전 일본수상 오쿠마 시게노부(大隈重信)는 직설적으로 "동방에 있어서 일본은 서구문명의 설명자이고 서방에 있어서 일본은 동방문명의 대표자이다. (…중략…) 이것은 일본국민의 이상이고 일본 제국의 천직"[27]이라고 말했다.

대청(對淸)전쟁의 승리가 근대일본에 있어서 가장 중요한 의의는 일본으로 하여금 세계에서 가장 처음 비서구 국가로서의 강대제국으로 되게 한 것이다. 국가캐스트의 돌연적인 전환은 일본사회 상하층 전반에 강렬한 우월감을 가져다 주었다.

일본이 모험적으로 침략전쟁을 발동할 시기의 1894년 7월 16일 영국은 일본과 연합하여 러시아의 남부진공을 막기 위해 런던에서 일본과 '일영통상항해조약(日英通商航海條約)'을 체결하여 일본도시 내에 분산되어 있던 영국조계지를 폐지하고 5년 후 치외법권을 취소한다고 규정했다. 그렇지만 일본이 청일전쟁에서 승리하게 되면서 서구 각국은 영국을 본보기로 하여 일본과 불평등조약을 수정하는 협상을 진행하였다. 일본은 동아시아 이웃나라들을 능가하는 동시에 서구 각국과 어깨를 나란히 할 수 있는 외교성과를 거두었다. 1894~1895년간의 청일전쟁은

26　Totman. C., 王毅 譯, 『日本史』(第二版), 上海人民出版社, 2008, 324~325면.

27　野村浩一, 「大隈重信 '新日本論'」, 張學鋒 譯, 『近代日本의 中國認識―亞洲로 향한 航蹤』, 中央編譯出版社, 1999, 8면.

동아시아의 지정학적 전통을 뒤엎었을 뿐만 아니라 한·중·일 3국 근대 동아시아 역사의 발전도로를 완전히 개변시켰다.

청일전쟁은 일본자본주의 발판이었다. 그 후 청나라는 외채를 차용하여 거액의 배상금을 상환하는 과정에서 식민지화가 가속화되고 심화되는 결과를 초래하였다. 이와 반대로 일본은 거액의 배상금을 얻어 일면으로 군비를 확충시키는 산업혁명을 진행하고 일면으로는 금본위제를 채용한 자금을 얻었다. 즉 런던을 중심으로 하는 국제금융시장의 통행증을 얻었다. 일본자본주의는 지리상에서 중국과 가까운 조건과 비교적 많은 조계지를 이용하여 구라파열강보다 더욱 유리한 조건을 취득하였으며 중국시장을 개척하는 새로운 여정에 들어섰다.[28]

일본이 청일전쟁을 계기로 국제금융시장의 통행증을 얻고, 중국 시장을 개척하는 여정에 들어섰음을 날카롭게 지적한 것이다. 또한 중국학자 무인(武寅)은 "이번 전쟁을 치른 일본으로 놓고 보면 전쟁이 끝난 후 마땅히 한차례 철저한 회고와 반성을 해야 했다. 그러나 그때의 일본은 전쟁승리의 흥분과 압제당한 울분의 해소라는 이중적 자극 속에서 스스로 벗어나지 못하였다. 거대한 전쟁배상금은 일본이 더욱 큰 욕심을 불러일으키는 원인이 되었으며 전쟁의 위력을 더욱 굳게 믿게 하였고, 열강의 핍박으로 인한 치욕은 일본으로 하여금 와신상담하여 보복하려는 결심을 다지게 하였다. 이렇게 청일전쟁은 일본이 군사독재의 길을 고

---

28 信夫清三郎 編, 天津社會科學院日本問題研究所 譯, 『日本外交史 1853~1972』 上册, 商務印書館, 1980, 293면.

집하게 된 바람직하지 못한 시작이 되었고, 일본으로 하여금 멸망의 길을 향해 더욱 더 가깝게 달려가게 하였다"[29]고 지적했는데, 이는 일본이 만들어가는 제국의식의 길에 대한 사상적인 경고였다.

그럼에도 불구하고, 대외 전쟁승리의 열광 속에서 일본사회 전체에 우월감 의식을 불어 넣었다. 후쿠자와 유키치는 심지어 대외 침략전쟁을 문명이 야만에 대해 치른 '성전(聖戰)'이라고 높이 평가하였다. 군국주의 정서 속의 열광적인 애국주의는 일본지식층으로 하여금 열광 속에 푹 빠져들게 하였다.

도쿠토미 소호는 일본이 중국에게 승리함으로써 예전에 없었던 국제사회의 존경을 받았다고 보았다. 그는 현재 서구국가들은 '문명이 백인의 특허가 아니다'는 것을 인식하게 하였고, 일본인도 '위대한 성취에 부합되는 특징을 갖고 있다'고 깨닫게 되었다. 그는 또 일본의 대외 침략전쟁에 제국주의식의 합리적인 해석을 다음과 같이 말했다.

일본이 중국에 대한 전쟁은 일본의 대외 개방이다. 타국에 대한 전쟁의 목적은 세계상의 우매를 타격하고 문명의 영광을 야만의 사회 속에 주입시키기 위한 것이다.[30]

갑자기 발생한 일본민족 우월감의 다른 한 가지 표현형식은 중국인과 그 문화에 대한 멸시였다. 이것은 천백 년 이래 중화문화에 대한 존중과 숭배 그리고 종속에서 벗어난 후의 극단적인 표현이다. 이러한 중국에

---

29 武寅, 「甲午戰爭―日本百年國策的負面開端」, 『中國社會科學報』, 2014, 46면.
30 和田守・竹山護夫・榮澤幸二, 『近代日本と思想』 2, 有斐閣, 1979, 32면.

대한 멸시감은 후쿠자와 유키치와 같은 저명한 지식인들의 글에서도 나타났고 뿐만 아니라 이는 통속문화의 형식으로 일본사회에 유행으로 나타나고 전체 국민의 중국에 대한 멸시의식의 형성에 막대한 영향력을 갖고 있었다. 일본의 저명한 민본주의자 요시노 사쿠조(吉野作造)는 「청일전쟁 후(淸日戰後)의 중국관」이라는 글에서 다음과 같이 적고 있다.

> 전쟁을 시작하고 보니 중국은 예상외로 유약했다. 일본은 열강의 환시(幻視) 속에서 정정당당하게 승리하여 쉽게 의외의 대첩을 거두었다. 이는 일본으로 놓고 보면 당연히 막대한 기쁨이고 복이었다. 또한 일본인의 자부심을 크게 자극시켜 옛날과 다른 이웃나라와 우방(友邦)을 경멸시하는 비극의 붐을 일으켰다. (…중략…) 특히 사람들의 주목을 끈 것은 일본이 전쟁에서 국민의 적개심을 고무하고 진흥시키기 위해 〈징응저미노(懲膺豬尾奴)〉라는 노래를 널리 보급시켰다. 이는 마치 한 첩의 과량(過量)한 맹약(猛藥)처럼 중국을 멸시하는 풍조를 격렬하게 유행시켰다.[31]

일본지식계 리더의 민족우월 이론과 유행 통속문화 영향 속의 국민의식이 결합되어 일본 근대의 멸시적인 대중국관과 아시아인식을 전쟁이라는 특정된 배경하에 발효 숙성 완성시켜냈던 것이다. 물론 이러한 인식은 러일전쟁을 치르게 되면서 세계사적인 '일본'을 만들어냈다. 요시노에 의하면 '러일전쟁은 유럽적 세계상(世界像)을 극복'하게 해주었고, 유럽중심주의가 만들어낸 기독교중심주의의 왜곡과 허위성이 드러난

---

31 河原宏, 『近代日本の亞洲認識』, 第三文明社, 1976, 41면.

것으로 문명도덕국가를 일본이 일궈내야 한다고 주장하면서 '세계 공사
(公司) = 일본'이라는 국가의식의 분출로도 연결된 것이다.[32]

<hr>

32 松本三之介, 『吉野作造』, 東京大學出版會, 2008, 36~37면.

제2장

'윤리적 제국의식'의 내핵(內核)과
천황의 유착(流着)

1. 마쓰무라 가이세키(松村介石)와 도회(道會)의 등장

본 장에서는 일본 메이지기(明治期)의 대표적 기독교 연구자인 마쓰무라 가이세키[1]의 종교적 특징을 규명하고자 한다. 특히 그 종교적 내적 핵

---

1 마쓰무라 가이세키(松村介石)는 우에무라 마사히사(植村正久)와 우치무라 간조(內村鑑三)와 함께 3촌(三村)이라 불렸고, 여기에 다무라 나오오미(田村直臣)가 추가되어 '4촌(四村)'이라고도 불린다. 尾西康允, 「北村透谷と松村介石―雑誌『三籟』をめぐる考察」, 『三重大學日本語學文學』10卷, 三重大學日本語學文學研究室, 1999, 126면; 加藤正夫, 『宗教改革者・松村介石の思想』, 近代文芸社, 1996, 28~29면. 구체적으로 보면, 메이지시기 일본의 프로테스탄트의 인물적 계보에는 세 가지의 원류가 있다. 하나는 요코하마 밴드(横浜バンド)라고 불리는 것으로 요코하마에서 발생하여 도쿄를 중심으로 선교사 제임스 헤본(James Curtis Hepburn), 새뮤얼 브라운(Samuel Robbins Brown), 제임스 바라(James Hamilton Ballagh)의 영향을 받은 사람들로 대표적 인물로는 오쿠노 마사쓰나(奧野昌綱), 혼다 요이쓰(本多庸一), 우에무라 마사히사, 오시카와 마사요시(押

심 속에 윤리와 천황이 어떻게 얽혀 있었는가를 밝히고자 한다. 그를 바탕으로 일본 종교의 제국주의[2] 문제 또한 재고했으면 한다.[3]

특히 일본 프로테스탄트 역사의 기초를 개척한 마쓰무라 가이세키가 일본이라는 국가 내부에서 '근대일본'과 '주체적 자아' 문제를 어떻게 연계시키면서 '내적 공동 의식체로서 천황'을 민중에게 접근시키려 했는가의 문제로도 다루었으면 한다. 그것은 일본이라는 국가 내부의 '소속자'라는 피구속성 문제가 존재하지만, 왜 '천황'을 초극하지 못했던 것일까라는 문제와도 연결시켜 본다.[4]

川方義), 이부카 가지노스케(井深梶之助), 구마노 유시치(熊野雄七), 야마모토 히데테루(山本秀煌) 그리고 마쓰무라 가이세키였다. 두 번째는 구마모토양학교(熊本洋學校) 교사인 르로이 제인스(Leroy Lansing Janes)의 영향을 받은 구마모토밴드이다. 교토의 동지사(同志社)를 창립한 니지마 죠(新島襄)의 문하생이 되었다가 전국으로 흩어졌다. 미야카와 쓰네테루(宮川経輝), 고자키 히로미치(小崎弘道), 요코이 도키오(横井時雄), 에비나 단조(海老名彈正), 우키타 가즈타미(浮田和民)(요시노 사쿠조(吉野作造)의 민존주의는 우키타의 이론을 계승한 것이라고 말해진다. 오쿠마 시게노부(大隈重信)의 브레인이었다), 시타무라 고타로(下村孝太郎)가 있었다. 세 번째는 삿포로농학교(札幌農學校)의 교사 윌리엄 클라크(William Smith Clark)의 영향을 받은 사람들로 중심인물로는 사토 쇼스케(佐藤昌介), 오시마 마사타케(大島正健), 우치무라 간조(内村鑑三), 니토베 이나조(新渡戸稲造), 미야베 긴고(宮部金吾) 등이 있었다. 이 세 세력중 마쓰무라 가이세키를 낳은 요코하마밴드가 가장 큰 세력이었었다고 한다.

2 　藏田雅彦, 『天皇制と韓國キリスト敎』, 新敎出版者, 1991, 40~56면; 栗津賢太, 「近代日本の ナショナリズムと天皇制」, 『宗敎とナショナリズム』, 世界思想社, 1999, 194~216면; 小川 原正道, 『近代日本の戦争と宗敎』, 講談社, 2010, 106~134면; 小川原正道, 『日本の戦争と 宗敎 1899~1945』, 講談社, 2014, 72~103면.

3 　鈴木正節, 「道會と大川周明」, 『武藏大學人文學會雑誌』 第17卷 第1號, 武藏大學人文學會, 1985, 70~72면. 특히 마쓰무라 가이세키가 창립한 '도회'의 중심 멤버인 오시카와 마사요시(押川方義)는 이토 히로부미(伊藤博文)가 한국통감이었을 때 '경성학당'을 조직하여 식민지지배에 일익을 담당한 인물이며, 이타가키 다이스케(板垣退助)는 사이코 다카모리(西郷隆盛)와 함께 정한론을 주장한 대표적 식민주의자였고, 수상을 지낸 오쿠마 시게노부가 적극 관여하면서 '일본주의'를 창출해 낸 '근원지'였다

4 　武田清子, 『人間觀の相剋』, 弘文堂, 1960, 137면.

메이지기 마쓰무라 가이세키가 살았던 시대는 대중 속으로 '기독교'
가 침투하면서, 보편적 '사랑(애, 愛)' 개념이 종교의 영역을 넘어 교육과
윤리의 문제로 확대되고 있었다.[5] 서구의 기독교중심주의라는 현실적
정세 속에서 '일본적' 종교론 구축이 요구되었던 것이다. 그러한 시대적
요청과 맞물리던 시기에 마쓰무라 가이세키는 도회(道會)를 구축해 냈
다. 메이지 국가의 입장에서 수용하게 되는 서구의 기독교라는 근대의
보편적 종교와 일본의 신앙이라는 미개한 지역적 종교라는 구도적 대결
도 해결해야 할 과제였다.

마쓰무라는 서구의 릴리전(religion)이 서구인들의 '사이'에서 유통되
는 기독교중심주의 역사와 일체화된 '특수한' 진보적 개념으로 간주했
다. 이에 비해 일본의 종교는 미개한 것이 아니라, 신앙이라는 '인간의
본질적' 의식의 체현이라는 측면을 강조하면서, 서구의 릴리전을 상대화
했다. 이것은 역설적으로 기독교가 가진 서구 보편성을 일본내부에 받아
들이면서, 일본적 특성을 가진 '신심(信心)', '수양', '도덕(윤리)'의 문제
로 '전유'하면서, 새롭게 서구적 '종교 보편성'을 지탱하는 '논리'를 찾으
려 했던 것이다.

마쓰무라 가이세키는 '종교' → '수양' → '도(道)'의 개념을 수립해 가
면서, 인간의 내면적 각성과 윤리관, 그리고 세계적 종교의 창출 문제를
연결시켰다. 마쓰무라 가이세키는 일본에서 수양의 문제와 연결하여 기
독교를 해석하면서 일본적 교회 및 도회를 창립하고 '종교와 정치의 일
원화'를 기획, 그것에 성공한다.

---

5 기독교적 자유주의 교육은 이노우에 데쓰지로(井上哲次郎)의 '교육과 종교의 충돌'에
   의해 그 전환기를 맞이한다. 井上哲次郎, 『教育と宗教の衝突』, 敬業社, 1893, 1~851면.

특히 교육의 문제와 종교를 연결하여 '개인의 수양'을 주장하고, 서구 기독교의 보편적 '윤리관'을 수입하면서도 '종교철학, 종교사상'을 통해 '도(道)' 개념을 통해 보는 '천황'을 구축하려 했다. 여기에는 서구의 종교 개념과의 접촉을 통해 일본적 종교 담론 이데올로기, 즉 이데올로기로서의 '기독교'가 보편성을 가졌다는 '허구'의 서양적 헤게모니로부터의 탈출하는 방식이 존재했다.

이러한 마쓰무라 가이세키의 치환논법에는 '인간과 공동체 내부의 주체' 재구성 논리와도 맞물려, '자각의 경로'를 설명해 내는 부분에서 '천황제의 상대화'를 구축할 가능성을 찾았다.[6] 그렇지만 이러한 시도에도 불구하고 마쓰무라 가이세키는 서구의 하부구조로서의 '열등한 미신적 신앙'을 근대적 '믿음으로서의 천황'을 상부구조로 탈바꿈시켜 일본적 전통을 중시하는 환원주의를 갖게 된다.

즉, 마쓰무라 가이세키가 주장하는 '도의(道義)' = '일본정신' = '천황'은 '공동체 내부에서 내재화된 인식을 부흥시킨' 구원 이론이었다. 결국 '도의 자각 = 황통(皇統)'은 일본민족의 정신적 유전자를 자각한다는 의미였고 그러한 일본의 황통은 보편성을 지닌 것으로 '종교'로 포교해야 한다는 윤리를 가장한 '윤리적 제국주의'의 헤게모니적 힘의 논리로 귀결되었다. 바로 '도의'라는 레토릭을 사용한 '천황 부흥론'이었던 것이다.

6　武田清子, 『植村正久―その思想史的考察』, 敎文館, 2001, 76~84면. 일본의 정신적 토양이라고 볼 수 있는 천황제 절대주의적 국가 이데올로기와 관련하여 『복음주보(福音週報)』에 '황상(皇上)이 신(神)이다. 이를 향해 숭교적(崇敎的) 예배를 해야 한다고 한다면 죽음으로서 이에 저항하지 않으면 안 된다'고 하여 잡지 발행금지 처분을 받는 일이 있었다. 결과적으로는 우치무라 간조(內村鑑三)도 우에무라 마사히사(植村正久)도 '애국자'이기는 하지만, '새로운 자아'를 구축하기 위해 일본적 토양과 대결한 측면도 존재한다는 의미에서 마쓰무라 가이세키의 경우도 고찰이 필요하다고 본다.

2. 마쓰무라 가이세키와 선행 연구

한국에서의 마쓰무라 가이세키에 관한 논고는 거의 찾을 수가 없었
다. 일본에서의 마쓰무라 가이세키에 대한 선행 연구를 보면, 가토 마사
오(加藤正夫)가 대표적이다. 가토는 마쓰무라 가이세키의 출생에서부터
기독교 입신, 목사시절, 야마가타영학교(山形英學校) 등의 교육시절, 청
년회 강사시절, 일본교회 시절, 도회(道會)시절, 그리고 저술 활동에 대
한 정리 및 연표까지 시대적 배경과 함께 정리했다.[7] 이 논고는 1926년
에 마쓰무라 가이세키가 지은 회고록『신앙50년(信仰五十年)』을 근거로
하여, 정리한 개설적 논고라는 것에서 의미가 있다고 여겨진다.[8]

그리고 스즈키 마사세쓰(鈴木正節)의 논고가 있는데, 스즈키는 마쓰무
라 가이세키가 주재하는 도회(道會)의 멤버였던 오시카와 마사요시(押川
方義), 무라이 도묘요시(村井知至)의 활동을 고찰한 논고로서 중요하다.
특히 마쓰무라 가이세키가 '일본교회'를 설립하고, '기독교의 토착화에

---

7 加藤正夫,『宗教改革者・松村介石の思想』, 近代文芸社, 1996, 1~239면. 가토 마사오는
  마쓰무라 가이세키가 '도회'에서 주장한 내용 등이 간단하게 소개되어 있는 저서 히야
  네 안테이(比屋根安定)의『日本近世基督敎人物史』, 基督敎思想叢書刊行會, 1935(『日本近
  世基督敎人物史(伝記叢書)』, 大空社, 1992)의 논고까지도 제시하고 있다.

8 松村介石,『信仰五十年』, 大空社, 1926, 1~285면. 예를 들면, 가토 마사오(加藤正夫)가
  마쓰무라 가이세키의 전체적 모습을 출생, 초신(初信)시대, 회의시대, 자신(自信)시대,
  목사시대, 복음신보(福音新報)시대, 기독교 신문기자시대, 교육시대(마쓰무라 가이세
  키의 양명학 응용), 청년회 강사시대, 일본교회시대, 도회시대, 도회사업에 대한 전개
  방식이, 마쓰무라 가이세키 자신의『신앙50년(信仰五十年)』의 초신(初信)시대, 회의
  시대, 자신(自信)에 들어감, 목사시대, 복음신보시대, 기독교신문기자시대, 교육시대
  (야마가타영학교의 교장, 호쿠에쓰학관(北越學館), 양명학 응용), 청년회 강사시대,
  도회시대, 여록과 거의 일치하기 때문이다.

수반되는 변용'[9] 과정을 구체적으로 제시했다.

이러한 선행 연구는 마쓰무라 가이세키의 활동과 그의 저술을 잘 정리했음에도 불구하고, 그 내용들의 연계성이나 마쓰무라 가이세키가 전개한 '인식론적 특성'을 제시하지 못하고 있는 문제점이 존재한다. 마쓰무라 가이세키가 기독교를 수용하는 문제에는 서구 기독교를 기준으로 삼아 기독교 사상 위에서 일본 '도의' 사상을 재구축한다는 그 인식론적 특성이 존재한다는 점을 간과한 것이다.

물론 이러한 마쓰무라 가이세키가 전개한 '인식론적 특성'을 제시하기 위해 '유교적 기독교'[10]에 대해서 고찰한 오우치 사부로(大內三郞)가 있다. 먼저 그 인식론적 특징을 본다면, 과연 마쓰무라 가이세키가 주장한 '기독교'가 성서에 근거를 두고 있었는가라는 것과 항목의 나열에 불과하지 유교적인 것이 어떤 내용인지가 불분명하다고 지적했다.

다시 말해서 마쓰무라 가이세키의 기독교 수용은 '지성(至誠)'에 입각한 기독교를 주장한 것으로 기독교의 범위 밖에 있는 것이라며 마쓰무라 가이세키의 '유교적 기독교'에 대해 비판적이었다.[11] 그리고 스즈키

---

9   원래는 오카와 슈메이(大川周明)를 고찰하기 위해 작성한 논고인데, 오카와 슈메이도 도회의 멤버였기 때문에, 그 도회를 중점적으로 다룬 논고이다. '도회'의 설립 경위나 구체적인 조직의 구성원 특히 중심 멤버였던 오시카와 마사요시 등의 전아세아회(全亞細亞會)로 융합되어 가는 과정 등도 자세하게 설명해 낸다. 鈴木正節, 「道會と大川周明」, 『武藏大學人文學會雜誌』 第17卷 第1號, 43~91면.

10 마쓰무라 자신이 밝힌 "오늘날까지의 신학에 반항하여 여기에 유교적 기독교를 주창하지 않으면 안 된다고 각오"라는 글 속에 존재했다. 松村介石, 「信仰の生涯」, 『回顧二十年』, 道會事務所, 1925, 253~254면.

11 大內三郞, 「松村介石研究序說—その人と思想」, 『日本文化研究所研究報告』 第12集, 東北大學文學部日本文化研究所, 1976, 1~18면. 동일한 내용의 논고로 大內三郞, 「松村介石—內村鑑三との關連において」(『內村鑑三研究』 第8號, キリスト敎図書出版社(キリスト敎夜間講座出版部), 1977)가 있다.

노리히사(鈴木範久)는 마쓰무라 가이세키가 일본교회(日本敎會)를 도회로 개칭하면서 기독교와 결별하는데, 이 단계에서 "종교가 현세 윤리 자체가 아니지만, 보다 종합적인 현세 윤리로 파악하고자 양자는 수양(修養)과 연속되는 것"[12]으로 파악해 가는 인식론적 특징을 제시했다.

이러한 논리를 종합적으로 다룬 오니시 야스미쓰(尾西康充)는, 마쓰무라가 일본교회를 설립하기 이전에 기타무라 도코쿠와 함께 10개월 동안 발행한 잡지를 분석하면서, '인간의 내면 형성과 동·서양의 융합'을 시도한 것임을 제시했다.[13] 특히 마쓰무라 가이세키가 전개한 '양지양능(良知良能)'이라는 논리는 기독교의 예배나 학교 교칙 폐지라는 의미에서 자유방임주의적 교육의 실천으로서, 기존의 기독교 범위를 벗어나는 것이라고 해석했다. 그리고 후자의 스즈키 노리히사(鈴木範久)가 제시한 '종교와 윤리'의 문제를 수양으로 풀어내려는 마쓰무라의 입장에 대해서는 '현실에 대한 타협'이라고 비판했다.

이 부분은 매우 흥미로운데, 이것은 결과적으로 일본 내에서 이 문제를 '수양론'과 연결시켜 풀어냈다. 이 수양론은 일본의 천황을 교육하는 핵심 이론이었다. 그렇지만 이러한 선행 연구들은 마쓰무라 가이세키의 논리가 '서구 기독교의 논리를 벗어나서 새로운 방향으로서의 도회'라고 주장하지만, 그것도 역시 수양적인 측면을 강조한다는 의미를 부각시켜야 하고, 동시에 종교와 철학을 '수양'이라는 공통 분모로 활용한 '수양론' 또한 새로운 틀로서 천황론을 구축해 내는 데 동참한 것이라는

12　鈴木範久, 『明治宗敎思潮の硏究』, 東京大學出版會, 1979, 1〜343면.

13　尾西康充, 「北村透谷と松村介石―雜誌『三籟』をめぐる考察」, 『三重大學日本語學文學』 10卷, 三重大學日本語學文學硏究室, 1999, 123〜138면. 특히 137〜138면 참조.

논리를 간과하고 있다.

그럼에도 불구하고 이러한 선행 연구를 종합해 본다면, 마쓰무라 가이세키는 마쓰무라 가이세키 나름대로 메이지기에 서구 기독교와의 만남을 통해 '종교'가 가진 고유성이라는 개념과 일본적 종교가 가진 구체적 상관관계 속에서 그 양자를 왕복 운동하며 새로운 '일본적 기독교'로서의 종교라는 '일본교회'를 구축해 내고, 그를 진화론적으로 전개하면서 '도회'라는 조직을 통해 '동서를 융합하는 총체적' 종교를 제시하려는 이중성을 띤 구조를 갖고 있었음을 알 수 있다.

그곳에는 종교가 가진 '보편적 특징으로서의 무엇' 그것을 '종교의 고유성'이라고 보는 인식이 작동하고 있었고, 그 인식을 바탕으로 하여 신학(新學) 개념을 '수양이라는 윤리'의 문제까지 확대시켜, 종교 연구를 '수양'의 문제로 등극시켜 '세계성'을 만들려고 시도했다. 물론 그러한 구상은 오히려 '일본적 특수성'을 강조한 '종교의 고유성' 해석이라는 의미에서 보편성을 희석시키는 방향도 존재했다.

바로 이러한 모순된 교섭 과정에 의해 마쓰무라 가이세키가 주장하는 '종교 = 윤리 = 도회'는 일본 기독교의 변용과 순수한 형이상학적 종교 연구를 통한 종교철학 연구로서의 '상상의 천황론'을 주장하는 쌍방적 움직임을 내포한 이중 구조를 갖고 있었음을 도출해 내는 데 있어서는 기초적인 자료들이었다. 이러한 선행 연구를 기초 삼아 마쓰무라 가이세키가 어떻게 기독교적 기반 위에서 일본적인 것을 구축해 가는지 그 논리를 구체적으로 살펴보기로 한다.

3. 마쓰무라 가이세키와 도회(道會)

먼저 마쓰무라 가이세키의 출생과 사상형성 과정에 대해 살펴보기로 하자. 마쓰무라는 1859년 10월 15일에 아카시번(明石藩)에 사족 가정에서 태어났다. 아버지의 인도에 의해 한서(漢書)를 읽고, 데라고야(寺子屋)를 다니며 사서오경(四書五經)을 배웠다고 한다.[14] 그 후 오시카와 마사요시(押川方義)가 교장으로 근무하던 야마가타영학교(山形英學校)에서 강의하다가, 니이가타(新潟) 최초의 기독교 학교인 호쿠에쓰학관(北越學館) 교장으로 취임한다. 이때 마쓰무라는 다른 선교사 학교와 차이화를 두기 위해 양명학을 응용했다[15]고 밝혔다.

특히 마쓰무라 가이세키는 학교에서 종교 교육을 실시하는 것이 아니라, 정신교육을 실시한다고 선언했다. 이 야마가타영학교의 연장선상에서 마쓰무라는 '서양인 것'이나 '종교적인' 것을 피해 '양지양능(良智良能)'을 주장하면서 1907년에 일본교회를 설립한다. 그리고 1908년에는 기관지인 『도(道)』를 발행한다.[16]

이러한 마쓰무라 가이세키의 행적은 개설적이긴 하지만, 이를 통해 마쓰무라 가이세키가 가진 인식론적의 연결고리를 찾을 수 있다. 그 연결고리란 마쓰무라가 '일본적 교회 = 일본교회 = 도회'를 설립해 가는 과정인데, 그 의의를 빠르게 짚어볼 수 있는 것이 마쓰무라 가이세키 자신의 회고이다.

14 　加藤正夫, 『宗敎改革者・松村介石の思想』, 近代文芸社, 1996, 24면.

15 　松村介石, 「信仰の生涯」, 『回顧二十年』, 253~254면.

16 　松村介石, 『信仰五十年』, 123・131・137・140・181・182면; 鈴木正節, 「道會と大川周明」, 『武藏大學人文學會雜誌』 第17卷 第1號, 45면.

처음에는 일본적 기독교로 발족한 일본교회도 결국 기독교와 거리를 두고, 하나의 새로운 종교단체가 되어버린 것이다. 그러나 이것은 처음부터 기획된 것에서 이루어진 것이 아니라, 허위를 배격하고 진리만을 따르려고 한 것이 결국 일본교회의 성질을 변하게 했던 것이다. (…중략…) 내가 하나의 안을 제출했다. 즉 여러 사람들이 아직 기독교중심설을 유지하려고 하는데, 나는 이미 기독교를 공자나 소크라테스와 동일한 성인(聖人)으로 보고 있다. 그렇기 때문에 일본교회는 기독교가 아니어도 존재할 수가 있지만 (문제는—필자) 이것이 기독교회인가라는 점이었다. 그리하여 에비나 단조(海老名彈正)를 비롯한 주변 사람들이 이구동성으로 그것은 물론 기독교회가 아니라고 말해 그렇다면 우리들은 이 집회에 더 있을 자격이 없었다. 우리들은 기독교가 아니어도 좋고, 명칭은 어떤 것이라도 괜찮다고 보아 발을 빼버렸다. 그리하여 일본교회는 마침내 기독교회로부터 떨어져 나왔다. 그렇지만 곤란한 점은 의식(儀式)도 없고, 경전도 없고, 예배식이 없는 종교가 되어버렸다. 그리하여 말뿐인 종교가 되어 버렸다. 그리고 이미 기독교회와 거리를 두었기 때문에 마침내 '도회'라고 개칭하고, 세례도 폐지하고 단지 선서와 서명으로 운영하게 되었다.[17]

---

17 松村介石, 『信仰五十年』, 188~189면. "그 내부에서는 도우회(道友會)가 발족했는데 여기에는 오구마 시게노부(大隈重信), 오자키 유키오(尾崎行雄), 오시카와 마사요시(押川方義) 등등이 참가했고, 격월 1회 단위로 회합을 가졌다. 1909년에는 교담(敎談)대회를 열었는데, 양진회(養眞會)가 조직되고, 심상회(心象會)가 발족되어 갔다. 그리고 야마구치현(山口縣)과 요코하마(橫浜)에 지부가 생겨났다. 또한 스가와(須川)기독교회는 통째로 일본교회로 합체되었다. 그리고 나고야(名古屋)의 후지와라(藤原) 씨가 이끄는 종교단체를 합체했다. 오구마 시게노부, 미야케 세쓰레이(三宅雪嶺), 다나카 쇼조(田中正造), 니토베 이나조(新渡戶稻造) 등의 협조를 얻어 금광관(錦光館)에서 기염을 토하기도 했다. 그리고 마침내 '미치노 구와이(道の會)'(구와이는 메이지시기 가나 독음임)를 조직하게 되었다. '미치노구와이'라는 명칭은 원래 노구치 후쿠도(野口復堂)의 안(案)이었다. 노

마쓰무라가 밝히고 있듯이, 마쓰무라 자신이 구상한 '일본교회나 도회'의 핵심은 기존의 기독교와 다른 것으로 그 차이성을 강조한 '신종교' 개척이었다. 새로운 종교운동이라는 이름의 도회(道會) 발족은, 마쓰무라의 인식 속에는 단순한 기독교의 모방이 아니었다.

일본적 교회라는 '일본 내부의 고유한' 논리에 근거를 두면서, 주체적으로 새로운 종교를 만들어내려는 시도였다. 이러한 시도는 일본 기독교 세계가 급속하게 신신학을 수용하던 시기와 맞물리고 있었다. 일본 프로테스탄트가 '대파란, 대변혁' 속에 휘말렸던 것처럼[18] 마쓰무라도 이 변혁 속에 놓여 있었던 것이다.

마쓰무라는 '유교적 기독교'를 안출하고 독자적인 설교와 전도법을 낳았다.[19] '일본교회'라는 명칭은 '서양으로부터 수입된 기독교는 쓸모없기 때문에 일본만의 독특한 것이라는 심산(心算)으로 붙인 것'[20]이라고 밝히듯이, 마쓰무라는 기독교의 일본화 및 토착화를 모색한 것이다.[21]

구치가 대련(大連)에서 『미치(도, 道)』의 독자들을 만났다는 것에서 『도(道)』의 '구와이' 즉 만남 '회(會)'이라고 명명했던 것이다. 그리고 아사쿠사(淺草)의 구라마에(藏前)에서 '미치노 구와이(도회)'의 강연을 열었을 때에 역시 이 미치노구와이(도회)에서 일본교회의 주장 즉 종교를 설파할 예정이었다. 그러나 두 번 세 번 횟수를 더해가면서 종교 이야기는 매우 난해하다고 보고 종교를 이 일본교회에서 설파할 것이 아니라고 보았다. 이 도회에서는 단순하게 도덕수양 쪽을 설파하기로 결정하고, 바로 발행되는 『도화(道話)』에 그 취지를 발표하고, 그러한 방침으로 계속해 왔다. 같은 책, 184~186면.

18 高橋虔, 「組合教會と近代日本」, 『日本の近代化とキリスト教』, 新教出版社, 1973, 20~22면.

19 鈴木範久, 『明治宗教思潮の硏究』, 東京大學出版會, 1979, 130면.

20 鈴木正節, 「道會と大川周明」, 『武藏大學人文學會雜誌』 第17卷 第1號, 81면. 이것은 마쓰무라 가이세키의 「도회 4강령의 성립(道會四綱領の成立)」이라는 제목으로 잡지 『도(道)』를 분석해서 내놓은 논리이다.

21 鈴木正節, 「道會と大川周明」, 『武藏大學人文學會雜誌』 第17卷 第1號, 55면. 마쓰무라는 『입지의 기초(立志の礎)』(1889), 『신앙의 길(信仰之道)』(1894), 『만국흥망사(万國興亡史)』(1902) 등을 저술하고, 사회주의 운동에도 관여했다. 일본교회의 지도자였고

4. 종교 내부의 종(宗)과 교(敎)의 경계

마쓰무라는 '서구 기독교'에 대한 동화를 경계하면서도, 기독교가 그 내부에 머금고 있는 '보편적 종교성'을 꺼내어야 하는 모순된 이중적 조건하에 놓여 있었다. 그러한 의미에서 마쓰무라 가이세키가 가졌던 '종교 개념'에는 이중적 성격을 띨 수밖에 없었다.

이를 해결하는 데 있어서 새롭게 제시한 것이 바로 수양 개념이었고, 이 수양 개념은 종교 개념의 이중적 성격을 돌파해가는 새로운 방향이었다.[22] 종교 속에 간직된 수양 개념이 어떤 내적 구조로서 일본 내부의 '종교적 사상성'과 절충될 수 있는 논리를 마쓰무라 가이세키는 다음과 같이 언급했다.

매일 밤 의무적으로 발라(Ballagh)로부터 성서 강의를 들었다. 처음에는 바보같은 짓이라고 여겨 듣지 않았는데, 점점 들어보니 이 기독교라는 것은 역시 황천상제(皇天上帝)를 숭배하는 것이라고 하는데, 그렇다고 한다면, 구태여 괴상하다고 할 것도 아니다. 유교에서도 요(堯)순(舜)우(寓)탕(湯)문(文)

'사회주의 연구회' 회장이었던 무라이 도모요시(村井知至)와 함께했다. 鈴木正節, 같은 글, 56~57면. 마쓰무라 가이세키는 1899년에 『수양록』, 1901년에는 『수양담(修養談)』을 저술했다. 武田淸子, 「解題」, 『土着と背敎』, 新敎出版社, 1967, 431면.

22 王成, 「近代日本における'修養'槪念の成立」, 『日本硏究』 29, 國際日本文化硏究センター, 2004, 117~145면; 中島力造 編, 『修養講話』, 目黑書店, 1908; 加藤咄堂, 『修養論』, 東亞堂書房, 1909; 新渡戸稻造, 『修養』, 實業之日本社, 1911; 岡義武, 「日露戰爭後における新しい世代の成長(下)—明治三八~大正三年」, 『思想』 513, 1967, 89~104면; 筒井淸忠, 「近代日本における敎養主義の成立—修養主義との關係から」, 『日本型'敎養'の運命—歷史社會學的考察』, 岩波書店, 1995, 1~46면.

무(武)주(周)공(公)까지는 이 상제를 모셨다라고 하니, 조금 흥미를 갖기 시작했다. 그런데 내가 이 기독교에서 가르쳐주는 신을 황천상제라고 하는 것을 알았는가 하면, 당시 지나(支那) 번역의 성서나 팸플릿이 많이 있었기 때문에 그것을 읽자 그의 일을 모두 황천상제라고 번역하고 있었기 때문이다.[23]

다시 말해서 마쓰무라 가이세키는 기독교 즉 예수를 황천상제를 존숭하고 기도하는 것과 동일한 것으로 여기고 있었다. 이는 마쓰무라 가이세키도 밝힌 것처럼, 당시 중국에서 번역된 성서 혹은 팸플릿 등에 번역된 것으로, 마쓰무라 자신의 오리지널리티적 해석이 아니었다.

당시 일본 내에서는 신(神)은 대일(大日)이라고도 번역하고 있었다. 마쓰무라도 이를 답습한 것인데, '천도(天道), 천제(天帝), 천존(天尊), 천주(天主)'라고 번역했다. 물론 이후에는 이러한 한자어의 번역을 단념하고, 제우스나 신으로 번역하기도 하는데, 중요한 것은 기독교의 예수를 황천상제라고 하듯이, 일본 내에서 신(god)의 번역어가 대일(大日)이나 천도(天道) 개념으로 적용해 보려는 시도[24]였다.

이는 다지리 유이치로(田尻祐一郎)가 지적하듯이, 첫째 종교의 개념이 재편되고 성립되어가는 과정 속에서, 서구와의 만남이라는 측면에서 '외부의 접촉'이 갖는 의미가 부상되지만, 동시에 서구의 기독교의 수용 속에는 이미 일본이 가진 프로테스탄트적 '윤리적 종교'와 상통하는 '유교적' 의식이 존재했다[25]는 측면에서 마쓰무라도 예수를 황천상제와 연

---

23 松村介石, 『道會の信仰』, 東方書院, 1934, 2면.
24 田尻祐一郎, 『江戸の思想史』, 中公新書, 2011, 29~31면.
25 武田清子, 『人間觀の相剋』, 弘文堂, 1960, 157~158면.

결하려 한 것은 이와 같은 시대적 상황 속에서 자유롭지 못했음을 보여준다.

그럼에도 불구하고 마쓰무라에게 새로운 도전은 서구의 윤리의 의미와 '천도' 개념을 결합해 보이는 것이었다. 일본에서는 원래 '종교적인 것'과 '윤리적인 것'에 대한 구별이 명확한 것은 아니라는 점에 착안했다. 이러한 사실은 이소마에 준이치(磯前順一)가 논하듯이 메이지기에는 교(敎)와 정(政) 개념의 경계가 불분명했는데, 오히려 근세 이래의 유학이나 국학적 소양에 근거를 두고 양자를 합쳐서 교(敎)로 받아들이고 있었던 것이다.[26] 바로 이 점이 마쓰무라 가이세키가 종교의 교(敎) 개념을 어떻게 상정해 가는지를 이해하는 데 있어 중요한데, 마쓰무라 또한 종(宗)과 교(敎) 개념의 경계를 고민하고 있었다.

메이지시기 니시 아마네(西周) 또한 'theology'를 신리학(神理學)이라고 번역하고, 신리학을 4개로 구분하면서도 신리학의 내적 공통점을 교지(敎法)라고 제시했다.[27] 특히 교법에 통일되는 개념으로 도리(道理)가

---

26 磯前順一, 『近代日本の宗教言說とその系譜』, 岩波書店, 2003, 41~66면. 일본 근대번역어의 거두인 니시 아마네(西周)는 교(敎)와 정(政)을 구분하는 가운데, '교(敎)는 내부에 존재하는 마음 쪽을 보여주는 것'이라고 규정했다. 교(敎)라는 범주 속에는 종교적인 것도 윤리적인 것의 구분이 없었음을 보여준다. 그리고, 쓰다 소키치는 교(敎)를 설파하는 것이 경우에 따라 별개로 나누어지는 것은 도덕적 의의를 강조하려고 하거나, 혹은 종교적 의의를 포함하고 있는 간나가라노미치(神ながらの道)를 확장하려 하거나, 또는 정치적 요구를 표면에 내세우려고 하는 등 여러 가지 사상경향이 정부관계자들에게 존재하기 때문이기도 하며, 사상이 다른 사무관이나 헌책자(獻策者) 등등 여러 의견이 혼합되어 문서에 나타나 있기 때문이며, 근본적으로는 정(政)이나 제(祭)나 교(敎)의 개념이 분명하지 않았기 때문이라고 지적한다.

27 西周, 「百學連環 第二編」, 『西周全集』 第1卷, 日本評論社, 1945, 111~114면. 신리학(神理學)은, 중부(衆部)·유일신학(唯一神學)·자연신학(自然神學)·고시신학(告示神學)으로 구분했다. 특히 릴리전이 교지(敎旨)로 명명되었다.

있는데 그것은 숭경심(worship)을 낳고, 신(神)에게 복(福)을 기원하는 것
으로서 이는 만국(万國)이 동일하다고 해석했다. 그리고 릴리전(religion)
을 교지(敎旨)[28]라고 명명했다.

이러한 니시 아마네의 해석을 통해, 마쓰무라 가이세키는 종교의 의
미를 재고했다. 즉, 기독교 자체를 '종교'로 간주한 것이 아니라 교지
(敎旨)적 내용 그것을 '종교'라고 보았다. 마쓰무라 가이세키는, '종교'
를 '신(信), 애(愛), 망(望)의 3덕'을 갖고 '진리에 의해 나아가는 것'이라
고 보고 그것이 교지라고 해석했다.

내적 개념을 기독교에서 도출하고 유교적 천(天)의 논리와 연결한 교
지 이론을 생성해 낸 것이었다. 마쓰무라가 제시한 교지란 '오로지 사랑
에 의해 행동하는 온유적(溫柔的), 혈루적(血淚的), 지성적, 공공적, 의리적,
인정적(仁情的) 마음에서 행동하는 것'이었고, 이것이 바로 '오늘날 필요
로 하는 종교'[29]라고 논했다. 마쓰무라는 종교를 기독교에 두는 것이 아
니라 기독교가 갖고 있는 내적 특성 그것이 '종교'라고 명명했고, 그 교
지야말로 '일본의 장래 도덕의 진수'라며 '종교 = 교지 = 도덕'의 연결
성을 찾았다.

마쓰무라는 기독교라는 '종교'를 넘어 새로운 교지라는 개념을 제시
하면서 도회(道會)를 만들었다. 마쓰무라는 자신이 도회를 발족했을 때
에 '어떤 훌륭한 주장이라도 주장뿐이면 종교가 될 수 없는데, 종교에는
'생명성'과 '신앙심'이 필요하다'[30]고 주장한 것처럼 '종교'는 생명이라

---

28 山路弥吉(愛山), 「キリスト敎に就いて」, 『山路愛山講演集』第3編, 大江書房, 1917, 111면.
29 松村介石, 『立志の礎』, 警醒社, 1889, 47면.
30 松村介石, 『信仰五十年』, 193면.

는 것이 토대가 되어야 하며, 신앙심을 핵심으로 여겼다.

바로 여기서 마쓰무라 가이세키의 사상적 특성이 나타나기 시작한 것이다. 즉 마쓰무라는 서구의 기독교가 가진 종교와 일본이 가진 유교적 교지를 비교하여 해석해 보면, 거기에는 공통적으로 '생명'과 '신앙심'이 존재한다는 점을 찾아낸 것이다. 즉, 종교 내부에서 사라지지 않고 시대를 초월하여 영원히 살아 숨쉬는 '생명', 그것은 진리라는 것이고 그것을 '믿는 마음'이야말로 보편적인 것이었다. 바로 동양과 서양을 뛰어 넘는 인간의 보편적 심성으로서의 '신심(信心) = 신앙심'을 도출해 낸 것이다. 마쓰무라가 이러한 원리를 도출해 낼 수 있었던 것은, 당시 종교학에서 나온 비교종교학의 이론 덕분이었다.

그 원리란, 비교종교학에 의해 '장소가 다르지만 종교라는 것이 가진 종교들의 동일성'을 보게 된 것이다. 즉 "자신만의 사견이라는 것을 알게 되고, 서구의 종교역사를 읽고 오늘날 서구에서 기독교중심설 (…중략…) 이것도 오래 지속되지 않는다. 근래에 있어서의 종교계의 대발견은 종래의 기독교를 근저에서부터 뒤집어버렸던 것"[31]이라며 기독교의 상대화 작업에 초점을 두었다. 그럼에도 불구하고 마쓰무라는 서구의 기독교를 동양의 교지로는 상대화할 수 없다고 보았다. 다시 말해서 상대화는 기독교를 기반으로 삼아야 그것이 오히려 가능하다고 보았다.

마쓰무라는 "기독교의 외부에서 이를 보는 것, 오늘날의 문명세계 관점에 서서, 일신(日新)의 학(學)으로 비선(飛煽)하며, 비평하고 그 광명을 유지하여 세상에 빛으로 삼고 지상의 기반으로 삼는 것이 점점 그 덕위

31　松村介石, 『新宗教』, 道會事務所, 1925, 11~12면.

(德威)를 떨칠 수 있는 것은 기독교 이외에는 없다. 불교를 서구에 가져가 비판정신 속에 세워 그 생명을 유지할까. 불자(佛者)를 보내어 윤회의 여섯 가지 도리를 설파한다고 하여 과연 감화를 얻을 수 있을까. 일본 신발명의 절충성을 전달해야 한다"[32]며, 기독교에 기반을 두면서도 일본적인 것의 새로운 발명이 필요하다고 본 것이다.

마쓰무라는 기독교가 가진 보편성에 철저하게 접근하면서, 기독교에 기반을 두지만, 새로운 사상에는 기독교의 외부에서 기독교를 보는 시선, 즉 기독교와 연결되는 논점을 거부했다. 이러한 교란적인 논리, 즉 기독교를 기초에 두지만, 기독교적 내용을 통해 일본의 새로운 것을 찾아내야 하는 것은, 일본의 불교나 유교를 통해 기독교를 해석한다는 것이 아니라, 서구인들이 논하는 기독교의 내용을 통해 불교와 유교의 새로운 해석 즉 서구적 가치를 통해 불교와 유교를 해석하여 새로운 종교를 '발명'하는 길이었다.

그것을 위해서 마쓰무라는 '종교'의 종(宗)이 갖는 의미와 교(敎)의 의미를 구분하고, 교와 종을 도(道)에 연결시켜 해석해 낸다. 특히 인간인식의 도에 이르는 길 그 방법 중의 하나로써 교의 의미를 재구성하고, 그 논리가 종으로 다시 연결되며 그것이 도의 방법과 상통한다고 해석했다.

교(敎)는 수도(修道)의 법 그래서 도 그것 자체(物)에는 존재하지 않는다. 이렇기 때문에 도는 이미 내 안에 들어올 때에는 즉 그 교는 멸(滅)한다. 이것을 이상하게 생각할 필요가 없다. 이것은 다른 도에 도달하는 것인데, 그

32　松村介石, 『立志の礎』, 45~46면.

교를 필요한 것처럼 유, 불, 예수, 노장 모두 이 도를 설파하고 게다가 그것
에는 없다고 했다. 도는 무종무시(無終無始)에서 존재하고 미증유로 소장
(消長)하지 않는다. 공자는 이것을 선전하기 이전, 예수가 이를 전하기 이전,
도는 이미 천지에 존재했고, 이 도를 보고 그 도를 얻고, 이 도에 합(合)했고,
마침내 도 그것에 자기(自己)가 되었다. 이를 우리들의 목적으로 한다. 사람
의 교는 수단일 뿐이다.[33]

이처럼 마쓰무라는 '교(敎) = 수도(修道)의 법'이라고 전제했고, 결국
개인 즉 자기의 내면에는 교가 들어오면 도(道)는 미증유적인 것으로,
도 자체와 본인이 '상대화'되는 존재가 된다는 맥락을 찾아낸 것이다.
이 상대화 속은 배제성이 삭제된 보편의 세계였다. 예를 들면 기독교를
믿는다고 해서 동일한 기독교 신자가 아닌 것에 비유했다. 다시 말해서
기독교를 믿는 다고해서 그 기독교가 자신의 내면에서 반응을 일으키지
않는 기독교 신자도 있기 때문으로 내적 차이가 존재하는 것을 논한 것
이다. 마쓰무라는 기독교를 믿는 입장은 동일하지만, 내용을 보면 이교
(異敎)적이게 보이며, 또한 기독교가 아니라 하더라도 마쓰무라 자신이
인정하는 도가 존재할 수 있다고 보았다.
그것은 마쓰무라 자신은 기독교에서 그것을 찾지만, 그것은 기독교
신자라고 해서 갖는 것이 아니며, 또한 기독교 신자가 아니라고 해서 그
'도(道)'를 갖고 있지 않는 것도 아니라고 했다. 그것은 반대로 기독교
신자가 아니어도 기독교가 계기가 되어 변용을 일으키는 경우도 생기기

---

33   松村介石, 『修養錄』, 警醒社, 1899, 17~18면.

때문이다. 결국, 그것은 기독교가 수단이기 때문이며, 기본적으로는 예수의 교(敎)를 취하지만, 기독교뿐만 아니라 유불노장(儒佛老莊)에도 교가 존재하며, 그것에서 취할 것은 취할 수 있다고 논한 것이다. 종교적 배제성이 아니라 보편성을 논한 것이다. 그 공통적인 기초는 '믿음'이라는 것이 존재한다고 보았고 그것이 가장 중요했다.

마쓰무라의 이러한 논리 구성은 종교적 차이를 넘는 '탈종교화' 논리 그것은 종교의 경계를 넘는 행위였다. 마쓰무라는 "오늘날 무슨 교라든가 무슨 종(宗)이라고 말하고 그 진위를 논쟁하기도 하고, 그 설(說)에 초기(焦氣)가 되는 것은 매우 우매한 것임을 알았다. 그리고 종교가가 취해야 하는 것은 그 설보다도 그 인격과 근본적 신앙이라는 것을 알았다"[34]고 했다.

그렇기 때문에 마쓰무라 가이세키 입장에서는 '천인(天人) 의 모든 세계에 궁극적으로 존재하는 것'이 '종'인데, 여기서 모든 것이 서로 갈라져 나오게 된 것이라고 여겼다. 물론 마쓰무라 입장에서는 기독교 속에 그것이 존재하기 때문에 기독교를 믿고 그 내용을 믿어야 하는데, 그것은 동시에 믿는다고 해서 '도'를 갖게 되는 것은 아니었다. 그것은 기독교의 내용에 대한 믿음과 마찬가지로 다른 '무엇'에서도 동일한 것이 존재하면 그것 또한 '도'라고 인정한다고 보았다. 그래서 "종은 교에 의해 분할되지 않는다"[35]고 주장했던 것이다.

그런 의미에서 마쓰무라는 '기독교'와 '그 종파'를 혼동해서는 안 된다고 경고하고, 기독교는 숭배하지만, '종파'에 의해 생겨나는 폐해에

---

34 松村介石, 『新宗敎』, 13~14면.
35 松村介石, 『修養錄』, 19면.

대해서 비판적이었다. 다시 말하면 기독교의 내용에는 종(宗)으로서 많은 덕(德)이 존재하는데, 오히려 그것을 해석하는 중에 불순물을 섞어 넣고, 그 속에 자기 개인의 '가르침'을 첨가하는 것으로 인해 종파가 생기는 것으로 바로 이것이 문제를 갖게 된 것이라고 보았다. 마쓰무라는 교파나, 목사 선교사의 외부에 서서, 종파 폐습의 외부로 나아가야 하며 그것과 생각을 달리하는 곳을 찾아야 한다고 본 것이다.

마쓰무라는 "순수하고 잡스러운 것이 섞이지 않은 기독교, 정신적, 생명적, 지성적 기독교를 설파하게 해야 한다. 기독교의 혈육을 마시게 하라, 그들로 하여금 종파의 신자가 되게 하지 말고, 지성의 인물이 되게 하라. 교회정치를 알려주지 말고, 국가를 위해, 인간을 위해 죽은 십자가의 가르침을 알려주어라"[36]라며 기독교의 순수한 맥락을 강조했다.

마쓰무라의 입장에서 보면, 기독교에서 말하는 '복음'이 갖는 폐허와 그것을 중심으로 삼는 기독교 종교의 문제점을 지적한 것이다. 즉 마쓰무라는 선교사, 목사, 또는 교육을 받은 진취적 신자가 오로지 '단순한 복음'의 표어에만 현혹되어 그것이 신앙이라고 믿는 자들을 비판하며, 신앙과 수양(修養)의 차이를 강조했다.[37]

마쓰무라의 입장에서는 종파(宗派)의 신자가 되어서는 안 되고, 교회가 정치적으로 행동하는 것과는 거리를 둔 신앙을 갖는 인물이 되어야 하는데, 그것은 수양의 문제이고, 또한 도(道)와 연결되는 것이었다. 바로 이것이 기독교의 혈액이라고 해석한 것이다. 그것은, 국가를 위해, 인간을 위해 죽은 '십자가의 가르침'에 들어 있는 것으로, 이것이 바로

36　松村介石, 『立志の礎』, 48면.
37　松村介石, 『修養錄』, 10면.

'순수하고 잡다한 것이 들어가지 않은 정신적·생명적·지성적 기독교'
인 것으로 승화되는 것이다.

이것이 '종'과 '교'가 분할되지 않는 것으로, 그 실체가 도(道)인데, 도
의 경지에 도달하게 된 도는 독립적이고 자유를 가진 개인의 '인식적 문
제'라는 개인준거성으로 강조되어 간다.

5. 국가에서 개인의 문제로, 그리고 천황으로

마쓰무라가 설정한 개인이란 자유적 도덕을 가진 하나의 개체로서,
'개인은 천하의 자유적이며 독립적인 신체임을 알아야 하고, 관리(官吏)
이든 왕이든 아니 가령 천제(天帝)라 하더라도 그것을 침범하면 안 된
다'[38]고 주장했다.

즉 개인의 독립된 자유의 세계는 우열을 따질 수 없는 것으로, 철저하
게 개인적인 것이라고 파악했다. 그런 의미에서 개인은 독립적이어야
하며, 자유자재로 행동해야 하는데, 그것은, '정의의 길'이어야 한다는
것이었다. 이러한 방향 설정에서 가장 중요한 것은 '진리'였다. 다시 말
해서 모든 개인에게는 '정의 = 진리'가 존재하는 것이었다.

다시 말해서 마쓰무라가 전제한 것은 개인의 독립성이었다. 모든 인

38　松村介石, 『立志の礎』, 51면.

간 그 개인은 자기 자신에 대해 제왕(帝王)이며 지배자라고 설정했다. 그
것은 곧 개인은 자아의 책임자이며 판단자로서 독립적인 것이었고 바로
이 점을 입증하는 데 주력한 것이다. 그리고 그 개인은 '영웅으로서의
개인'이 될 수 있는 것이 아니라, 개인이기 때문에 '영웅'이 될 가능성이
모두에게 존재한다고 보았다.

마쓰무라는 "아리스토텔레스, 칸트의 정묘(精妙)한 관념과 심원(深遠)
한 사상에 놀란다. 그렇지만 제군도 또한 동일한 그 사상을 발달시킬 천
성(天性)을 나의 신체에 갖추고 있다. 뉴튼이 작은 창문에 앉아서 천체만
리(天體萬里)를 생각했다. 그렇지만 제군들도 천부의 자격에서는 그와 같
은 비약할 수 있는 진보의 운명을 갖추고 있음에 틀림없다. 제군들은 알
렉산더나 나폴레옹을 들으면 혀를 내두르며 감탄하는데, 그렇지만 그들
도 인간이었다. 제군은 더 앞선 지덕(智德)이 완전한 영역에 달해야 하는
운명을 그 신체에 갖추고 있는 것"[39]으로, 개인은 인간으로서 누구나 우
주를 생각하는 보편적인 것을 생각해 낼 수 있다는 것이었다.

단순하게 아리스트텔레스, 칸트, 나폴레옹, 뉴튼, 알렉산더 등이 특별
한 영웅이 아니라는 점을 강조하고, 그것이 바로 개인 개인에게 보유된
잠재적인 것임을 주장한 것이다. 그런데 그 개인은 '개인의 진리'에 의
해서만 그 영웅화의 가능성을 갖게 된다. 그렇기 때문에 개인의 진리를
찾아내야 하는데, 그렇다면 그 진리는 어떤 것인가라는 점이 중요했다.

마쓰무라는 '천하의 여론'도 '사회의 다수 평도 판단자'가 아니며, 여
론(與論, 世論)이 반드시 진리일 수가 없다고 보았다. 또한 부모형제, 선

39　松村介石, 『立志の礎』, 58~59면.

배, 교사도 아니며, 그들조차도 진리의 신으로서 숭배할 수 없음을 논했다. 그들도 또한 오류를 가진 인간이라고 보았기 때문이다. 마쓰무라의 말을 빌리면 '이를 판단 할 수 있는 지(知)가 필요하다고 보았다. 바로 개인의 지력(智力)이었는데, 이 지력에 대해 다음과 같이 기술했다.

> 영미인은 'consciousness'라 하고, 중국인은 이를 양지(良智)라고 한다. 우리들은 이를 천제(天帝)의 목소리라고 한다. 즉 우리들은 과연 자주(自主)적 자유의 인간이 되는 것을 바라는가. 독립독진(獨立獨進)하려고 원하는가. 우리들은 필수적으로 이 지력을 갖고, 의력(意力)을 길러 그 귀중한 본량(本良)을 밝혀내어 오류를 없애는 것을 노력하지 않으면 올바른 진리를 알 수 없다.[40]

지력이 서구에서는 'consciousness', 중국에서는 '양지', 그리고 일본에서는 '천제의 목소리'라고 표현되는데, 그러한 표현의 차이를 넘어 그것이 의미하는 지력이 바탕이 되어 독립적인 주체가 되어야 한다는 것이었다. 하지만 거기에 의지라는 '움직임'을 통해 그 본량적인 것을 찾아내야 하는데, 그것을 이루면 올바른 진리를 알 수 있다고 보았다.

진리는 지력이 바탕이 되어 '의지'라는 '움직임' 작용이 가미되면서 이루어지게 되고, 그러면서 올바른 진리로 다가갈 수 있다는 이야기는, 뒤집어서 말하면, 올바른 진리는 '지력'과 '의지적 힘'이라는 양가적인 것에 의해 이루어지고, 그것에 의해 본원적인 것을 밝힐 수 있다는 것이기도 했다. 여기에서 중요한 것이 바로 '지력'의 의미이며, 후자의 '의지

---

40   松村介石, 『立志の礎』, 67～68면.

적 힘'의 상관관계였다. 이것이 '정신'으로 연결되기 때문이다. 그리고 동시에 '의지적 힘'은 수양으로 연계되어 간다.

다시 반복하자면 마쓰무라는 지력이라는 용어가 서구, 중국, 일본에서 각각 'consciousness', '양지', '천제의 목소리'라고 표현되지만, 이는 모든 인간 개인에게 부여된 '공동된 것'이었고, 이 지력이 바탕이 되지만 '의력' 즉 의지적 힘이 가미되지 않으면 아무리 독립적인 인간의 형태를 취한다고 해도 그것은 진리적 인간이 아니라고 했다. 진리에 도달하기 위해서는 모든 인간에게 천성으로 주어진 지력을 바탕에 두고 양력이라는 또 하나의 작용 그것은 바로 '정신'이라고 표현한다.

예를 들면 종교의 타락을 보고, 종교개혁을 주장한 마틴 루터는, 개인적인 지력을 바탕으로, 그것을 움직이게 한 양력을 통해 종교개혁을 실천해 가는 논리를 가져온다. 마틴 루터가 종교의 타락을 보고, 종교개혁을 주장했는데, 그것 때문에 종교계에서 루터를 탄압하고 소환했지만, 루터가 그러한 탄압이나 소환에도 불국하고 그것을 실천한 것은 '주체적 독립적 지력을 바탕으로 진리를 향해 나아간다는 의력이 작용했기 때문이며, 그것 자체가 이미 루터의 정신적 진리라는 사상이 존재했다는 것이라고 제시한다.

마쓰무라가 해석하기에 루터는 종교적 진리를 증명하려고 노력한 점에 있었다. 그러한 루터의 사상 속에는 '나의 신앙을 믿을 뿐 다른 것이 없는 것으로 개인의 의지에 의해 움직이고 행하는 것처럼 본인이 판단하여 움직이는 것 이외에는 행동할 만한 길이 없는 것'이라는 지력과 양력을 실천한 것이었기 때문에 '진리'였던 것이다.

그러한 의미에서 마쓰무라가 보기에는 모든 세계성은 이러한 '정신에서 산출'된다고 보고 이 점을 강조한다. 그 정신은 시운(時運)이나 시세(時勢)에 순종하는 정신이 아니었다. 정신적인 가치를 실천한 사람들은 "대부분은 시운에 거스르는 것이었고, 시세에 반하는 한 사람의 정신에 연유한 것으로 이것이 '정신다운 가치'"[41]라고 주장했다.

정신은 그냥 육체적으로 인간이 갖는 '심정적인 마음'으로서의 정신이 아니라, '정신다운 가치'는 비(非)시운(時運)적이며, 반(反)시세(時勢)적인 것이라고 '일반정신'과 '정신다운 가치를 가진 정신'을 구분해 냈다. 이러한 정신적 가치를 가진 정신을 갖기 위해서는 바로 '수양'이 필요하다는 주장으로 연결된다.

마쓰무라는 『수양록(修養錄)』을 저술했는데, 그 저서에는 '수양론', '안심의 지(知)', '세상의 도(道)', '인생의 행로(行路)', '지술(智術)', '독서', '진보적 인물' 등의 소제목으로 나누어 구체적으로 그 내용들을 설명했다. 그리고 동시에 『입지의 기초(立志の礎)』에서는 주로 '지기(志氣)의 근원'을 설명했고, "신혼(神魂)이 커다란 깨달음, 즉 득도(得道)을 일으키는 것"[42]이라고 설명했다. 다시 말해서 개인의 정신적 가치를 인지하기 위해서는 수양의 길이 필요하고, 그를 통해 득도(得道)에 이르는 방법을 설명하려 했다.

마쓰무라는 먼저 기독교의 내용에 대한 믿은, 즉 진리와 정의에 대해 현묘(玄妙)를 자유자재로 다스릴 수 있는 '수양의 궁극'에 도달해야 하는데 그것은 타력도 아니며 자력도 아니지만 그 자체가 무한한 생명을 가진 것이라고 보았다. 문제는 이러한 생명력이 유지되는 것도 중요하지

---

41 松村介石, 『立志の礎』, 116면.
42 松村介石, 『修養錄』, 2면.

만 그 현묘함과 그 현묘함을 자재로 조절하는 '진리'가 개인에게 어떻게 일어날 수 있는가를 답하지 않으면 안 되었다. 이에 대해 마쓰무라는 현묘에 이르는 방법을 설명해 낸다.

마쓰무라는 기존에 가졌던 '신앙'이라는 것 그 자체를 다시 반성적으로 되돌아보는 시기를 강조하고, 종교 자체가 가진 믿음성에 대해서 '재확인' 프로세스를 거치는 양상을 설명했다. 다시 말해서 무자각적으로 받아들인 기독교를 다시 재고하는 것이 필요하다는 것이었다. 그리고 그때 다시 일어나는 신앙심의 부흥이야말로 '가식적인 것인지 감정적인 것인지'라는 근본적 문제에 대해 답할 수 있어야 하고 바로 그 시점에서 순간적으로 자각이 이루어진 것이라고 보았다.

마쓰무라는 신앙심에 대한 인식론적 경로는 '종교심 → 반종교 → 신앙 → 반신앙 → 재신앙'을 개인의 내면 속에서는 연속적으로 투쟁이 일어난다고 보았다.[43] 그 과정에서 중요한 것은 진실에 대한 '진동' 그 자체이어야 하며, 그것 자체는 평생 믿음을 잃어서는 안 된다고 보았다. 그 과정을 거치게 되면 어느 순간에 다음 단계로 승화되고 올라가 또 다른 경지에 다다르게 된다고 설명했다.

이것은 마쓰무라 가이세키 자기 자신의 정신적 편력을 기준으로 설명한 것인데, 이는 기존에 가졌던 기독교 변천의 역사를 다시 탐구하고, 서구의 종파나 교리, 종교 양식을 새로이 연구하는 계기로 작용했다고 설명했다. 그것은 곧 종파의 외부(外部)의 입장으로 나아가는 '경로'로 설명되었다.

43　松村介石, 『修養錄』, 41~46면.

마쓰무라 가이세키는 자신의 종교적 경험을 바탕에 두고, 종교의 역사를 중첩시키면서 개인의 자아 변용 프로세스가 종교의 역사적 변용 프로세스가 일치하는 것으로 제시한 것이다. 이는 '단선적'인 차이를 가진 '일방적 자생'이 아니라 내부와 외부로 구분되는 양면적 구조, 그리고 단선적인 일직선상의 진화가 아니라 뒤로 다시 돌아가는 소거적 인식, 그리고 다시 앞의 내부와 외부를 중첩시켜나가는 차이성의 재확인을 거듭하는 논리임을 발견해 냈다.

그러한 과정 속에서 마쓰무라가 강조하는 것은 없어지려해도 없어지지 않는 것, 즉 그것은 신앙심 바로 그것이었다. 마쓰무라 가이세키는 바로 "나는 이미 탈연(脫然)하여 중(衆)을 통과하여(拔) 초연(超然)하게 독립했고, 또한 중(衆)에 합치하여 동일함을 갖는 묘경(妙境)에 이르는 것으로, 스스로 여기에 독보(獨步)의 견지를 정하고 여기에 독득(獨得)의 활기를 얻어 여기에 절대의 오각(悟覺)을 열었고, 원천(源泉) 혼혼(混混)의 무한한 용출(湧出)의 생명을 얻은 단계"[44]에 이르렀다고 밝혔다. 그리고 이것이야말로 '수양' 그 자체라고 했다. 즉, '수양'이라는 것은 마음을 다스리는 것이 아니라, 마쓰무라 자신이 일으킨 '주체의 변용' 그것처럼, 어떤 단계를 거쳐 자각하게 되는 것을 '수양'이라고 간주했다.

마쓰무라는 궁극의 수양은, "내가 도(道)가 되고 존재하는 것은 도가 있을 뿐, 진리가 있을 뿐, 생명이 있을 뿐이다. 이것을 말하지 않는다. 사람을 통해 이를 듣는 것을 얻지 않는다. 신인가 인간인가 이를 판별하지 못한다. 단 천지를 관통하고 만물에 통하고 나와 함께 나와 하나로 영원무

---

44 松村介石, 『修養錄』, 51~53면.

궁에 존재하는 것을 본다. 아니 내가 그 사물인 것을 자각하게 된다. 나는 일부러 이를 얻었다고 말하지 않는다. 일부러 이를 얻지 않았다고도 말하지 않는다. 이를 말로해서도 안 된다"[45]며 초자아적 이론으로 설명했다. 신인가 인간인가의 구분이 안 되는 경지 바로 그 경지에 들어갔다 와야 하며 그것을 말하거나 또 말하지도 않거나 하는 초월적 입장이었다.

마쓰무라는 결국 '개인적인 자아의 초자아성'을 다시 '재상대화'하는 것이 궁극적인 단계임을 제안한 것이다. 이러한 자기상대화의 인식론을 통해 종교가 도(道)의 경지에 이르게 되고, 그러한 경지의 '자각'은 다시 그것 자체를 만들어 놓은 기반을 해체하는 해체주의 → 구축주의 → 해체주의 → 구축주의를 반복하는 '정반합'적 철학 견해를 보여준 것이다.

마쓰무라는 시종일관 기독교 신앙에 기초를 두고 기독교 신앙 자체를 상대화해 가는 논리를 보여주었다. 즉 서구 기독교가 이미 차지한 보편성 그 자체를 바꾸지는 않았다. 오히려 동양인이면서 일본인인 마쓰무라가 서구적 기독교 논리를 수용하면서 그 위에 선다는 의미에서 이미 자아 해체적이고 타문화를 받아들인 초자아적 인간이었다.

그것은 다시 모든 인간이 공통으로 갖는 주체적이며 독립적인 입장에

---

45 松村介石, 『修養錄』, 55면. 마쓰무라는 "나는 정통파에 속하지 않는다. 또한 신(新)신학파에도 속하지 않는다. 사람들은 나를 부르기를 이단이라고 말한다. 그렇다면 나는 이단이다. 사람들이 나를 정통파라고 부른다. 그러면 나는 정통파도 괜찮다. 나는 단지 반동(反動)의 정신을 탈각하여 편집(偏執)의 미오(迷誤)에 빠지지 않고, 오로지 진정한 기독교를 묻고 싶을 뿐이다. 달관자가 이를 보면 말하기를 어떤 이는 국가주의라고 하고, 어떤 이는 세계주의라고 말하고, 어떤 이는 정통파, 어떤 이는 신신학파라고 각각 그 논쟁하는 곳이 다른 것이라고 해도 무슨 무슨 주의를 그것이 변용임에도 불구하고 그 정당을 위한 것이라고 토로하고, 종파에 속하자는 그 신앙의 변화에도 불구하고, 아직도 그 믿는 신앙을 설파하는 것이며, 괴절위절(怪絶偉絶) 그것 진리의 친구"라고 표현했다. 같은 책, 94~95면.

서 새로운 보편의 경지에 다다르는 '인식 경로'를 설명해 낸 것이다. 이는 기독교를 기반으로 삼으면서도 그 신앙 '그 기초를 회의(懷疑)하고 그 기초주의를 해체하는 입장'을 반복한 것이다. 그것은 다시 동양의 도(道)와 수양을 혼합시키면서 새로운 종교철학에 가까운 '인식 양식'을 수양이라고 체현해 낸 것이다. 그것은 답을 낸 것이 아니라 그러한 대상에 대한 대화를 끊임없이 재구축하는 것 그 자체로 이해한 것이다.

다시 말해서 신앙이나 종교 현상을 상대화하기 위해서는 스스로의 입장을 가치판단하지 않고 중립화하는 것으로 '있는 그대로의 현상'과 마주할 수 있다는 논리를 찾아낸 것이다. 그렇지만 그 전제 그것 자체도 다시 상대화하기 위해 끊임없이 이를 실천해야 한다는 것이었다.

그것은 일원론을 만들어내지 않고 인간의 인식이 가질 수 있는 한계성과 무한성을 동시에 겹치면서, 인간 인식이 가질 수 있는 그 무한적 왕복운동 그것을 보편성이라고 주장했다. 그러한 점에서 마쓰무라 가이세키는 기독교적 보편성이 가진 생명력 그 자체에 대한 의미를 종교가 아니라 그 내용에서 찾아낸 것이다.

그런데 문제는, 이러한 개인의 자아 변용과 해체 및 재구성 논리를 일본의 '황실'과 연결해 간다는 점이다. 그것은 도회에서 말하는 유일신을 믿는 것 즉 신심이라는 논리인 황천상제였다. 그 의의를 다음과 같이 설명했다.

건국 이래 황통 연면으로서 우리 국체처럼 고래(古來)에 걸쳐 세계 어느 나라를 방문해 보아도 전혀 없는 것으로, 이것은 실로 일본인이 세계에 자긍심을 가질 보물이다. 폐하는 부모가 있다. 국민은 그 적자이다. 이처럼 존재하기 어려운 국체를 손상시키는 자가 나오면 우리들은 단연코 이에 대해 반대하고, 어디까지나 충군의 적성(赤誠)을 다하고, 이 국체를 보호하도록 노력하지 않으면 안 된다. 이것이 도회의 주장이다.[46]

이처럼 마쓰무라가 도회에서 주장하게 되는 보편적 논리 그것은 바로 천황을 중심으로 한 제국의식(帝國意識)으로의 회귀였던 것이다. 그것은 기독교가 가진 보편성 속에서 인출한 도덕과 사랑, 순수, 정의, 진리라는 논리를 일본의 도(道)에 연결시켰고, 그 에토스가 황실임을 역설하는 길로 나아갔다. 이러한 결론은, 릴리전의 번역을 두고 시종일관하던 토론 즉 윤리와 교육, 종과 교의 경계 재설정이라는 문제를 둘러싸고 전개된 시대적 배경 속에서 '마쓰무라적 해석'을 통해 잉태된 산물이었던 것이다.

마쓰무라가 역설한 것은 기독교의 보편성을 제시하고 그 체계 속에 일본적인 도를 동일시한 것이 아니라, 기독교와 일본적인 종교 개념, 그리고 도(道)의 관계가 얽히면서 종교 헤게모니의 지적 투쟁에서 나온 일본특유의 종교 역사적 천황론으로의 수렴이었다.

이것은 기독교 속에 내포된 서구의 종교 개념을 수용하면서도 일본이 가진 믿음이라는 측면을 결부시키면서 서구적 개념을 초극하는 새로운 천황론을 창출하는 길이었던 것이다. 그를 통해 새로운 종교적 천황으로 구성하며 세계적 헤게모니를 쥔 '도(道) = 천황'으로 마쓰무라가 자신의 입맛에 맞게 지조(知造)한 '천황론'이었던 것이다.

46　加藤正夫, 『宗教改革者・松村介石の思想』, 近代文芸社, 1996, 193면.

제3장
....
종교의 '폭력'과 '탈종교'의 폭력

1. 오카와 슈메이의 '종교론'과 폭력성

본 장에서는 제목에서 밝히고 있듯이 '종교'와 '폭력'의 연관성 문제를 다루려 한다. 종교와 폭력의 문제란 '종교'를 폭력적인 것이라고 보는 것이 아니라 '인간 내면을 하나의 종교로서 강제화하는 것'이라는 의미에서 폭력이라고 보고 이를 검토한다는 의미이다.

일본에서 서구의 기독교 지배로부터 탈피를 기획한다는 의미에서 '탈기독교'를 지향하지만, 새로운 종교를 구축하는 입장을 제시하면서 그것을 다시 국가 이데올로기로 헤게모니를 가진다는 모순성을 갖고 있었다. 이를 '인식 지배'라는 의미에서 전자와 후자를 공통적으로 보고, 그러한 인식 지배 폭력의 모순성을 종교의 폭력이라고 상정하면서 연결

시키려 한다.[1]

특히 이러한 문제를 필자는, 일본의 종교사상가 오카와 슈메이(大川周明)의 종교론을 통해 분석해 내고자 한다. 즉 서구종교에 대한 인식론적 지배에 대해서는 탈종교를 주장하지만, 결국 오카와 슈메이는 '도의(道義) = 천황'을 주장하는 신(新)종교적 논리에 내장된 폭력성을 자각하지 못했다는 점이다.

일본에서 서구의 기독교와의 만남은 '종교'를 재해석하는 계기가 되었고, 일본적 종교 개념에 대한 자각이 이루어졌다. 이것은 어떤 의미에서는 '종교 해석의 주체적 출발'이기도 했다. 특히 일본에서 서구 기독교와의 접촉은 서구중심주의에 대한 반동·수용의 문제를 내포하면서 출발했고, 기독교중심주의적 '신학(神學) 해석'에 대한 저항과 융합이 일어났다.

서구 중심주의에 대한 반동 즉 기독교중심주의적 '세계관'을 탈피하고, 새롭게 '서구를 상대화한' 세계적 종교를 찾기 위해 종교 내부의 '균열'로 파고들어간다는 의미에서 반동이었고, 일본적 교회와 윤리와 도의(道義)를 구상해 낸다는 점에서 융합시도였다.

특히 오카와 슈메이가 발견한 종교와 국가, 종교와 윤리, 종교와 수양의 문제는 기독교나 일반 종교가 가진 '인식의 폭력'에서 탈피하는 시도

---

1 슬라보예 지젝, 이현우·김희진·정일권 역, 『폭력이란 무엇인가』, 난장이, 2012, 20면. 여기서 '폭력'이 또 하나 종교의 문제를 풀어내는 열쇠를 쥔 중요한 개념이라고 본다. 지젝은, "폭력에 대한 관심이 눈에 보이는 '주관적 폭력'보다는 눈에 보이지 않는 '객관적 폭력'에 두어져야한다는 것이다. 폭력이란 말이 즉각적으로 떠올려주는 상투적 '이미지'에서 한걸음 물러날 때만, 우리는 폭력에 대해 본격적으로 사유·성찰할 수 있다"는 것이 그의 제안인데, 필자는 이를 응용하여 공동체 내부의 종교론 구축이 가진 내적 지배 논리 또한 폭력이라고 간주하면서 출발한다.

였다. 오카와 슈메이는 서구의 '종교' 개념 속에 내포된 보편적 개념을 차용하고, 즉 서구 기독교가 가진 인간애와 인간 존숭의 문제를 일본이 가진 신앙, 신심(信心), 생활의 윤리와 결부시켜 신종교 개념을 창출해 내면서도, 결국 일본적 천황을 변용으로서 도의(道義) 천황을 도출내고, 일본적 도의 천황을 국가적 이데올로기로 승화시켜 간다.

오카와 슈메이가 바로 이러한 프로세스를 거쳐 종교의 보편성인 신심(信心)을 '동서양'의 통저(通底)로 연결하여 '일본의 천황 = 세계적 종교'라고 주장하는 파라노이아(paranoia)는 바로 '탈종교의 폭력'을 내장하고 있었다는 것이다.

본 장에서는 오카와 슈메이를 우익이나 파시스트라고 설정해놓고 '종교 폭력자'라고 규정하는 것이 아니라, 오카와 슈메이의 글 자체의 내적 사상성을 존중하면서 종교학 연구, 종교철학 연구자라는 측면에서 그 당사자 입장 내면 속으로 파고들어가, 어떻게 오카와 슈메이 자신의 경험과 세계적 담론과의 관계를 '구축해 내는가'라는 입장에서 '도의 천황론'이 가진 문제점을 비판적으로 고찰하려는 것이다. 그 과정에 속에서 어떻게 '종교'의 문제가 '폭력과 탈폭력'으로 연관되는지도 드러내 보였으면 한다. 그와 동시에 오카와 슈메이가 무엇을 회피했고, 아니면 의식적으로 그러한 논리를 제시했는지를 찾아보기로 한다.

2. 오카와 슈메이의 정신 편력과 도회(道會)

오카와 슈메이는 '철학자'인가 아니면 '사상가'(종교 연구가)인가라는 문제는 연구자의 시선에 따라 다르다. 그것은 연구자들마다 '개념'의 해석이 다르고, 철학자나 사상가라는 내적 경계의 애매함 때문이기도 하다.

오카와 슈메이 본인에 의하면, 자신은 '종교 연구'를 위해 도쿄대학(東京大學) 철학과에 입학했으며, '철학자마다 종교론'이 다양하며 철학자가 종교를 이성으로 번역해 내는 것이 '종교철학'[2]이라고 보았다.

오카와 슈메이는 '종교'는 철학자에 의해 번역되어지는 것'이라고 보고 있었다. 특히 종교적 경험이 다르면 종교론도 다르며 그것은 상대적인 것인데, 오카와 자신은 '순수한 객관적 인식'[3]을 구축하고자 이를 공부했다고 했다. 이렇게 보면 오카와 슈메이는 철학자나 종교 연구자 사이에서 나타난 종교론과 종교학, 종교철학을 학습하며 자신만의 객관적 종교론을 구축하려 했음을 알 수 있다. 즉 '종교의 사상적 고찰'을 통해 '순수하고 객관적인 종교의 본질'을 규명하는 것이 자신의 입장[4]이라고

2　大川周明, 「安樂の門」, 『近代日本思想大系21－大川周明集』, 筑摩書房, 1975, 276면. 오카와 슈메이의 말을 액면 그대로 받아들인다면 1차적으로 '종교를 찾기 위해 철학과'에 입학한 것으로 첫 번째 관심은 '종교'에 두었다고 '전제'할 수는 있다. 이러한 상황은 오카와 슈메이가 과연 '철학자'인가 아니면 '사상가'(종교사상가)인가라는 문제를 낳게 되었고, 연구자들마다 다른 해석이 나오게 되고, 전후 A급 전범으로 기소되면서, 일본의 '우익'의 대표적 인물로 평가를 받게 된다.

3　大川周明, 「安樂の門」, 『近代日本思想大系21－大川周明集』, 282면.

4　大川周明, 『宗敎原理講話』, 東京刊行社, 1921, 344면. 『종교 원리 강화』는 1920년의 저작으로 종교론으로서 오카와의 최초의 저서이다. "종교발달의 흔적(跡)을 보보등고(步步登高)함으로서 종교 그것의 본질을 밝히려고 시도한 것이다. 본서는 중국의 신앙(유교계통의 신앙, 노장의 자연신비교), 인도의 종교(불교이전의 인도 종교 및 불교),

회고하듯이 종교 해석에 순수와 객관성에 지대한 관심을 가졌다.

이는 메이지기(明治期)에 종교 개념에 대한 번역과 수용의 문제가 커다란 이슈였던 시기와 맞물리고 있었다. 일본 내부에서 '릴리전(religion)'에 대한 종교의 번역 문제가 담론 경쟁에서는 '교육과 종교', '국가와 종교', '국가와 기독교'의 충돌하면서 종교 해석이 진행되고 있었던 것이다.

이는 서구에서 들어 온 기독교의 문제를 두고 교육학자들과 기독교 사이에 '교육과 종교의 충돌 논쟁'으로 번져가고 교육가와 기독교라는 각각의 입장에서 종교를 '인간관'이나 '윤리관' 문제로 연결시키면서 새로 해석하려는 시대적 배경 속에서 오카와 슈메이가 제시한 논리였다.

특히 '종교'의 해석은 개인의 문제이기도 하면서, 사회 전체의 문제로도 연결되고 있었던 것이다. 이는 개인의 종교 해석이 바로 '사회 = 국가'의 문제로 연결될 수 있다는 잠재성을 갖고 출발했던 것을 말해준다. 오카와 슈메이는 이러한 배경 속에서 종교의 해석과 '종교의 사상적 고찰'을 통해 '순수하고 객관적인 종교의 본질'을 규명하려 했던 것이다. 그것은 당시 시대적 담론인 교육, 그리고 인간관이나 윤리관의 창출 문제와 불가분의 관계에 있었음을 보여주는 것이다.

그렇다면 오카와 슈메이가 이러한 종교 담론의 재편 과정에 참입해 가는 시대적 배경이 존재했다면, 그럼 그 시대적 특징 뒤에 감춰진 오카와 슈메이 자신의 개인적 사상성은 어떠한 루트로 형성되고 있었는지를 구체적으로 살펴볼 필요가 있다.

기독교이전의 이스라엘종교 및 기독교, 회교 등 광범위한 종교에 걸쳐 종교사 및 '종교사상사'적 고찰을 통해 종교의 본질을 규명한 것이다. 본서는 종교론의 원본이 되는 것이다"라고 했다. 종교론에 있어서의 종교사, '종교사상사'적 고찰은 종교론의 주요 골자를 이루고 있다.

오카와 슈메이는 1886년 12월 6일, 야마가타현(山形縣)에서 장남으로 태어났다. 오카와 집안은 대대로 의사를 가업으로 이어왔고, 아버지는 14대째로 슈켄(周賢)을 사용해 왔다. 오카와 슈메이는 어머니 다요조(多代女)를 자모관음(慈母觀音)적 존재로 여겼다.[5] 오카와는 1899년 후지즈카(藤塚)소학교를 졸업하고, 쓰루오카(鶴岡)의 쇼나이(庄內)중학교에 진학했다. 중학교 시절에는 한문 교사인 가쿠다 슌지(角田俊次)의 자택에서 生活하며 『사기(史記)』와 『맹자(孟子)』를 강독했고,[6] 그것을 수강하면서 한학적(漢學的) 소양을 갖추었고, 유교적 사상을 흡수[7]했다. 그 후 오카와 슈메이는 1904년 9월에 구마모토(熊本)의 제5고등학교에 입학한다. 제5고등학교에서는 아카마쓰 치조(赤松智城)와 흑조회(黑潮會)를 조직하고 사회주의나 『전습록(伝習錄)』을 연구하기도 하며, 강연회를 개최하기도 했다.[8] 구마모토에서의 오카와의 사상은 한마디로 기독교사회

---

5 야마가타현(山形縣) 아쿠미군(飽海郡) 니시아라세무라(西荒瀨村) 오아자후지즈카겐와 사토(大字藤塚元和里)의 125번지로 현재의 야마가타현 사카타시(酒田市)에 속해 있다. 오카와 슈메이의 출생에 관해 가장 자세하게 기록한 것은 이하의 원고들이다. 大川周明全集刊行會, 「大川周明略伝」, 『大川周明全集』 第1卷, 3~4(3~10)면; 大塚健洋, 『大川周明—ある復興革新主義者の思想』, 講談社, 2009, 25~34면; 大塚健洋, 「大川周明の思想形成(1)—'反西歐'の精神史を中心に」, 『法學論叢』 第117卷 第6號, 京都大學法學會, 1985, 71~78면.

6 清家基良, 「大川周明試論」, 『政治経濟史學』 230, 日本政治経濟史學硏究所, 1985, 14~18면. 오카와 슈메이와 송학(宋學)에 대해서 논하고 있다. 특히 오카와 슈메이의 『중용신주(中庸新註)』를 분석하고 있다. 오카와 슈메이의 한학은 송학을 중시하는 의미에서 『대학(大學)』과 『중용(中庸)』을 분석할 필요가 있다. 그리고 실제로 『도(道)』 49호(1912.5)에 게재한 「경참어(更參語)」, (『大川周明關係文書』, 芙蓉書房出版, 1998, 73~74면)에서 확인가능하다.

7 末木文美士, 『近代日本と仏教』, トランスビュー, 2004, 339면; 大塚健洋, 『大川周明—ある復興革新主義者の思想』, 講談社, 2009, 25~34면; 大塚健洋, 「大川周明の思想形成(1)—'反西歐'の精神史を中心に」, 『法學論叢』 第117卷 第6號, 71~72면.

8 竹內好, 「大川周明のアジア研究」, 『近代日本思想大系21—大川周明集』, 396면. 단, 清家基良, 「大川周明試論」, 『政治経濟史學』 230, 13면에서 인용한 『近代日本思想大系21—大川周明

주의[9]로 표현한다.

그 후 1907년 도쿄제국대학 문과대학 종교학과에 입학하고, 1910년 7월에는 일본교회에 가입했다. 일본교회는 1907년 마쓰무라 가이세키(松村介石)가 창립한 기독교 개혁파 교회로 1912년에는 도회로 개칭된 단체였다. 오카와는 1911년 대학을 졸업하고, 1912년에는 에바라(荏原)중학교 교사가 되었다가, 1919년에 만철(滿鐵) 조사국에 들어간다. 그 사이에 마쓰무라 가이세키의 종교잡지 『도(道)』의 편집이나 육군참모본부의 번역 등으로 생계를 유지했다.[10]

이러한 오카와 슈메이의 약력 중에서 오카와가 한학(漢學)적 소양을 갖추었다는 것, 그리고 제5고동학교시절에 사회주의를 경험했다는 것, 도쿄제국대학의 종교학을 전공했다는 것, 마쓰무라 가이세키(松村介石)가 창립한 기독교개혁파 단위교회에 입회하고, 도회로 이름을 개칭한 이후에도 잡지 『도(道)』를 담당하면서 논고를 싣고 있었다는 것이 중요한 '사상적 형성과 전환점'으로 여겨진다.

물론 선행 연구 중에는 구마모토(熊本)의 제5고등학교 시절이 오카와 슈메이의 사상형성의 심원이라고 보고 이에 초점을 맞춘 가리타 도오루(刈田徹)의 연구가 있다. 오카와 슈메이의 사상을 '범주 구분형' 방식으로, 제5고등학교시절, 대학시절, '일본정신', 도의(道義) 국가 건설의 의

集』은 페이지 표기에 오류가 보인다. 필자가 확인해 본 결과로는 '396면'이 맞으며, 이슬람 연구에 대한 인용 부분에서 세이케 모토요시(淸家基良)는 '248면'으로 표기했지만 확인하면 '395면'이다. 각주에 부주의한 면이 보인다.

9   大塚健洋, 「大川周明の思想形成(1)ー'反西歐'の精神史を中心に」, 『法學論叢』第117卷 第6號, 74면.

10 青地晨, 「大川周明と'アジア解放'」, 『中央公論』, 中央公論社, 1965, 443면; 大塚健洋, 「大川周明の思想形成(1)ー'反西歐'の精神史を中心に」, 『法學論叢』第117卷 第6號, 75~76면.

미, 국가 개조사상의 형성과 그 본질로 나누어서 논문을 구성했다. 특히 출생부터 제5고등학교 시절의 사회주의 경험, 대학시절의 종교 해석 등에 대해 구체적으로 논하면서, 오카와 슈메이의 일본정신이 사이코 다카모리(西鄕隆盛)나 요코이 쇼난(橫井小楠)의 영향을 받은 것을 분석하고, 특히 도의(道義) 국가의 의미에 대해서는 「도의국가의 원칙(道義國家の原則)」과 「국민적 이상의 확률(國民的理想の確率)」이라는 참고 자료를 근거로 도의 사상을 분석해냈다. 그리고 만몽(滿蒙) 문제나 군 수뇌부 혹은 군대와의 관련성 등을 논술하고 있다. 그렇지만 이들 내용은 전체적인 개괄 서술 제시에 그치고 있어, 구체적인 논고들의 연관 관계나 사상적 근원 즉 '오카와 슈메이'의 종교 사상적 원리 자체를 제시하고 있다고 보기에는 한계가 있다.[11]

도회 시절의 오카와 슈메이를 직접 다룬 것에는 스즈키 마사세쓰(鈴木正節)의 논고가 있다. 도회는 오카와 슈메이가 20대와 30대를 지냈고 사상적 영향관계가 크다고 보아 도회시기를 집중적으로 다루었다. 그리고

---

11 刈田徹, 「五高時代における大川周明の思想と行動に關する一考察」, 『拓殖大學論集』第161號, 拓殖大學研究所, 1986, 33~63면; 刈田徹, 「大川周明における改革思想の形成と本質」, 『獨協法學』第20號, 協法學法學會, 1983, 163~188면. 오카와 슈메이가 야마가타의 쇼나이 지역 출신임에도 불구하고 구마모토의 제5고등학교에 진학하게 된 배경에는 이유가 있었다. 제1고등학교를 제1순위로 적었지만, 성적에 의해 제5고등학교로 지정되었다. 그렇지만 오카와 슈메이는 바로 쇼나이 중학교의 교장선생님인 하뉴 게이자부로(羽生慶三郎)가 제5고등학교에서 정치 지리, 경제통론 및 법학통론을 강의하고 있던 것도 인연이었다. 이 시기에 오카와 슈메이는 사회주의에 '호의'를 갖게 되었고, 주간 『평민신문(平民新聞)』을 강독했는데, 당시 이 신문을 강독하던 청년에는 기타 잇키(北一輝)가 있었고, 이후에 다시 창간된 일간 『평민신문』 강독자 중에는 미쓰카와 가메타로(滿川龜太郎)도 있었다. 유존사(猶存社)에 결집했던 그들은, 평민사 신문에 의해 사회주의 사상의 세례를 받고 있었다. 제5고등학교의 동창 중에는 나중에 교토대학 교수가 되는 사회학, 이론경제학 분야에서 알려진 다카다 야스마(高田保馬)가 있었다.

이 도회시기를 오카와 슈메이의 파시즘 운동가로서의 출발점이라고 보았는데, 그 이유로서는 운동조직의 조직방식이나 운동 스타일을 도회에서 배웠으며, 인맥형성도 도회시절에 이루어진 것으로 파악했다.[12]

그리고 하시카와 분조(橋川文三)는 "적어도 마쓰무라 가이세키가 말하는 '일본적 기독교의 신앙 양식에 대해 오카와 슈메이가 일정량의 공감이 있었던 것' 만큼은 부정할 수 없다"[13]고 지적한 것처럼 도회의 활동과 마쓰무라와의 관련성을 제시한 선행 연구도 있다.

바로 이러한 선행 연구에서 두 가지 중요한 시사점을 발견해 낼 수 있다. 첫째 도회의 사상적 영향, 즉 20대와 30대에 겪은 사상적 경험과 마쓰무라 가이세키의 '일본적 기독교의 신앙 양식에 대해 오카와 슈메이가 일정량의 공감이 있었다는 부분이 갖는 구체적 내용'의 의미이다. 둘째는 '아네자키 마사하루(姉崎正治), 마쓰무라 가이세키에게 어떠한 종교적 사상의 영향을 받았는가'에 대한 부분이다.

오카와 슈메이는 결과적으로 기독교 신자가 되지는 않았지만, 스즈키 마사세쓰(鈴木正節)가 '종교의 과학적 연구를 지향하는 종교학 학도가 된 점에서 흥미롭다'고 지적한 것처럼, 오카와 슈메이가 종교를 믿는 자가 아니면 종교를 논할 수 없다는 당사자성과 종교 신도자가 될 수 없으면서 신앙의 의미를 논한다는 비당사자성을 양립시켜 과학적이고 순수한 '종교 연구'를 진척시켜 나간 것이다.

종교적 신자가 아니면 깨달을 수 없는 종교의 내적 특성, 그렇지만 그

12　鈴木正節, 「道會と大川周明」, 『武藏大學人文學會雜誌』 第17卷 第1號, 武藏大學人文學會, 1985, 45면.

13　橋川文三, 「解說」, 『近代日本思想大系21－大川周明集』, 423~424면.

렇기 때문에 종교 그 자체에 빠져버리는 한계점을 의식한 것이고, 반대로 종교적 신자가 아니면 그 종교를 제3자적 입장에서 바라볼 수 있지만 당사자성은 결여된다는 양면성을 봉합하는 제4의 길을 구축해간다.

오카와 슈메이는 종교에 입신하는 '종교 신자'가 아니지만, 그렇다고 해서 종교나 신앙을 믿는 척하는 '신앙' 이론가도 아니었던 것이다. 이 것은 바로 종교 해석에 대해 마쓰무라 가이세키에게 영향을 받고, 도쿄 대학에서 아네자키 마사하루의 종교학 사상의 영향 아래에 있었음에도 불구하고 스스로가 독자적인 길을 열어가는 독자적 인식의 출발이었다. 그리고 또 한 가지는 사회주의 운동에 대한 거리였다. 오카와 슈메이는 사회주의에 대해서도 관심을 가졌지만, 자신은 사회주의자도 아니고 '개인주의자'라고 표현했다. 오카와 슈메이는 이처럼 당대의 시대적 풍조 두 가지와 거리두기를 실천했다.[14]

그리고 선행 연구로서 도회와 오카와 슈메이에 관련된 논고 중 대표적인 것에는 오쓰카 다케히로(大塚健洋)의 지적[15]은 빼놓을 수 없는데, 여기

14　오카와 슈메이는 마쓰무라 가이세키의 일본교회에 접근했다. 마쓰무라의 설교나 강연을 듣고 교회에 출입했던 것은 일본교회가 창설되고 조금 뒤였다. 구마모토(熊本)의 일본조합기독교회(日本組合基督敎會)의 원(元)목사였던 사카키바라 마사오(榊原政雄)의 영향을 받았다고 한다. 사카키바라는 일본조합기독교회를 이탈하고, 1909년 7월에 일본교회에 입회했었다. 일본에서 미국교회선교위원회(American Board of Commissioners for Foreign Missions)와 구마모토 밴드(band) 즉, 구마모토양학교(熊本洋學校) 학생들 사이에서 결성된 프로테스탄트 기독교 신자 그룹이 합쳐진 것이 일본조합기독교회의 원류였는데, 사카키바라 마사오는 혼고교회(本鄕敎會)가 아니라, 도호쿠가쿠인대학(東北學院大學)의 은사인 오시카와 마사요시(押川方義)가 후원하는 신(新)종교단체인 일본교회에 참가한 것이다. 오카와 슈메이가 언제 입회했는지는 그동안 추측만 존재했는데, 기념사진과 명부를 통해 1910년 7월 10일로 확인되었다. 鈴木正節, 「道會と大川周明」, 『武藏大學人文學會雜誌』 第17卷 第1號, 49면.

15　大塚健洋, 「道會における大川周明(上)」, 『政治経濟史學』 230, 1~11면; 大塚健洋, 「道會における大川周明(下)」, 『政治経濟史學』 237, 日本政治経濟史學硏究所, 1986, 66~75면.

서 흥미로운 것은 앞서 제시한 스즈키 마사세쓰의 논고 「도회와 오카와 슈메이(道會と大川周明)」의 글이 1985년 8월 발간이고, 오쓰카 다케히로의 논고는 「도회에 있어서의 오카와 슈메이(상)(道會における大川周明(上))」이 1985년 10월 게재된 원고라는 점이다.

두 달 차이로 오카와 슈메이의 도회시절에 관한 논고가 나온 것이다. 이 시기에 특별히 오카와 슈메이에 대한 논쟁이 일본에서 일고 있었던 것임을 추측할 수 있다. 그것은 바로 1985년이라는 시대적 배경으로서의 학문적 경향의 '전환'이 일어났음을 보여주기도 하는 것이다. '기존 논리의 재해석'과 '좌우의 재해석'이라는 신시대 사조가 발생하고 있었던 것이다. 이후 오쓰카 다케히로는 「도회에 있어서의 오카와 슈메이(하)(道會における大川周明(下))」를 집필했다. 오쓰카 다케히로는 오카와 슈메이의 다이쇼(大正)시기부터 쇼와(昭和)시대까지의 논고들을 연도별로 모두 정리했다. 『도(道)』, 『도화(道話)』, 『진인(眞人)(양진, 養眞)』 등 『도회(道會)』 관계의 세 잡지에 게재한 오카와 슈메이의 논설, 번역, 수필 및 서간을 정리했다는 의미에서 '구체적 자료 확인' 작업을 수행했다는 큰 의의를 가진 논고라고 볼 수 있다.[16]

이러한 선행 연구는 도회시기에 오카와 슈메이가 집필한 논고를 정리

---

16 大塚健洋, 「道會における大川周明(下)」, 『政治経濟史學』 237, 66~75면. 특히 번역 논고에 대해서는 각주를 통해 그 원저자를 제시해주고 있어, 원저자를 다시 한번 확인해 보고, 그의 사상성에 대해 참조할 만한 가치가 크다. 그리고 '마쓰무라 가이세키와 오카와 슈메이'를 다룬 부분은, 마쓰무라 가이세키와 오카와 슈메이의 만남에서부터 오카와 슈메이의 사상적 변화에 대한 조언 등을 통해 '사제(師弟)'관계였음을 증명해 준다. 그렇지만, 각주에서 오쓰카 다케히로(大塚健洋)가 적고 있듯이, '오카와 슈메이의 원고인지 번역작업인지를 추측으로 구분'하고 있어, 다시 한번 원고에 대한 재차 확인 작업을 필요로 한다는 측면에서는 다소 고민이 필요하다.

한다든지, 도회와 마쓰무라 가이세키의 활동적 측면, 그리고 그 인맥에 초점을 맞추고 있는 것이 주류였다. 물론 자료의 제시가 갖는 의미는 중요하다.

그렇지만 오카와 슈메이가 실질적으로 어떠한 내용에 대해 공감하고, 영향을 받았는가에 대해서는 분석하고 있지 않다. 문제는 오카와 슈메이는 기독교계통의 신흥종교단체인 도회에 가입한 동기와 그 가입 과정에 나타난 오카와 슈메이의 접근방식으로 그 구체적 인식론의 수용 과정에서 어떠한 일이 발생했는지를 제시해야 한다고 본다.

따라서 본 장에서는 이에 대한 출발점으로 오카와 슈메이가 도회에 관심을 갖고 입회하게 된 계기와 마쓰무라에 대해 어떻게 인식하고 있었는지 마쓰무라의 대표적 저서『입지의 기초(立志の礎)』나『수양록(修養錄)』과 연관하여 고찰할 필요가 있다. 오카와의 의견을 참고해 보자.

> 마쓰무라 가이세키(松村介石) 선생님이 기독교에서 독립하여『도회(道會)』라는 새로운 종교단체를 조직하고, 신신(信神)·수덕(修德)·애린(愛隣), 영생(永生)이라는 네 강령을 내걸고 전도를 시작했다. 나는 중학시절에 마쓰무라 선생님의『입지의 기초』나『수양록』을 읽고 감흥을 일으킨 적이 있었는데, 도회에 입회하고 매주 일요일에 설교를 듣고, 한때는『도(道)』라는 도회의 기관잡지 편집을 담당하기도 했다. 마쓰무라 선생님은 종교가라기보다는 도덕가(道德家) 또는 도학(道學) 선생이라고 부르는 것이 맞을 정도였다.[17]

---

17   大川周明,「安樂の門」,『近代日本思想大系21―大川周明集』, 286면.

도회는 원래 '일본교회'라고 불렸고, 마쓰무라 가이세키가 1907년 10월에 창설한 종교단체이다. 마쓰무라 가이세키는 존 발라(John Balla)에게 세례를 받았고 오랫동안 기독교계에 있었다. 그렇지만 1880년대 후반부터 일기 시작한 신신학의 영향을 받아 신앙에 동요를 일으키고, 양명학 등을 설교에 도입하고 있었다. 1892년부터 1896년경까지 일본의 종교가나 지식인들 사이에서는 '신종교'라는 말이 유행처럼 번지던 시기였다.[18]

말 그대로 마쓰무라 가이세키도 기독교에서 독립하여 『도회』라고 불리는 '새로운 종교단체'를 조직한 것이다. 그것은 이소마에 준이치(磯前順一)의 지적처럼, '하나의 교파 이름을 만들어 그 신조를 조직하는' 의미에서 신종교인지 아니면 '모든 종교는 동일한 절대 진리의 표현'이라고 보아, 종파를 넘는 종교로서의 통합을 전면에 내세우는 쪽으로 진행되는지가 분리되는 시기와 맞물리기도 했던 것이다. 이러한 갈림길의 시기에 오카와 슈메이는 마쓰무라의 도회에 입회하면서 그 영향을 받고 있었다.

마쓰타니 다케자부로(松谷竹三郎)에 따르면, '초기입회자의 다수를 차지하는 것이 마쓰무라 가이세키의 강연에 인도된 것과 마쓰무라 가이세

---

18 이소마에 준이치(磯前順一)는 아네자키 마사하루(姉崎正治)가 집필한 논고 「소위 말하는 신종교(所謂新宗教)」(『태양(太陽)』 3-18, 1897), 「메이지30년사(明治三十年史) 종교(宗敎)」(『태양(太陽)』 4-9, 1898)를 분석해서 기술한 내용이다. 磯前順一, 『近代日本の宗教言說とその系譜』, 岩波書店, 2003, 144면. '신종교'라는 말은, 메이지유신 전후에 성립된 민중종교에 대한 호칭이 아니라, 이중의 의미를 갖고 사용되었다. 하나는 '하나의 교파이름을 만들어 그 신조를 조직하는' 것 같은 새로운 종파를 창도하는 움직이기도 하고, 하나는 '모든 종교는 동일한 절대 진리의 표현'이라고 보아, 종파를 넘는 종교로서의 통합을 전면에 내세우는 것이라고 분석했다.

키의 인격에 매료된 자라고 하면서, 그들 대부분이 소년기에 마쓰무라의 저작 『입지의 지초』, 『수양록』을 접하고 마쓰무라에게 흥미를 갖고 강연을 들어 입회하게 된 것'[19]이라고 지적했는데, 이처럼 『입지의 지초』, 『수양록』은 그 영향력이 컸던 것이다.[20] 앞서 언급한 것처럼 오카와 슈메이 역시, 『입지의 기초』나 『수양록』을 읽고 감흥을 일으켰고 이것이 입회의 동기였다고도 볼 수 있을 것이다.[21]

오카와 슈메이가 도회에 실제로 가입한 것은 1910년 7월 10일이다. 1910년 8월호의 『도(道)』에 의하면 입회자가 49명이었는데, 잡지 내용 중 「잡기사(雜記事)」 내용을 통해 오카와 슈메이가 입회했다는 것을 알 수 있다.[22]

19　鈴木正節, 「道會と大川周明」, 『武藏大學人文學會雜誌』 第17卷 第1號, 59면. 마쓰타니 다케자부로(松谷竹三郎)의 「일심회 및 일본교회 창립시대의 추억(一心會及日本敎會創立時代の憶ひ出)」(『도(道)』 1933년 6월호, 60면)을 참조하여, 스즈키 마사세쓰(鈴木正節)가 마쓰무라 가이세키의 일본교회에 입회한 인물들의 특징을 적은 부분이다.

20　鈴木正節, 鈴木正節, 「道會と大川周明」, 『武藏大學人文學會雜誌』 第17卷 第1號, 61면. "일본교회입회자는 주로 ① 기독교신자이면서도 정통파 신앙에 회의적 혹은 유교나 불교에도 관심을 가진 사람들, ② 종교단체에 들어가고 싶은데 교의적(敎義的)으로 일치하는 것이 없었던 사람들, ③ 수양 혹은 도덕 단체와 종교단체를 구별하지 않고 이를 막연하게 생각하고 있었던 사람들 혹은 중간적 단체를 생각하고 있던 사람들, ④ 마쓰무라 가이세키(松村介石)의 저서와 강연 그리고 인격에 이끌린 사람들이었다"고 설명했다.

21　오카와 슈메이 자신은, '메이지(明治) 37년 1월 18일 『수양록(修養錄)』을 모두 읽었다. 근래에 보기 드문 격실(擊實)의 책자로 나에게 적지 않은 도움을 주었다'(메이지 37년 1월 19일). 大塚健洋, 「道會における大川周明(下)」, 『政治経済史學』 237, 73면.

22　鈴木正節, 「道會と大川周明」, 『武藏大學人文學會雜誌』 第17卷 第1號, 77면. 메이지 43년 7월 10일 제7회 입회자의 기념사진이 게재되어 있고, 오카와 슈메이는 중단에 서 있었다. 사진에는 전원 이름이 붙여져 있다는 것에서 유추해 냈다. 오카와 슈메이는 1910년 7월 10일 간다바시한(神田橋畔, 和强樂堂)에서 선서 서명하고, 정식으로 '일본교회'에 입회한다(『道』 第28號, 1910.8). 그 이전에 이미 『도(道)』 10호(1909.2)에, 발행처인 천심사(天心社)의 「연하 결례의 난(年賀欠礼の欄)」에 아쓰미 마사루(渥美勝)와 함께 연명하여(1926년까지 이 코너에는 오카와 슈메이의 이름이 적혀 있다) 『도』 23호(1910.5)에는 「신비적 마호멧(神秘的マホメット)」이라는 논고를 시라카와 류타로(白

입회시기를 오카와 자신도 직접적으로 밝히지 않았지만, 여하튼 입회 이후, 오카와 슈메이는 매주 일요일에 설교를 들었으며[23] 1912년 4월 일본교회는 '도회'라고 이름을 고치고, '예수적 냄새'를 제거했다[24]며 새로운 종교임을 시사했다. 그리고 1908년 5월에는 교회기관지인 『도(道)』가 간행되는데, 기관지라고도 할 수 있는 이『도』의 편집을 담당하고 글을 기고하며 도회 내부외부에서 강의와 강연을 담당했다고 했다. 그러니까 청년그룹의 리더 역할, 마쓰무라의 보좌역[25]이라는 중책을 담당한 것이다.

그러한 가운데 오카와 슈메이는 마쓰무라 가이세키의 구도심(求道心)을 존경했다고 했고, 한편으로 마쓰무라 가이세키는 오카와 슈메이의 재능을 높이 평가하여 "불교·기독교·마호메트교·신도교 등의 연구

川龍太郎)라는 필명으로 발표했다. 일본교회의 입회를 계기에 대해서 오카와 슈메이는 '도회에 귀의하는 궁극적 동기는 마쓰무라 선생님의 인격에 대한 경앙(景仰)이다'라고 밝혔다. 大川周明, 「入會の動機及び職業」(『道』第188號, 1924.2), 『大川周明關係文書』, 68면.

23 鈴木正節, 「道會と大川周明」, 『武藏大學人文學會雜誌』第17卷 第1號, 74면. 오우치 산로(大內三郎)의 지적은, 성서 삼위일체의 신은 그 그림자조차 보이지 않는다. 그렇지만 마쓰무라 자신은 일본교회를 기독교의 틀에서 완전하게 일탈한 것이라고 생각하지 않았다. 오카와 슈메이가 입회했을 때는 세례는 실시하지 않았는데, 아직 성서를 읽기도 하고 찬미가를 부르기도 했다. 오카와 슈메이와 동시에 입회한 모리 가쓰에(森勝衛)의 「추억 두 셋(思いでの二三)」, 『도(道)』1933년 8월호, 56면)에 의하면, 「그 시절(その頃)」(1910)은 아직 일본교회라고 부르고 있었던 시기였기 때문에 프로그램도 아마 예수회식으로 찬미가나 성서낭독 등의 형태(型)로 이루어지고 있었다고 했다.

24 香山吉助, 「闇然日章の道」(『도(道)』1933년 6월호)에 실린 원고이다. 鈴木正節, 「道會と大川周明」, 『武藏大學人文學會雜誌』第17卷 第1號, 46~47면. 일본교회는 창설당시 기독교업계에서 오시카와(押川方義)와 이무라 도모요시(井村知至), 정계에서는 와타나베 구니타케(渡辺國武)의 커다란 지원이 있었다.

25 鈴木正節, 鈴木正節, 「道會と大川周明」, 『武藏大學人文學會雜誌』第17卷 第1號, 65면. 1912년 9월호에서 1914년 3월호까지 「종교강화(宗敎講話)」를 집필한다. 나중에 1920년 10월에 도쿄간행사(東京刊行社)에서 『종교 원리 강화』로 간행된다. 같은 글, 85면.

가 매우 깊고, 이들 제학(諸學)관해서 거의 우리들의 선생이라고 부를 정도였다. 실재 배천당(拜天堂) 헌당식(獻堂式) 때에 도회 간사의 인사말처럼 도회는 오시카와 마사요시(押川方義) 등과 함께 오카와 슈메이에게도 도움을 받았다"[26]고 표현할 정도로 서로 교감하고 있었다.

오카와 슈메이의 '종교, 도덕, 도학'에 대한 인식은 마쓰무라와의 인식적 교감에서 출발하고 있는 것이 선명하게 드러난다. 그 출발점이란 마쓰무라 가이세키가 주장하는 종교 해석과 행동, 그리고 '입장'을 조합하는 근거에서였다.

3. 종교의 재해석과 종교 '내부'의 문제

오카와 슈메이는 "다년간의 정신(精神)적 편력 후에 나는 다시 나의 영혼(魂)의 고향에 돌아와, 일본정신 그것의 시초를 찾아 오랫동안 얻지 못했는데, 장엄한 것을 보았다. 기독교에 그것을 찾은 적도 있었다. 기독교에서 배웠다고 한 것은, 나의 영혼이 모두 고향을 떠나 편력의 여행길에 떠났기 때문이다. 사회제도의 근본적 개조를 필요로 하여 실로 마르크스를 나의 스승으로 삼았다"[27]고 회고했다.

---

26 大塚健洋, 「道會における大川周明(下)」, 『政治経済史學』 237, 73면. 『도(道)』, 『도화(道話)』, 『진인(眞人) 혹은 양진(養眞)』 지상(誌上)에 많은 숫자의 논문이 무엇보다도 그것을 말해 주고 있다.
27 橋川文三 編集, 『近代日本思想大系21 ─ 大川周明集』, 77~78면.

어떤 의미에서는 선행 연구 부분에서 제시한 오쓰카 다케히로가 언급한 기독교사회주의자적인[28] 측면으로 해석될 수도 있다. 물론 오쓰카 다케히로의 지적처럼 오카와 슈메이를 '기독교사회주의자'라고 정의할 수도 있지만, 필자가 보기에 오카와 슈메이는 오히려 '반(反)기독교적 비(非)사회주의자'로 여겨진다. 오카와 슈메이는 성서를 통해 종교적인 각성을 얻게 된다고 밝혔지만 그럼에도 불구하고 '기독교 자체를 자신의 신앙'으로 삼지 않았다.

오카와 슈메이는 "나는 조동종(曹洞宗) 집안에서 태어나 중학교 시절에 가토 도쓰도(加藤咄堂)의 불교 강연을 듣기도 했지만, 나를 종교적으로 눈뜨게 한 것은 불교가 아니라 기독교였다"[29]고 논하는 점에서 분명히 기독교는 영향력을 주었다. 그렇지만 오카와 슈메이는 기독교의 '교회제도'와 '의례'라는 외면적 요소와 '예수의 부활'에 대해 납득하지는 않았다.[30]

오카와 슈메이는 '나를 종교로 눈뜨게 한 것은 불교가 아니라 기독교였다'고 하면서도, 후자의 예수의 인격과 신앙에 대해 깊은 동경을 가졌음에도 불구하고, 세례를 받지 않았으며 기독교 신자가 될 수 없는[31]

28　오카와 슈메이는 개인주의 즉 개성존중주의자였고, '개인주의자이며 사회주의자'라고 선언했다. 대표적인 기독교사회주의자인 이시카와 산시로(石川三四郎)와는 차이를 갖는다. 大塚健洋, 「大川周明の思想形成(1)―'反西歐'の精神史を中心に」, 『法學論叢』第117卷第6號, 74면.

29　大川周明, 「安樂の門」, 『近代日本思想大系21―大川周明集』, 273면.

30　工藤眞輔, 「思想形成期の大川周明―宗敎と社會主義」, 『北大法學硏究科ジュニア・リサーチ・ジャーナル』NO.15, 北海道大學, 2008, 32면. 구도 신스케(工藤眞輔)는 오카와 슈메이가 기독교에 접하면서 기독교와 거리를 두는 것, 사회주의와 만나면서 사회주의와 거리를 두게 되었다는 의미에서 오카와의 정신에 영향을 주었다고 파악했다.

31　大川周明, 「安樂の門」, 『近代日本思想大系21―大川周明集』, 275면.

'중도적' 입장을 유지했다.

이러한 회고담은 언뜻 보기에 모순적으로 보이기도 하지만, 이는 앞서 언급한 마쓰무라 가이세키와의 차이성을 생각하게 해 준다. 물론 마쓰무라가 "기독교를 통해 결국 네 개의 조약에 귀착한다. 첫째 신을 숭배한다, 둘째 덕을 수양한다, 셋째 이웃을 사랑한다, 넷째 영생을 믿는다는 것"[32]이라고 주장한 이론은 오카와 슈메이에게 커다란 영향을 주었다. 즉 오카와 슈메이는 이를 근거로 삼아 신을 숭배하는 신신(神信), 그리고 덕(德)의 존숭(尊崇)을 통한 보편적 인류애인 사랑과 영생 논리를 도출해 냈다.

그렇지만 마쓰무라와의 차이점이 나타나는 것은 기독교 해석에서의 차이에서였다. 오카와는 종교에 눈뜨게 한 것이 기독교였는데 그럼에도 불구하고 기독교 신자가 될 수 없었다는 것은, "일본 지식계급에는 종교를 과거의 유물(遺物)이라고 생각하고 있는 사람이 많다. 그것은 아마도 종교라고 하면 불교나 기독교와 같은 기성 종교를 떠올리며 생각하고 있기 때문이라고 생각한다. 그리고 이들 기성 종교만이 종교라고 불러야한다고 한다면, 이를 과거의 유물이라고 하는 것은 모두가 과언이라고만 할 수도 없다. 현재 이들 종교 신조나 의례는 기존에 있었던 것 그대로는 이미 인간의 종교적 요구에 만족을 줄 수 없게 되고 있다. 대부분의 사람들은 지금은 누구나가 명목만의 불교자 혹은 기독교 신자가 되었고, 말하자면 풍습 관습으로서 재래의 종교적 행사를 자신의 생활 속에 받아들이고 있는 것에 지나지 않게 되었다"[33]며 '종교' 그 자체와 거리를 두고 있었다.

---

32 松村介石, 「信仰の生涯」, 『回顧二十年』, 道會事務所, 1925, 264면.
33 大川周明, 「安樂の門」, 『近代日本思想大系21－大川周明集』, 271면.

다시 말해서 오카와는 '종교'의 이론이나 종교 '해석'에 앞서 '종교라고 하면 불교나 기독교와 같은 기성종교를 떠올리며 생각'하는 논리와 그것들이 '풍습 관습으로서 재래의 종교적 행사를 자신의 생활 속에 받아들이고 있는 것에 지나지 않는 것'으로 파악하여 재래적인 것의 관념에서 벗어나려 했다. 오카와 슈메이는 '종교'에 대해 다음과 같이 피력했다.

종교라는 말은, 영어, 불어, 독일어의 'Religion'의 번역어인데, 동양에서는 일본인뿐만 아니라 중국에도, 인도에도 적절하게 이에 상응하는 언어가 없었다는 것이다. (…중략…) 로마뿐만 아니라 다른 나라에서도 종교의 생명은 의식이라고 생각하고 있다. 예를 들면 중국에서는 『서경(書経)』에 류(類)·리(裡)·망(望)이라고 부르는 각각의 신을 모시는 의식 명칭이 있는데, 이를 개괄한 명칭은 없고, 『예기(礼記)』에 이르러 처음으로 'Religio'에 해당하는 예사문(礼祠) 또는 제법(祭法)이라는 개괄적 명칭이 생겨났다. 일본에서는 이를 동일한 개념으로 나타내는 마쓰리고도(祭事) 혹은 가미와자(神業)라는 말이 있다. 인도에서는 'Rita'라는 말이 의식을 바르게 행하는 것을 의미하고 있다. 그렇기 때문에 서구 문명이 처음으로 네덜란드어(和蘭語)로 우리나라에 전해졌을 때에, 최초 번역자는 이 말을 제사 또는 종사(宗祀)라고 번역하였다가 나중에 종교라고 고치고 현재에도 사용하는 것 같은 의미를 부여한 것이다.[34]

---

34 大川周明, 「安樂の門」, 『近代日本思想大系21－大川周明集』, 306~307면. 'Religion'은 라틴어의 'Religio'에서 온 것으로 그 'Religio'의 유래에 대해서는 두 가지 설이 있다. 나는 키케로(Cicero)에 의거하여 '면밀하게 행한다'라는 의미의 동사 'Relegere'에서 온 것이라고 생각한다. 그리고 키케로가 '모든 신들의 의식에 관한 것을 종교적 일이라고 한다'라고 말한 것처럼, 처음에 로마인은 종교의 외면 의식을 존중하여 이에

오카와 슈메이가 회고한 종교 개념에 대한 해석을 잘 음미해 보면, '릴리전(religion)'이 결국은 '의식(儀式)을 행하는 것'이라고 판단하고 있었음을 알 수 있다. 오카와에게 있어 종교는 '신에 대한 의식(儀式)'과 연결된 것이라고 보면서 그것이 가진 문제점을 재해석했다. 마쓰무라 가이세키가 그러했듯이, 종교에 있어서 '신조나 의례'는 중요한 것이 아니라고 여기게 된 것이다. 오카와 슈메이는 먼저 종교를 '신조'나 '의례'에 사로잡혀 종교 자체의 본령을 잊게 되는 것을 비판한다. '의례'는 종교 의식은 종교 자체의 내적인 것이 아니라 외부적으로 발현되는 것이며, 또한 때와 장소에 따라 변화해 가는 일시적 요소라고 보았다.

오카와 슈메이는 "의식(儀式)은 단순한 종교의 피복(被服)에 지나지 않는다. 고대 사람들조차 마음을 깨끗이 하고 근엄하게 하지 않으면 의식의 본지(本旨)에 맞지 않는 것을 알고, 종교의 주관적 방면을 중시했다. 말하자면 의례는 인심(人心)의 내부에 존재하는 종교적 충동에 의해 일어난 외부적 행위에 지나지 않는다. 그것은 시간과 장소에 따라 변화하는 종교의 일시적 요소"[35]라고 보았다.

의식이라는 것은 시간과 공간에 따라 변화하는 것이며, 종교의 피복(被服)이라고 표현했다. 이것은 마쓰무라가 의식이나 교전(教典)이 시기와 장소에 의해 변화하는 것이라고 보는 입장과 동일[36]했다. 그렇기 때

'Religio'라는 명칭을 붙였다는 것을 알 수 있다. 이처럼 라틴어의 'Religio'에 해당하는 말은 동양에도 있는데, 오늘날 일반적으로 사용되고 있는 의미에서의 'Religion'에 딱 들어맞는 말은 없었다.

[35] 大川周明, 『宗敎原理講話』, 東京刊行社, 1921, 351면.

[36] 大塚健洋, 「大川周明の思想形成(1) ─ '反西歐'の精神史を中心に」, 『法學論叢』 第117卷 第6號, 76면.

문에 중요한 것은 그리고 신신(信神)의 요소로 보편적으로 변하지 않는 것이 신앙과 은총이라고 보았다. 다시 말해서 "신앙이란 인간이 신을 부르는 것이며, 은총은 신이 인간에게 답하는 것이다. 우리들은 신과 인간의 상호 호응하는 것에 종교가 있다고 믿는다. 우리들의 종교적 생활은 지극히 중요한 것은 신과 인간의 끊임없는 호응 바로 그것"[37]이라고 보았다. 메타파로서 신과의 "교신(交神)을 주장"[38]한 마쓰무라 가이세키의 이론과 상통된 것이었다.

마쓰타니 다케사부로(松谷竹三郎) 역시 오카와 슈메이가 일본교회에 기대한 것은 마쓰무라 가이세키의 교의(敎義)적인 면을 중시한 것과 오카와 슈메이가 마쓰무라 가이세키의 '4대 강령'을 동일하게 주장했다는 부분을 통해 추측하며 그 동일성이 존재하는 것을 피력했다.

다시 말해서 오카와 슈메이가 '신조로서 들 수 있는 것은 신신(信神臣), 애린(愛隣), 수덕(修德), 영생(永生)의 네 개'라고 주장한 부분을 강조하며 마쓰타니 다케사부로(松谷竹三郎)는 오카와 슈메이가 '모든 종교에는 신인합일(神人合一)의 요구'에 중심을 둔 것을 연결하여 마쓰무라 가이세키와 매우 흡사하다[39]고 증명해 냈다.

이처럼 오카와 슈메이는 새로운 종파를 창도하는 '도회'에 입문하고, 마쓰무라 가이세키가 주장하는 '모든 종교는 동일한 절대 진리의 표현'을 중첩시킨다. 오카와 슈메이는 '도회문답(道會問答)'이라고 제목을 정하고, 문제를 설정하고 그에 답하는 형식으로 전개된다. '도회(道會)'가

---

37 大川周明, 「日本敎會とは何ぞ」, 『大川周明關係文書』, 71면.

38 松村介石, 「信仰の生涯」, 『回顧二十年』, 266면.

39 鈴木正節, 「道會と大川周明」, 『武藏大學人文學會雜誌』第17卷 第1號, 52면.

어떠한 단체인가라는 물음을 설정하고, 그에 대한 답으로 시작되는데, 도회는 하나의 종교단체라고 간주했다.

그렇지만 종교 그 이름의 어느 한 종파에 속하는 것이 아니며, 그것은 불교라든가 기독교라는 하나의 종교, 하나의 종파에 속하는 것이 아니라고 한다. 스스로가 '그럼 도회가 새로운 종교인가'라는 물음을 설정한 후 다음과 같이 스스로 답한다.

> 결코 도회는 새로운 종교가 아니다. 도회는 전인들이 신앙하지 않은 신앙을 고취하는 것도 아니고, 석가나 예수가 아직 가르쳐 주지 않은 진리를 선전하는 것도 아니다. 우리들은 단 모든 진실의 종교의 생명이 된 옛것의 신앙과 옛것의 도리(道里)를 우리들의 종교 생활의 근거로 하고 있을 뿐이다. 이러한 의미에서 도회는 새로운 종교단체이다. 재래 종교를 싫어하는 사람들이 어쩔 수 없는 종교적 요구의 만족과 해결을 찾아 단결했다는 점에서 보면 새로운 종교단(宗敎團)이라고도 부를 수 있을 것이다.[40]

오카와는 재래종교에 불만이 있기 때문에, 옛것의 신앙과 옛것의 도리(道里)를 생활근거로 하는 의미에서 도회는 새로운 종교단체라고 논했다. 특히 신앙이나 교의(敎義)를 강제적으로 가르치는, 제종교가 갖고 있는 문제점을 본 것이다. 그러한 의미에서 신앙이나 교의를 '강요'하는 것과는 거리를 둔다고 하는 의미였다.

그렇기 때문에 오카와는 "종교와 도덕은 나눌 수 있는 것이 아니며 진

---

40 大川周明, 「道會問答」, 『大川周明關係文書』, 75면.

정한 종교가 아니고서는 진정한 도덕이 아니며, 진정한 도덕을 떠나 진정한 종교가 없는 것을 밝혀내기 위해 수덕애린(修德愛隣)이라는 것을 신신(信神)과 마찬가지로 존귀를 신조로 하고 있는 것"[41]으로서, 도회의 신앙은 '신을 믿고 덕을 쌓고 이웃을 사랑하고 그리고 영원의 생명에 들어가는 것'이라며, 마쓰무라 가이세키의 주장을 따른 것이다. 뿐만 아니라, 오카와 슈메이는 종교와 도덕의 문제를 수덕애린(修德愛隣)이라는 것과 신신(信神)이 상통하는 것으로 해석한다.

종교와 도덕의 내부적 차이가 존재한다 존재하지 않는다의 문제를 결국 종교 하나로 '귀결'시킨다. 오카와 슈메이는 "도덕과 종교가 밀접한 관계에 있다는 것은 당연한 사실로, 실제로 종교가 그 실행으로 나타나는 방면은 도덕보다도 넓은 범위를 갖지 않는다. 그렇지만 종교적 생활에서는 도덕적 생활에 있어서 존재하지 않을 수 없는 또한 반드시 그 존재를 필요로 하는 사상(寫像)과 감정이 포함되어 있다. 만약 도덕상의 의지가 종교적 사상을 그 동기로 하고 종교적 감정을 그 의식의 집합이라고 하는 것에 다다르면, 그 도덕은 이미 종교가 된 것으로, 이와 같이 도덕은 종교의 전체라고 할 수 있다"[42]고 보고, 도덕이 종교의 전체라고 규정한다. 종교란 '기독교나 불교'라는 의미의 종교가 아니라 도덕이 '종교'로 탄생되는 것이었다. 오카와 슈메이는 서구의 종교나 일본 내부의 기독교 종파들이 '신앙'이나 '교의'를 강요하지만 이미 일본에서는 도덕이 종교로 존재한다고 보았다.

---

41 大川周明, 「道會問答」, 『大川周明關係文書』, 77~78면.
42 大川周明, 『宗敎原理講話』, 353면.

4. 도(道) 사상과 '천황' 환원주의

오카와 슈메이가 역시 이러한 논리를 갖게 된 것은 마쓰무라 가이세키(松村介石)의 영향, 마쓰무라의 『입지의 기초』와 『수양록』에 전개된 '마쓰무라 종교' 논리에 대한 추종이었다. 마쓰무라 가이세키의 영향을 통한 정신(精神)적 편력이었다. 이것은 앞서 살펴본 것처럼 마쓰타니 다케사부로의 지적대로이다.

그러나 오카와 슈메이는 마쓰무라가 제시했던 '주체 성립 과정론'을 다시 오카와 슈메이 자신의 아이덴티티에 대입시켜 '독보(獨步)'하게 된다. 오카와 슈메이는 도회의 주장이나 논리를 추종하면서도, 다시 도회 신앙에 대해 거리를 둔다. 그럼 어떤 의미에서 도회와 거리두기를 했는지, 그 일단을 아래 인용문에서 찾아보자.

> 도회의 신앙이 인간의 전생명을 부족의 습관에 예속시키고 도덕적 행위에 있어서의 자발적이고 독립적인 정신의 발달을 방해했다. 그들의 수행하는 본무는 공유신념(共有信念)에 따르는 것에 지나지 않았다. 인간은 자기 종족 이외의 사람들에 대해서는 아무런 의무도 없고, 자기부족에 속한 사람들에 대해서도 오히려 풍습에 따라 행동할 뿐이었다. 자신의 심의를 꾀하고, 자율적 행위로 나가는 것을 못했다. 따라서 이들 사이에 있어서 천지일월(天地日月) 자연 숭배에서 나온 다신교는 그 본래의 성질에 있어서 보편적이며 처음부터 인종과 국토를 초월하는 경향에 있었다.[43]

도회의 신앙도 '공유신념으로서 기계적 복무에서 자율적 행위로 나아가는 길을 방해'했다고 보면서, 오카와 슈메이는 '순치'의 강요를 간파했다. 기존 종교를 연구할 때 마쓰무라 가이세키와 오카와 슈메이가 '의식(儀式)이 종교적 생활에 있어서 중요한 것'이었다가 점점 '보편적 논리'로서의 종교의 의미를 찾는 것으로 이행하는 것을 의미한다.

다시 말해서 앞서 마쓰무라와 오카와가 공통적으로 주장했듯이, 종교가 교조나 경전이나 신조, 의식에 의한 것이 아니며, 어떤 종교라 하더라도 자신들이 유일한 종교라고 주장하는 것이 불가능한 시대로 옮겨졌고, 그것은 의식적 차이였고, 현상의 차이였기 때문에, 기독교도 신유불(神儒佛)에 대해서도 마찬가지로 적용되며, 개별적 종교적 연구가 되었는데, 이는 '정신계의 대혁명, 대발견, 대발명'[44]이라는 종교 해석이 가진 이론의 수용이었다.

그렇기 때문에 "도회는 불후의 도(道), 마멸되지 않는 근본 진리, 즉 고금(古今)에 걸쳐 움직이지 않고 변하지 않는 종교 도덕의 근본의(根本義)에 의거하여 인간으로 하여금 하늘(天)에 대해, 세상에 대해, 영원에 대해, 자기 일신(一身)의 안립(安立)과 그 본분을 완성하기를 기대하는 것"[45]이라고 해석할 수 있었다.

그것은, "종교를 우주의 직관과 감정이라는 말로 표현하고, 심정에서, 영혼의 내부에서 필연적으로 샘솟는 것으로, 구래의 기독교세력 비판이나 성서에 의존하지 않는 종교관 등 계몽주의적 영향을 남기면서도 로

---

43 大川周明, 『宗敎原理講話』, 369면.

44 松村介石, 『新宗敎』, 12면.

45 松村介石, 『道會の信仰』, 東方書院, 1934, 10면.

망주의적 독특의 감각적인 표현이 많이 보인다. 더욱 특징적인 것은, 인간의 심리적 의식에 종교의 본질을 탐구했다는 것이다. 인간에게는 종교심이라는 공통성이 있다는 전제를 내걸고, 종교 현상의 차이는 표면적 '나타남의 방식 차이'에 지나지 않는다고 생각했던 것이다. 이 공통 종교심이야말로 종교의 본질"[46]이라는 것이었다.

이러한 논리를 종교사학적 관점을 보면, 오카와 슈메이가 서구에서의 종교학의 발생에 대한 기원적 해석에서, 종교학이 비교종교학과 종교과학으로 이어져가는 단계를 수용하면서도, 비교종교학적인 '입장'과 거리를 두고, 비교종교학이나 종교과학에 의해 해석되는 종교란 무엇인가라는 토론을 전개하는 입장을 수용하고 있었음을 알 수 있다.

그렇지만 타종교에 흥미를 갖고 연구한 비교종교학도, 미야카와(宮川)의 지적처럼 심리주의를 기초로, 신과 인간의 관계에 모델화를 목표로 한 종교과학이었는데, 이러한 의미에서 '종교학'과 '종교'란 인간이 만들어내는 담론에 불과했던 것이다. 이는 종교나 종교학이 인간이 해석해 내는 종교철학 중 하나라는 것을 깨닫게 해주었다. 그렇지만 그 속에는 처음에 '종교와 신학'의 개념에서 시작되고 전개된 '담론'으로서, 종교 개념은 역시 유럽의 개념이었기 때문에 종교에 대해 '새로운 개념을 만들어내고 종교에 환원'되는 것은 이미 유럽중심주의적인 행위가 되는 딜레마가 숨어 있었다.

46　宮川英子, 「宗教研究の中の宗教學」, 『現代思想』 7(vol.30-9), 靑土社, 2001, 31~32면.
　　일본에서도 '인심(人心)의 종교 성능(性能)을 관찰하고, 그 사회적 발전 이법을 역사, 비교의 두 방면에서 연구해야 한다'는 아네자키 마사하루의 연구를 예로 들 수 있다. 이처럼 종교의 심리적 측면을 강조하고, 종교의 본질을 말하기 시작한 것은 종교과학 이후의 종교학의 커다란 특징이다.

이를 타개하기 위해 오카와 슈메이는 비교종교학의 입장과도 거리를 두고, 인간에게는 종교심이라는 공통성을 내걸고, 종교 현상의 차이는 표면적 '나타남의 방식 차이'에 지나지 않는다고 생각했던 것이다.

이 공통 종교심이야말로 종교의 본질이라고 보는 관점이 당시 아네자키에 의해서도 제시되었고, 이를 오카와 슈메이가 인지하게 된 것이다. 특히 종교의 각 종파에 통유적(通有的) 분자가 존재한다는 것 즉 '종교란 신의 숭배에 있다'고 파악하는 개념 영역을 넘어, "종교가 모든 인간에 통저(通低)하는 의식의 발현이라고 해석"[47]하는 것에서 오카와 슈메이는 종파의 차이는 본질적인 의미를 갖지 않는다고 해석하게 된다. 통유적 분자를 찾아내는 논리와 인간에게 통저(通底)하는 의식의 발현이라는 것으로 해석하면서, 종파의 차이가 본질적인 의미를 갖지 않게 된다고 생각한 것이다.

이러한 인식은 당시 도쿄대 종교학과 은사인 아네자키의 종교 이해가 서양적인 이론을 '모방'하면서 '일본종교'를 해석해 내는 것과 동일선상에서 이루어지고 있었다.

기독교와의 만남을 통해 '종교'에 대한 새로운 해석이 전개되면서, 오카와 슈메이는 기존 종교들이 가진 '인간 내면의 순치'화를 비판했고, 역시 '도회'의 그러한 역할에 대해서도 다시 거리를 두어 갔던 것이다.

오카와는 종교학의 역사에서 보면, "형식주의와 압제주의에 반항하여 새로운 각성자가 나타나게 되었고, 그것은 인류의 종교적 생활에 있어 신흥 시대가 시작된다는 논리를 가져온다"[48]고 보았다. 각성이란 개

---

47 磯前順一, 『近代日本の宗教言説とその系譜』, 岩波書店, 2003, 147면.
48 大川周明, 『宗教原理講話』, 378~388면.

인 내부의 '잠재적 사상'이 '현재적 사상'으로 형성되는데, 여기에는 모순적인 두 사상의 대립이 이루어지고, 그 양자가 나아가 고차원적인 사상으로 통일되고, 이 제3의 사상도 또한 스스로 정반대의 사상을 낳아 더 나아가 새로운 통일을 촉진하여 이를 정립 = 반정립 = 종합으로 최고의 사상으로 나아간다고 보았다.

이 점에서 '도(道)의 구성적 원리'라는 것이 자각되고 도의 원리가 명백해졌다. 그 도는 세계의 구성적 원리이기도 하며, 동시에 세계 규정적 원리인 천지만물의 질서와 조화를 의미하는 것이라고 오카와는 해석했다.

종교에서 중요한 것은 그러한 "종교의 요소들 중에는 '불후의 것'과 '일시적인 것'을 준별하여 영원히 변하지 않는 것을 찾아내어 종교의 진면목을 밝혀내고, 이를 통해 인류의 정신적 생활의 바탕을 이루게 하는 것에 있다. 그리고 더욱 중요한 개념은 우리들의 종교는 보통 의미에 있어서 새로운 것은 아니다. 종교의 옛것처럼 옛것 그대로이다. 단 진정한 것만이 영원히 새로운 것이라는 의미에서 우리들의 종교는 가장 옛 것이 가장 새로운 것이라고 논하며, 종교와 종교적 세계관의 혼동이고, 이는 종교를 통해 세계 및 인생에 관한 지식의 하나의 체계로 하는 것으로 종교를 믿는 것은 즉 그 세계관을 믿는 것과 같은 의미"[49]라고 파악했다.

다시 말해서 오카와는 종교에서 의식이나 의례는 일시적인 것으로 종교의 영원한 것은 '신을 믿는 것'이라고 보았다. '신을 믿는 것' 그것은 영원한 것으로, 신과 인간의 끊임없는 호응으로 불변하는 것으로 보았다. 그리고 '새로운 종교'란 그 자체 속에 '진정한 것'이 이어지는 것 그

49　大川周明, 「日本敎會とは何ぞ」, 『大川周明關係文書』, 70면.

것은 영원히 새로운 것이라고 보았다. 바로 이 레토릭을 통해 신과 인간의 관계성을 가져오며 '세계를 인지'한다는 것을 알게 된 것이다. 오카와 슈메이는 '신'과 '인간'의 '관계'성 즉 그 '사이'가 영원하며 그 '사이'에서 '믿음'을 통해 세계적 보편을 볼 수 있다고 보았다. 동시에 종교는 가장 옛 것이 가장 새로운 것이라고 정리했다.

그것은 바로 마쓰무라 가이세키가 항상 주장하던 "종교의 신앙물(信仰物)은 변해왔지만 종교 그 자체의 요구는 점점 더 왕성해졌다. 종교의 신앙이 변하는 성질 그것은 변해왔지만, 종교의 골수(骨髓) 즉 귀착점은 고래로부터 지금까지 결코 변하지 않고 있다"[50]는 논리를 계승한 것이었다.

그러나 이 이후부터는 오카와 슈메이의 핵심논지가 드러나기 시작한다. 오카와 슈메이는 "우리들은 오늘날 우리들 동포에게 우선 순수(純一)한 힘 있는 신신(信神)의 종교를 고취하여, 영성(靈性)의 각성을 촉진하지 않으면 안 된다. 신신의 종교란 '다른 것이 없다는 마음으로' 신을 믿고 우리들의 마음과 신의 마음을 연결하는 것이다. 그리하여 우리들은 일본인이기 때문에 일본인의 종교란 다름 아닌 일본혼(야마토 다마시이, 大和魂)와 신을 연결하는 것이다. 일본혼에 의해 신의(神意)를 발현해 가는 것"[51]이 중요하다고 강조한다.

다시 말해서 일본국민으로서 제국의 세계에 대한 사명을 자각하는 길로 연계되고, 그러한 사명에 대한 자각을 얻었을 때 개인으로서 국가에 대해, 국민으로서 세계에 대한 책임이 자각된다고 본 것이다. 이를 '제국의 정신적 군비(軍備)'라고 표현하고, 이때 필요한 것이 '통일적인 힘

50　松村介石, 『新宗教』, 2면.
51　大川周明, 「阪谷男爵の平和繪御を評す」, 『大川周明關係文書』, 104면.

이 있는 종교적 신앙'이었다.

오카와 슈메이는 신심(信心)이라는 일본의 원시적 '불후의 것'으로 가장 옛 것이 가장 새로운 것이라는 논법 회로를 통해 국민 이데올로기 편성을 시도한 것이다. 즉, 신앙은 움직이기 어려운 진리(眞理)를 이야기해 주고 있는데 일본인의 과거 속에서 발생하고 연면해 왔던 '신앙'이라는 신앙심 내셔널리즘을 고취시키기 시작한 것이다. 그것은 국가와 개인의 내적 결합을 꾀하는 기획의 하나로서 일본적 종교의 관점에서 받아들이고, 국체 이데올로기 노선에 적극적으로 관여하게 된 것이다.

오카와 슈메이는 "원시일본을 우리들에게 이야기하는 것은 말할 것도 없이『고사기』이다. 기이한 한문으로 쓰인 이 옛 서책은, 지금은 공허한 높은 누각에 묶여 있다. 그렇지만 우리들의 조상들의 사상과 행적을 전하는 야마도민족의 성서이다. 일본의 역사는『고사기』에 나타나고 '간나가라노미치(惟神の道)'가 부단히 실현되어 온 길"[52]이라고 주장하고,『고사기』를 통해 일본인 조상의 사상 신앙을 철저하게 이해하지 않으면 안 된다고 기술한다.

그것은 서구 기독교와 차이를 가진 것으로, "구약 사상이 천지를 초월적 일신의 창조에 귀일하게 하는 것이었다.『고사기』는 결코 천지 창조를 설파하지 않는다. 그것은 단지 천지의 계발(啓發) 천지의 전개만을 설파한다. 혼동이 우주를 이루는 방식을 기술하고 있다. 아메노미나카누시오카미(天之御主神)는 우주의 중심생명, 다카미무스히노미코토(高皇産靈尊)의 두신은 우주의 생성력의 신격화이다. 그것은 결코 우주를 초재

---

52   大川周明,「日本文明の意義及び価値」,『大川周明關係文書』, 85면.

(超在)하는 것이 아니라, 내재(內在)하는 생명의 힘이 스스로의 의지에 의해 신이 된 것이다. 이 생명과 힘이 움직이기 시작하여 혼돈 속에서 점차로 질서가 전개된 것"[53]이라고 주장하며, 서구인들의 초월적인 사상의 바깥 논리를 통해 그 차이를 설명했다.

이것은 다시 충(忠)과 효(孝)를 연결하는 논리로 비약된다. 다시 말해서 "충은 나의 도(道)인 것을 안다. 효는 나의 도인 것을 의심하지 않는다. 인도(人道)의 진정한 천도(天道)는 기(機), 인(仁), 애(愛), 의(義), 용(勇), 곽(郭), 연(然) 무사(無私) 이것 모두 내가 도(道)로서 자득하는 것, 천인(天人) 모든 세계를 궁극적으로 보는 것",[54] 이것이 '종(宗)'이라고 여기며, 이것에 갈라지는 것이 종파(宗派)라고 해석했다. 오카와 슈메이는 종교 연구를 통해, 자신만의 새로운 이론을 찾아낸 것이다. 그것은 바로 원시종교와의 연결점이었다.

오카와 슈메이는 인간 세계의 가장 근본적이면서 동시에 원시적인 종교가 조상숭배인데, 가족이 결합하여 부족을 형성하게 되고, 모든 가족의 공동조상으로서 의식된 부족신이 각 가족의 조상보다 높은 지위의 신으로 숭배되며, 나아가 부족이 하나의 국가로 통일되고 부족 전체의 조상이 국조로 국민적 숭배의 대상이 된다고 보았다.

53　大川周明, 「日本文明の意義及び価値」, 『大川周明關係文書』, 86~87면. 『고사기』는 이자나기(イザナギ)와 이자나미(イザナミ) 두 신으로 자기를 현현하여, 이로서 국토산천초목지수화풍 모든 만물을 전개하고, 최후에 그 모든 것을 통일하는 궁극의 원리로서 활동하기 시작했다. 그것이 다름 아닌 우리들 조상의 세계관이었다. 적어도 그 세계관의 근저에 있는 사상이었다. 이리하여 우주에 내재하는 최후의 통일 원리는 아마테라스 오미카미라고 하는 신격(神格)으로서 우리들에게 나타나는 것이다.

54　松村介石, 『修養錄』, 19면.

대부분의 나라에서는 건국 당초의 정신이 단절되었기 때문에 국조와의 종
교적 연대가 소멸했다. 그렇지만 우리나라에서는 건국 이래 국가의 역사적
진화가 중절하지 않았을 뿐만 아니라 국조의 직계인 천황이 연면하게 국가
에 계속 군림해 왔다. 따라서 일본국민과 천황의 관계는 지금도 종교적이다.
그런데 종교의 본질은 '자기 생명의 본원'을 경(敬)하고, 그것에 따르는 것
에 있는데, 효는 일족일문(一族一門)의 생명의 본원에 충이라는 국가의 그것
에 귀일하는 것이라고 말한다. 다시 말해서 충은 국조(國祖)에 대한 효일뿐
만 아니라 그것이야말로 충효이다.[55]

---

[55] 大川周明, 『人格的生活の原理』, 宝文館, 1926(원래는 『동양(東洋)』 1925년 10월호에 게
재), 59~60면. 오카와 슈메이의 전집 제3권에 게재된 「인격적 생활의 원리(人格的 生
活の原理)」는 『종교론(宗教論)』의 제1장에 포함되어 있다. 주로 유고(遺稿)를 정리한
것으로 전체 제목을 『종교론(宗教論)』이라고 명명한 것은 오카와 슈메이 전집의 편집
위원이 붙인 것이다. 그 내용을 확인해 보면, 내용자체가 수정 보완되고 있음을 알 수
있다. 특히 새로운 내용이 추가되기도 하는데, 그 전체적인 흐름은 동일하다. 1926년
에 발표한 원고를 바탕으로 내용이 첨가된 것임을 알 수 있다. 그리고 '어휘'를 새로
수정한 것들이 눈에 뜨인다. 예를 들면 1926년의 원고에는 '조상의 영(靈)을 외경(畏
敬)'(58면)하고 인데, 전후에 간행된 전집에는 '부모의 영(靈)을 배(拜)하고'(213면)
로 수정하는 것이 보인다. 이것은 내용을 수정했다기보다는 '표현'을 수정하고 있음을
알 수 있다. 본 저서에서는 1926년에 발행한 논고를 기준으로 삼았다. 이 부분을 더
이해하기 위해 좀 더 인용해 보기로 한다. 오키와는, "도덕적 생활이란, 우리들을 둘러
싼 세계에 올바른 관계를 실현하는 것이다. 그 세계란 자기를 중심으로 하여 가치판단
을 내리면 자기보다 상위의 것을 천(天), 동위(同位)의 것을 인(人), 하위의 것을 지
(地)로 삼분할 수 있다. 인간은 본래 천에 대해서는 경외(敬畏)의 정(情)을, 인(人)에
대해서는 애린(愛隣)을, 지(地) 즉 '자연'에 지배되는 것에는 치심(恥心)의 감정을 갖
는다. 이 '인격적 생활의 자연적 기초' 위에 우리들은 확고한 도덕원칙을 수립하지 않
으면 안 된다. 성욕이나 탐욕이라는 내적 자연에도 황금이라는 외부의 그것에도 지배
되지 않고, 타자와 동등한 인격을 인정하고, 자녀로서는 부모에게 효(孝)를, 일국민(一
國民)으로서는 천황에 충(忠)을 다하고, 일개의 일간으로서는 천(天)을 경(敬)해야 한
다. 즉 지(地)에 대해서는 극기, 인(人)에는 애인(愛人), 천(天)에는 경천(敬天) 이것이
인격적 생활의 원리"라고 주장한다.

즉 천황 숭경은 도(道)의 획득이며, 국조의 직계인 천황이 연면하게 국가에 계속 군림해 온 '종(宗)'이기 때문에, 천황은 확실하게 국민의 종교적 숭배의 대상이 되었던 것이다. 그리하여 일본은 황실을 중심으로 견고한 공동생활을 영위해 왔는데, 그 옛것의 원시적인 공동생활은 바로 '신도'였다는 것이다. 그것은 인식적이나 외부에서 만들어진 것이 아니라 생활 그 자체라고 강조한다.

> 신도는 결코 종교는 아니고, 일본국의 구성원리이고 동시에 규정원리였다. 환언하자면, 신도는 국민적 생활의 근본주의였다. 국민으로서 모든 일본인은 신도에 의해 생존하고, 동시에 신도는 일본인의 국민적 생활상의 실현하지 않으면 안 되는 것이었다. 신도는 항상 우리들을 향해 선량한 정치, 엄숙한 도덕, 고상한 종교를 요구했다. 일본국민이 이 세 방면의 생활에서 향상해가는 것은 다름이 아니라 신도의 내용을 발휘해가기 때문이다.[56]

충의 대상으로서의 천황과 효의 대상으로서의 천황 영역이 중첩되어 간다. 그렇기 때문에 국체 이데올로기의 근간을 이루는 '도(道) = 종(宗) = 교(敎) = 천황'이 하나로 융합되어 일본의 일대종교(一大宗敎)인 도의(道義) 천황이 되는 것이었다. 결국 천황을 아마테라스 오미카미(天照大神)의 자손이라고 하고, 그들 자신은 이 나라를 경영하는 신들의 자손이라며 아마테라스 오미카미를 종교로 통일하고, 도(道)의 완성이고 그 자손이 계보라는 논리를 규정하기에 이른다.

---

56 大川周明, 「日本文明の意義及び価値」, 『大川周明關係文書』, 91면.

　　이처럼 종교 해석을 통해 도의 천황제 국가라는 독자적인 '천황관'을 구축한 오카와 슈메이는 서구의 기독교와의 만남을 통해 마쓰무라 가이세키의 '도의'를 재해석해 내면서, 종교의 동서 융합과 동서의 공통 요소를 도출해 내고 있었던 것이다, 그것은, 기독교중심주의에 환원되기보다는 오카와 슈메이의 인식 속에는 동서를 조화하는 논리로 여겨졌고, 동서 종교의 대립이 아니라 '일본이 도의 국가 = 천황국가'의 자각을 통해 세계적인 의미를 낳는 '미래의 세계'라고 주장해 간다.

　　그것은 오카와 슈메이가 마쓰무라 가이세키의 수양과 국가의 의미를 도(道)를 통해 재구성해 내고, "지금 전체 아세아를 표현하는 일본은 나아가 또 하나의 새로운 문명과 접촉하기 시작했다. 그 역사와 유전을 자랑하고 문명을 통해 자기만이 속할 수 있다고 자부하는 구라파인의 문명이다. 우리들은 이 새로운 문명 및 그 근저에 있는 기독교를 이미 우리들 조상이 중국과 인도의 문명을 섭취했던 것처럼, 유감없이 동화시켜 국민적 생명에 받아들이는 것이 가능할까. 그리고 아세아의 표현자인 일본이 마침내 세계적 표현자다운 날이 올 것일까. 그리고 여기에 간나가라노미치(惟神の道)의 최후의 실현을 성취시킬 수 있을까. (…중략…) 일본문명의 완성은 다름 아닌 세계문명의 완성을 의미하고, 그것은 물질계에서는 물론이고 정신계에서도 항상 용감하게 나아가고 선(善)한 전쟁을 하지 않으면 안 된다"[57]며, 유럽중심주의를 극복하는 세계문명의 완성을 위한 선(善)의 전쟁을 선포하게 되는 것이다.

　　그 선(善)은, 마쓰무라 가이세키가 주장한 신신, 애린, 수덕, 영생의 4

57　　大川周明,「日本文明の意義及び価値」,『大川周明關係文書』, 93~94면.

개조를 합체하고, 개인의 수양이 완성되어 도덕적 보편성을 지닌 천황이었던 것이다. 오카와 슈메이는 자신이 모방하고 이론적 근거로 삼은 마쓰무라 가이세키의 신앙발달의 경로를 모방하면서 득도했다고 보는 '종교적 해석 원리주의에 다다른 것'이다.

오카와 슈메이는 마쓰무라가 주장하는 기독교에 대한 사상, 도회가 가진 도의 사상, 개인 수양의 단계 등을 통해 서구의 릴리전을 일본의 신앙심으로 '무한 포용'하려 했으며, 이러한 정신적 경험을 바탕으로 '공존'을 지양하면서도 결국 동서양의 원리적 잡거성을 응용한 종교의 서열화[58]를 만들어 냈던 것이다.

동서양이나 일본내부의 타 종교의 잡거가 가능하다고 보는 잡거적 관용을 빌려왔지만, 기독교의 불관용을 체현하게 된 '종교 서열화' 작업으로 귀결되었던 것이다. 오카와 슈메이는 '딜레마'를 오히려 서구 = 우위, 일본 = 열등의 구도를 전복시켜 도의 천황 = 보편을 지배담론으로 재구성한 담론이었다.

마쓰무라 가이세키가 경고한 "자신의 경지가 신인가 인간인가 이를 판별하지 못하게 되고, 천지를 관통하는 만물에 통함을 알고 내가 즉 그 사물인 것을 자각하게 된다하더라도 이를 얻었다고 말하지 않아야 하며, 이를 얻지 않았다고도 말하지 않는다. 이를 말로해서도 안 된다"[59]는 담론을 회피한 '종교 = 신앙심 = 천황'의 광신주의적 '종교 사상학'의 근대적 산물이었던 것이다.

---

58   丸山眞男, 「日本の思想」, 『丸山眞男集』 第7卷, 岩波書店, 2003, 202~203면.
59   松村介石, 『修養錄』, 55면.

제2부

제국의 완성과 전쟁으로의 길

제4장
....

'국민국가론' 그 '반복'과 '탈'반복의 재심

1. 양가적 국가주의 이론과 그 합체 용액물

국가주의는 '내부 문화적 입장 = 과거로부터 이어진 국가'라고 주장하는 입장을 '비주체적'이라고 보는 견해와, 이와는 반대로 '국가주의 = 만들어진 이데올로기'로 간주하는 '주체적' 입장이라는 견해가 존재한다.[1] 이러한 양자적 입장 즉 '비주체적'인 것과 '주체적'이라는 논리를

---

[1] 岩崎允胤, 『日本マルクス主義哲學史序說』, 未來社, 1984, 436면. 일본이라는 문화적 공동체 내부에서 자신의 문화를 객관적, 상대적으로 들여다보았는가라는 '거리두기의 실패주의와 상대주의'의 문제를 통해 그 차이를 평가하기도 한다. 즉, 주관(주체, 인간)의 객관(객체, 자연)와의 합일(상호교환, 상호매개) 속에는 논리 변증법이라는 점이 존재하는데, 전자를 중심으로 하는 합일이나 상호교섭 혹은 상호매개에 의한 해석에서 후자를 보는 것을 '주관적론' 입장에서 본 객관적 논리인 '상징적인 관점'이라고 지적되듯이, 천황주의와 거리를 두지 못하는 입장을 주관적 객관성의 문제로서 치부해왔다.

일본의 초국가주의자로 지명되는 오카와 슈메이(大川周明)와 미노다 무네키(蓑田胸喜)의 국가와 개인의 문제와 연결하여 고찰해 보고자 한다.

오카와 슈메이와 미노다 무네키는 서구적인 것과 일본적인 것, 개인과 국가, 인격과 물질, 정신과 제도의 문제로 나누어 논쟁을 벌였다. 오카와 슈메이는 동양과 서구를 절충시키면서 새로운 원리로서 일본 국가주의를 구축하려고 했다. 개인과 국가, 인격과 물질, 정신과 제도라는 이분법을 절충적으로 통합하는 논리로 국가를 주장했다. 반대로 미노다 무네키는 동양과 서구, 개인과 국가, 인격과 물질, 정신과 제도를 '단일적'으로 보는 시각으로 '국가 = 일본적 체험'을 주장한다.

방법론적으로 절충주의와 단일주의의 충돌이었지만, 그 양쪽 가치가 상호 타협하면서 일본의 국가주의 내셔널리즘 '이론'을 체현해 냈다. 양자의 논쟁이 개방적인 것처럼 보이지만, 결국 폐쇄된 자국 중심주의를 구축하는 프로세스였음을 알 수 있는 것이다.

이를 드러내기 위해 구체적으로 본문에서는, 오카와 슈메이와 미노타 무네키가 자신들이 처한 다이쇼기(大正期)를 '위기적 상황'이라고 설정하는 '논리'부터 검토한다. 그것은 위기적 상황을 설정하면서, 서구적 세계에 흡수되지 않고, 일본의 주체성 확립을 내세워야 하는 시대배경을 가져왔다. 그를 통해 양자는 이를 공유하면서 다시 일본적 주체성과 세계성 문제에 대해서는 논쟁을 벌였다.

즉, 서구적인 근대를 '반격하고', 서구와의 거리두기 방법론으로서 '일본적 신국가주의'를 고안해 내지 않으면 안 된다는 공통된 위기의식을 제시했다. 그 결과 오카와 슈메이와 미노다 무네키는 서구적 사상의 '세계사적 전개'를 수용하면서 이를 반격하여 '일본 국가주의'를 구상해 간다. 문제는 일본의 신국가주의를 구상해 가는 오카와 슈메이와 미노다 무네키는 동일성과 차이성의 문제이다.

오카와 슈메이는 개인과 국가의 문제, 물질과 인격의 문제, 정신과 제도의 문제를 서구와 일본이라는 문제와 연결하여 어떻게 해결해야 할지를 고민했다. 오카와 슈메이는 이를 통합하기 위해 변증법적 논리를 활용하기도 하며 '절충'을 시도했다.

그러나 미노다 무네키는 그 이분법적 논리를 인정하면서, 한쪽을 소거시키는 방법이나 한쪽을 부정하는 방식으로 '전체'를 구축해 냈다. 다시 말해서 개인과 국가의 문제에서는 국가를 우선시하고 개인의 문제는 부정했다. 그리고 물질과 인격의 문제에 대해서는 철저하게 물질을 부정했다. 그리고 제도보다는 정신적인 측면에 중심을 두었다. 이러한 논리는 서구 철학을 수용하지만 서구 철학을 배제하는 입장에서 일본적인 것을 구축하는 '원리'를 근거에 둔 것이었다. 그렇지만 이러한 차이에도 불구하고, 상호간에 주장한 비판과 수용의 이중성은 자국중심주의를 재구성하게 했고, 일본 내부의 '상호 입장'을 '상대화'하는 실체적 '국가주의 사상론'이라는 전체주의 논리를 완성해 갔다. 이러한 보완적 상대주의 원리는 전체주의와 결합하기 쉬운 용액물과 같은 함정이 존재한다는 것을 자각하지 못했음을 증명해 주는 것이다.

2. '위기의식'과 신(新)유신론의 행방(行方)

오카와 슈메이는 서구와의 만남이라는 위기상황에 자극을 받아, 일본 내부에서 일어난 메이지유신은 황실을 국가의 중심에 두는 데 성공한 획기적인 혁신이라고 보았다.[2] 그것은 메이지유신이 황실주의를 성공적으로 성취했다는 점에 의의를 두었기 때문이었다. 이러한 성공적 혁신에 의해 청일전쟁과 러일전쟁을 거치면서 일본이 승리했지만 그 반대로 일본 내부에 균열이 생긴 것을 우려했다. 이를 오카와 슈메이는 메이지기 30대 청년과 다이쇼기(大正期) 20대 청년과의 세대적 차이에서 빚어진 사상적 틈이라고 파악했다.

이러한 사상적 차이와 변용은 자연주의, 향락주의, 공리주의로 나타났고, 서구 사조에 경도되는 학자들의 민주주의 사상을 주장하는 국가로 나타났다. 그러한 가운데 양이(攘夷)를 강조하는 보수주의가 이에 반발하면서, 국체(國體) 보호운동이 활성화되는 상황이 발생한 것이다.[3]

이러한 사상적 혼선으로 국체 자체가 흔들리고 있었고,[4] 특히 경제적

2　大川周明, 「維新日本の建設」, 『大川周明全集』第4卷, 岩崎書店, 1962, 468면.

3　大川周明, 「第二維新の発祥期」, 『大川周明全集』第4卷, 428~429면.

4　長谷川亮一, 『'皇國史観'という問題』, 白澤社, 2008, 67~70면. 일반적으로 이 시기는 러시아, 독일, 오스트리아, 헝거리, 오스만 등의 군주제 국가가 붕괴하고, 러시아 혁명의 영향으로 좌익운동이 대두한 것으로 일본정부 체제 측에서는 위기감을 품지 않을 수 없었다. 이러한 상황에서 국체의 문제가 발생하기도 한 것이다. 즉 국체론의 혼명화(混迷化)가 부상한다. 이에 대한 대응책으로 나온 것이 1925년의 치안유지법이고, 처음으로 국체라는 단어가 실정법에 삽입된다. 국체 개념이 애매하고 확대 해석이 진행된다. 시대적 배경을 구체적으로는, 1927년 3월에 시작되는 쇼와금융공황, 산동(山東) 출병(1927.5~9), 세계대공황(1929.10), 만주사변(1931.9), 5·15사건, 국제연맹 탈퇴(1933.3) 등등 대외, 대내적 위기의 진행과 함께 국체 규정이 속박으로 변모해

변동과 쌀 소동에 의해 사회적 불안이 커졌다.[5] 동시에 사회혁명을 주장하는 사회주의[6] 국가가 탄생하면서 백인에게 예속된 민족들이 자유의 길을 찾아야 한다고 주창되기 시작한 것이다.[7] 이러한 시대를 바라보면서 오카와 슈메이와 미노다 무네키는 제2의 유신(維新)이 필요하다고 주창하기 시작한 것이다.

오카와 슈메이는 1918년 미치카와 가메타로(満川亀太郎)가 주재하는 노장회(老壯會)를 시작으로 1919년에는 미치카와 가메타로, 기타 잇키(北一輝)와 함께 '혁명일본건설'을 내걸고 활동했다. 그 후 1925년에 행지사(行地社)로 재편하며 활동했는데, 오카와 슈메이는 이 행지사 활동에 함께 참가한 참모본부 관계자, 해군사관학교, 육군대학교 등의 군인들과의 교류에 의해서 1931년의 3월 사건과 10월 사건에 관여하게 된다.[8] 그 후 1932년에는 신무회(神武會)를 조직하며 지속적으로 일본의 개조를 주창해 갔다. 그 외중에 5·15사건으로 연루되고 결국, 조직이 해체되는 운명을 맞았다.[9]

간다고 기술한다.

5 中野目徹, 『明治青年とナショナリズム』, 吉川弘文館, 2014, 51~56면.

6 工藤真徹, 「思想形成期の大川周明―宗教と社會主義」, 『北大法學研究科ジュニア・サーチ・ジャーナル』 NO.15, 2008, 27~47면.

7 大川周明, 「第二維新の発祥期」, 『大川周明全集』 第4巻, 426~432면; 大川周明全集刊行會, 「解説」, 같은 책, 425면. 특히 제2의 유신을 각오한 것이 1919년 쌀 소동이 일어난 전후시기라고 회상했고, 현실 개조 운동을 실천해 갔다고 기술한다.

8 森正蔵, 『旋風二十年旋風二十年―解禁昭和裏面史』, 鱒書房, 1947, 36~45면.

9 大塚健洋, 『大川周明と近代日本』, 木鐸社, 1990, 125~221면. 즉, 1932년 2월 9일 이노우에 준노스케(井上準之助), 단 다쿠마(団琢磨) 등이 암살되는 혈맹단사건이었다. 연이어 5월 15일 고가 기요시(古賀清志)가 중심이 되어 당시 총리대신인 이누카이 쓰요시(犬養毅)를 사살하는 사건이 발생한다. 오카와 슈메이는 권총 5자루, 실탄125발, 현금 6천엔을 제공했다는 것에서 6월16일 체포되어 이치가야(市ヶ谷) 형무소에 수감된다. 신무회 해산을 조건으로 11월 12일 보석으로 석방된다.

물론 일련의 이러한 활동들은 내부적으로 갈등을 낳으면서 해체와 재 (再)조직화를 거치는 과정이었고, 이는 새로운 국면으로서 세계정세의 변화에 맞추어 일본의 개조가[10] 필요하다고 주장하는 제2의 유신 실천 이었다.[11]

미노다 무네키 또한 만주사변 이후 일본 내에 나타난 마르크스주의자의 전향, 혈맹단사건, 5·15사건과 그 사상, 그리고 데모크라시, 의회중심주의 등을 문제 삼으면서, '원리일본사'의 새로운 방향[12]을 지켜보라고 선언했다. 미노다 무네키 스스로가 내걸고 있는 『학술유신원리일본 (學術維新原理日本)』에는 메이지유신 즉 핵심에 존황(尊皇)주의를 두고 그

---

10 伊藤隆, 『大正期'革新'派の成立』, 塙書房, 1978, 298면. 단순하게 다이쇼 데모크라시라는 의미가 아니라, 새로운 사회개조를 주장하는 혁신적 논리들이 뒤섞이면서 현실 타파를 주장하는 논조이다.

11 大川周明, 「我等の進む可き路」, 『大川周明関係文書』, 154~159면; 大川周明, 「日本将来の経済政策」, 같은 책, 168~172면; 大川周明, 「新しき世界戰」, 같은 책, 173~179면. 그것은 결국 사회주의 사상 또한 세계적 흐름에서 국가 개조사상으로 활용하는 태도로서 중요하다 인지해 가는 프로세스를 보여주는 논고들이다.

12 蓑田胸喜, 『學術維新原理日本』 上卷, 原理日本社, 1933, 4면. 미노다의 『학술유신원리일본(學術維新原理日本)』은 1933년에 발간되었고, 이후 1941년에 『학술유신(學術維新)』으로 재발간된다. 이 과정에서는 『학술유신원리일본』에서 집필했던 논고를 빼거나 새로 집필한 논고들을 추가하는 형식으로 발간된다. 특히 이 『학술유신원리일본』 상권에는 서(序)라는 부분에 미쓰이 고시(三井甲之)의 글이 실려 있고, 자신의 머리말이 있는데, 이후 학술유신(學術維新)』에는 이 부분이 빠져있다. 『학술유신원리일본』 상권을 사용하는 이유가 여기에 있다. 그리고 또한 『학술유신』에 실린 글은 1931년에 집필된 원고도 있지만, 그중에서 제1장~제5장이 1926년의 『원리일본(原理日本)』(4·5·7월호)에 실린 원고라고 미노다 자신이 밝히고 있고, 『학술유신원리일본』에 오카와 슈메이에 대한 논고를 싣고 있어서, 1933년 발행인 『학술유신원리일본』를 검토한다. 물론 동시에 『학술유신』도 참조한다. 蓑田胸喜, 『學術維新』, 原理日本社, 1941, 16·828면. 『학술유신원리일본』에는 게재되었지만, 1941년에 발행되는 『학술유신』에는 주로 제3편의 미노베의 비판, 스에히로(末弘) 비판, 다키가와(瀧川) 비판, 다나카 고타로(田中耕太郎) 비판, 오카와 슈메이의 『일본 및 일본인의 길(日本及日本人の道)』 비판, 곤도 세이쿄(権藤成卿) 비판, 기타 잇키(北一輝)의 비판에 대한 부분이 빠졌다.

시대적 배경 '위기론'		인물	자연과 수양	제도와 정신	사회/국가	세계적 도의(道義)국가 일본
외부	내부					
제1차 세계대전	사회주의, 무정부주의	오카와 슈메이	서구 비서구 ➡	절충주의 (서구/일본, 사회주의 수용) ➡	국가통일	
쌀소동	일본개조론 (3월사건, 5월사건)		자아 자연 금수 ➡	정신주의 ➡		
신(新) 내셔널 아이덴티티의 재구성			원리의 발견 ➡	대립 ↕		
만주사변	혈맹단사건, 5·15사건	미노다 무네키	수양 계몽 ➡	정신 ➡	순수 국가주의	
마르크스주의	의회중심주의		서구 부정 ➡	단일주의 ➡		
자유주의	조국수호		일본적 자아 ➡	시키시마노 미치 ➡		

〈표 1〉 시대적 배경과 신(新) 내셔널 아이덴티티의 재구성론(필자 작성)

것을 제2의 유신으로 재-표백하려고 했다. 미노다 무네키는 이를 일본의 전국민에게 요구해야 하며, 이것이야말로 조국 수호의 근본 신념이라고 주장했다.[13]

특히 미노다 무네키는, 우에스기 신고(上杉愼吉)가 맡았던 흥국동지회(興國同志會)에 입회했고, 미쓰이 고시(三井甲之)를 따랐다. 그 후 1922년에 게이오기주쿠(慶應義塾) 대학의 교수가 되어 논리학과 심리학을 강의했다. 1925년에는 미쓰이(三井)와 함께 원리일본사를 창립하여, 잡지 『원리일본(原理日本)』을 간행했다. '정신과학연구회(精神科學研究會)'를 조

---

13 蓑田胸喜, 『學術維新原理日本』 上卷, 5면.

직해서 운영했는데, 원리일본은 주로 마르크스주의나 자유주의적 지식인을 비판[14]하는 활동 거점이었다.[15]

이러한 활동에 대해 사토 다쿠미(佐藤卓己)는, 미노다 무네키가 '사상의 세계화 즉 마르크스주의의 일본 침투 등을 의식하면서 기존의 전통주의나 일본주의와는 또 다른 새로운 내셔널리즘을 형성한 것'[16]이라고 평가했다.

이렇게 본다면, 오카와 슈메이와 미노다 무네키는 메이지기 서구와의 만남이라는 위기 상황에서 나타난 복고주의자라는 논리로 수렴된 것이 아니라, 다이쇼라는 자유적 분위기 속에서 나타난 자유주의 논리를 어떻게 받아들여야 하는가라는 문제에 부딪치면서, 다시 메이지기와 다이쇼기의 대외적 위기상황을 중첩시키면서 새로운 국가론을 제시하지 않으면 안 된다는 위기의식에서 나타난 내셔널 아이덴티티의 재구성을 시도했음을 알 수 있다. 이것이 바로 사토 다쿠미가 지적한 새로운 내셔널리즘의 길이었던 것이다.

그러한 신내셔널리즘의 형성이라는 흐름 속에서 미노다 무네키는 일본 내에서 발생하고 있는 '사상의 불온화(不穩化)'에 대한 비판을 전개한 것이다. 미노다 무네키는 오카와 슈메이가 전개하는 데모크라시를 비롯

14　植村和秀,「蓑田胸喜の西田幾多郎批判－論理的解析(1)」,『産大法學』39卷 3・4號, 2006, 33~48면.

15　蓑田胸喜,「學術維新原理日本」,『蓑田胸喜全集』第1卷, 柏書房, 2004, 27면; 塩出環,「蓑田胸喜と原理日本社」,『國際文化學』vol.9, 神戸大學大學院総合人間科學研究科, 2003, 178~194면; 植村和秀,『'日本'への問いをめぐる闘爭－京都學派と原理日本社』, 柏書房, 2007, 1~297면.

16　佐藤卓己,「歌學的ナショナリズムのメディア論－『原理日本』再考」,『表現における越境と混淆』(日文研叢書36), 國際日本文化研究センター, 2005, 185면; 成田龍一,「1920年代, 民衆文化とナショナリズム」,『近代都市空間の文化經驗』, 岩波書店, 2003.

한 사회주의 이론의 수용, 혈맹단사건, 5·15사건을 사상의 불온화라고 평가했다.

그러나 오카와 슈메이 입장에서는 미노다 무네키가 불온화라고 지칭하는 사상들을 통해 일본의 개조를 이루어내야 한다고 보았다. 이것만이 말 그대로 혁신이었는데, 미노다 무네키의 입장에서는 그러한 불온적 사상을 배제하고, 메이지유신의 내용을 보충, 보완하여 철저하게 완성해 가야 하는 것이 제2의 유신이라고 보았다. 미노다는 특히 제2의 유신을 소화유신이라 불렀고, 그 소화유신의 내용을 제시하는 봉화적 역할을 원리일본을 통해 수행 할 것이라고 선언했다.[17]

미노다 무네키는 세계적 불안이 계속되고 있고 그것이 세계평화를 위협하는데, 이러한 시기이기 때문에 더욱 민족국가적 입장에서 새로운 논리를 제시해야 한다고 본 것이다. 그것은 당시 오카와 슈메이가 "오늘날의 세계는 실로 급격한 과도의 시대이다. 인류의 사상은 급진적인 사상을 포함하여 생활의 변화를 대망(大望)하고 있다"[18]고 논하며, 현실 타개를 위한 자구책을 제시하는 부분과 일맥상통하는 논리였다. 오카와와 미노다는 일본의 현실이 위기상황임을 자각했고, 이에 대한 현실돌파를 고민했다. 세계적 정세에 대한 고민과 일본내부의 사상적 충돌을 극복하고 타개할 대안을 구축하지 않으면 안 되는 현실과의 대면이었던 것이다.

오카와 슈메이와 미노다 무네키는 외부적 변화와 내부적 위기 상황을 타개하지 않으면 안 된다는 의미에서 제2의 유신이라는 동일한 슬로건을 내걸었다.

---

17   蓑田胸喜, 『學術維新原理日本』上卷, 3면.
18   大川周明, 『日本及日本人の道』, 社會敎育硏究所, 1925, 89~90면.

제2의 유신은 제1차 세계대전에 의해 나타난 서구의 모순에 대해 이를 대신할 수 있는 국가로서의 일본이 일등국(一等國)으로 성장하여, 백인에게 예속된 민족들이 자유의 길을 개척하여, 서양과는 대등한 문명국이 될 수 있다고 스스로를 자인하면서 신(新)국가주의 내셔널리즘을 고안[19]이 절실해진 것이다.

3. '개인과 국가' 그리고 '주체성' 발견

위기 상황이라는 시대적 배경을 함께 공유하면서도, 오카와 슈메이와 미노다 무네키는 주체성에 대한 논쟁을 벌였다. 오카와 슈메이는 자신의 기존 원고와 강연을 모아 『일본 및 일본인의 길(日本及び日本人の道)』[20]을

19　柄谷行人, 『'戰前'の思考』, 講談社, 2002, 185~186면. 예를 들면 이 시기에 근대비판이 일어나는데, 복고주의나 배외주의와는 다른 것이다. 이 시기는 이미 '근대'를 전제로 하고 시작한다. 이것이 다이쇼기적(大正期的)인 것이다. 나쓰메 소세키(夏目漱石)나 모리오가이(森鷗外), 야나기타 구니오(柳田國男), 우치무라 간조(内村鑑三)와 같은 '주체성이 명료한' 메이지인(明治人)과는 다른 작가가 등장한다. 즉 그들은 '프랑스에 나의 로댕이 있다'라는 것처럼 코스모폴리탄이 나타나는데, 이는 골격이 없다고 볼 수 있거나, 대부분 연체적(軟体的)이라고 보았다.

20　오카와 슈메이의 사상은 『도의국가의 원리』(사회교육연구소, 1925.1.1)와 『도의국가의 원칙』(『전집 4』, 『월간일본』 창간호, 1925년 4월호) 그리고 『인격적 생활의 원칙』(1925년 하기(夏期) 강습, 1926.8 간행)이 근거가 되었다. 『인격적 생활의 원칙』이 처음으로 발표된 것은 1925년 남예문화협회(南豫文化協會) 하기(夏期) 강습회였고, 1926년 5월에 도쿄신문사(東京新聞社)에서 발간했다가, 1926년 2월 『일본 및 일본인의 길』로 발간한다. 『인격적 생활의 원칙』은 다시 전후 『종교론』으로 합쳐져서 발간된다. 편집자가 해설하듯이 『종교론』은 오카와 슈메이의 유고(遺稿)로서, 오카와 슈메이

발표했는데, 이에 대해 미노다 무네키가 『원리일본(原理日本)』[21]을 통해 비판을 전개한다. 미노다 무네키의 비판에 대해 다시 오카와 슈메이가 응수하면서, 논쟁은 확대되었고, 서로의 이론이 가진 한계점과 문제점을 폭로했다.[22] 이 논쟁은, 오카와 슈메이와 미노나 무네키 사이에 공통점이 존재했기 때문에 벌어진 일련의 사건이었다. 결국 그 공통점은 국가주의의 완성이었지만, 그 완성 방식에 있어서 대립한 것이었다. 그렇지만 그 상반된 견해 자체가 역설적으로는 국가논리의 전체성을 구축해 간 것이다. 그와 동시에 상호간에 가진 '국가' 논리의 문제점을 폭로시키는 작용을 했다.

먼저 미노다 무네키가 오카와 슈메이를 비판한 것을 오카와 슈메이가 "사물(物)보다 인격을, 제도보다 정신을 중시하면서 전혀 반대의 주장을 가진 자연주의나 유물론을 특별히 비난하거나 공격을 하지 않고 있다.

사후(死後)에 발견된 원고로, 미완성의 원고를 포함하고 있다. 『종교론』이라는 제목은 편집위원회에서 붙인 제목이다. 제1장 인격적 생활의 원칙에서 제10장까지는 미리 장(章)으로 집필하고 있는데, 제1장부터 제5장까지는 탈고 완성인데, 미완성은 3개의 장(章)이다. 제6장 회교에 있어서의 신비주의, 제10장 인생에 있어서의 종교의 의의는 제목만 붙여놓고 탈고하지 못했다. 제8장은 원고 집필 중간에 붓을 놓았다. 중요한 것은 제1장의 인격적 생활의 원칙이 기존 이전의 인격적 생활의 원칙과는 구성 방식이 달라졌다.

21 大塚健洋, 『大川周明―ある復興革新主義者の思想』, 講談社, 2009, 155~156면.

22 竹内洋 編, 『蓑田胸喜全集』 第3卷, 柏書房, 2004, 583~604면; 大川周明, 『大川周明全集』 第4卷, 581~589면. 미노다 무네키는 1926년 5월호 『원리일본(原理日本)』에 「오카와 슈메이의 『일본 및 일본인의 길』을 평한다(大川周明氏の『日本及日本人の道』を評す)」는 제목으로 발표했다. 이에 대해 오카와 슈메이는 1926년 6월호 『월간일본(月刊日本)』 제15호에 「미노다 씨의 비평을 읽는다(蓑田氏の批評を読む)」는 제목으로 응수했고, 미노다 무네키는 다시 7월호 『원리일본』에 「다시 오카와 씨의 사회주의 비국가사상에 대한 비판기준의 동요혼란에 대해서(再び大川氏の社會主義非國家思想に対する批判基準の動搖混乱に就いて)」를 발표했다.

또한 도덕적 주체로서의 국가를 역설하면서 현재 국가를 부정하는 사회
주의나 무정부주의 속에 오히려 약동적인 국가창조의 희망과 노력을 인
정하고 있다는 점"[23]이었다. 그런데 이 지적은 다시 두 가지로 세분화된
다. 즉, '사물(物)보다 인격을, 제도보다 정신을 중시하면서 전혀 반대의
주장을 가진 자연주의나 유물론을 특별히 비난하거나 공격을 하지 않고
있다'는 점과 '도덕적 주체로서의 국가를 역설하면서 현재 국가를 부정
하는 사회주의나 무정부주의 속에 오히려 약동적인 국가창조의 희망과
노력을 인정하는 것'에 대한 비판이었다. 사물과 인격, 제도와 정신이라
는 이항대립의 논리를 설정하고, 이에 대해 그 인격과 정신의 중요성을
주장하지만, 다시 그 반대편인 자연주의, 유물주의를 비판하지 않는다
는 논리가 가진 문제점 지적이었다. 미노다는 국가 자체를 부정하는 사
회주의나 무정부주의에 대해 비판성이 결여된 것이라고 오카와 슈메이
를 본 것이다. 논쟁의 구체적 차이성을 후술하겠지만, 이 출발점 자체
즉 문제설정 자체에서부터 차이성이 빚어지고 있었다.

미노다 무네키와 오카와 슈메이는 '일본적 주체'를 확립하기 위해 '서
구적 가치'를 일본내부에서 어떻게 받아들여야 하는가라는 문제를 고민
했다. 그 공통점이 기반에 있었지만 바로 그 일본적 '주체'를 재현하는
과정에서 '차이'점이 크게 부각되고, 논쟁을 벌이게 된 것이다.

오카와 슈메이는 사물보다 인격을 중시하고, 제도보다 정신을 중시하
는데 이를 위해 더 근본적인 문제로써 '도덕적 주체로서의 국가'를 어떻게
구축해야 하는가라는 문제를 역설하고 있었다. 오카와 슈메이가 '기독교

23　蓑田胸喜, 「大川周明氏の『日本及日本人の道』を評す」, 『蓑田胸喜全集』第3卷, 585～586면;
　　大川周明, 「蓑田氏の批評を讀む」, 『大川周明全集』第4卷, 582면.

와의 만남을 통해 '천'에 대한 개념을 다시 재고하게 되었고, 마르크스에 의해 제도의 문제를 각성'하게 되었으며, 그것은 '일본적인 것에 의해 확인 가능한 것'이라고 회고[24]했는데 이것은 오카와 슈메이 자신의 사상적 변용을 가장 간결하고 선명하게 보여주는 문장이다. 바로 여기서 제도와 정신 그리고 사물과 인격의 문제가 연결되는 회로를 찾을 수 있다.

즉, 오카와 슈메이는 서구의 기독교를 접하면서 동양의 유교가 가진 천(天)의 의미를 재인식하게 되었고, 마르크스에 의해 서구적 제도가 가진 문제점을 극복하는 '정신'의 중요성을 의식하게 된 것이다. 그것은 결국 동양적인 것이지만 동양의 정수를 가진 일본적이 것을 통해서만 확인 가능하다고 인지하게 된다. 오카와 슈메이는, 기독교라는 유일적 세계관이 가진 한계점을 아(我)와 비아(非我)의 관계, 즉 '타자(他者)의 아(我)'를 상대화하면서, 극복하려고 했다.

동시에 마르크스의 유물론은 동양의 정신론과 대비시켜, 정신의 중요성을 강조하면서 이 이분법적 사고를 극복하려 했다. 이는 천지인(天地人)과 상중하(上中下)라는 세 가지 세계를 별개로 제시하면서,[25] 그 세 가지 천지인과 상중하를 다시 '자연적인 것 = 아(我)' → '인위적인 것 = 인격' → '도의 = 국가' → '만인의 통일성 = 보편성 = 세계성'으로 나아가는 것이라고 설명하는 것에서 나타난다. 중요한 것은 '천지인'의 구분에 있었다. 그러나 미노다 무네키의 세계관은, 우주를 논할 때 그 우주가 천지인으로 구분되며 나누어지는 것이 아니라, 천(天)은 모든 것을 통합한 전체라고 보았다.

---

24 大川周明, 「日本精神研究」, 『大川周明全集』 第1卷, 岩崎書店, 1961, 109~110면.
25 大川周明, 大川周明, 「中庸新註」, 『大川周明全集』 第3卷, 岩崎書店, 1926, 15면.

천(天)은 전체이다. 지(地)는 구분이다. 천과 지가 존재하는 것이 아니라 천이 천지로 나누어진 것이다. 전체는 분석 요소의 총화가 아니다. 우주는 천지의 집적(集積)이 아니며, 지(地)는 천(天)의 부분이다. 전체와 그 구군 개별과 올바른 견해에 근거하여 법칙에 수순하는 것이 충효의 도덕 원리이고, 이것은 또한 인간생활의 경험법칙이다.[26]

미노다 무네키는 천(天)과 지(地)를 나눌 수 있거나 구분할 수 있는 것이 아니라, 천 속에 지가 존재하는 것으로, 천 그 자체는 전체라고 설명했다. 미노다 무네키의 입장에서는 전체로서 천이 존재하는 것이지 이를 구분할 수 있는 것이 아니라고 보았는데 이는 오카와 슈메이와 차이성을 가졌다.

미노다와 오카와 슈메이 사이에는 천지인의 해석에서 다른 견해를 보인 것이다. 특히 오카와 슈메이와 미노다 무네키 양자 사이의 더욱 두드러진 간극은, 오카와 슈메이가 초점을 개인에게 두고 있는 것이고, 미노다 무네키는 전체, 즉 국가에 초점을 맞추고 있었다는 점이다. 그렇지만 국가를 어떻게 하면 '이상적 국가'로 완성해 낼 수 있을까를 논하는 '원리'를 찾으려고 한 점은 동일했다.

다시 말해서 오카와 슈메이가 천지인을 구분하여 설명하는 이유는, 개인이 자아의 '틀'에 갇히지 않고, 이를 '훌륭하게' 넘어서서 개인을 초월한 천지인의 진의(眞義)인 덕을 잘 파악하고, 이를 잘 현실의 생활에 적응하여 실현하려 했다.[27] 특히 자연적인 것을 뛰어 넘도록 하는 것 그

---

26 蓑田胸喜, 『學術維新原理日本』 上卷, 2면.
27 大川周明, 『人格的生活の原理』, 宝文館, 1926, 43면.

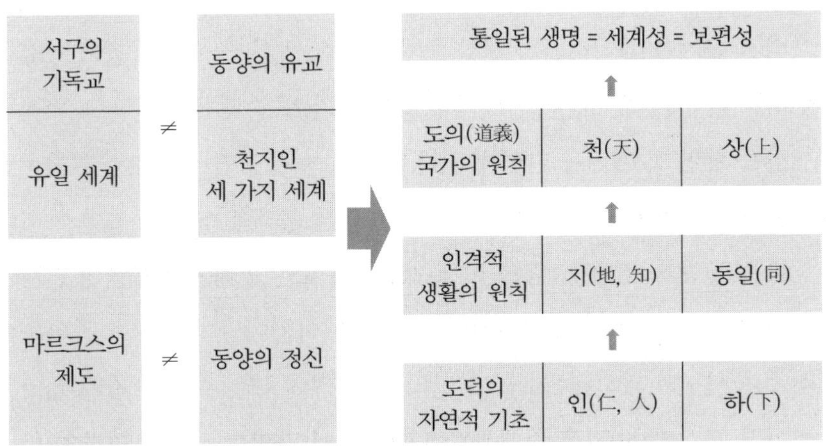

〈표 2〉 오쓰카 다케히로의 그림과 오카와 슈메이의 글을 근거로 필자 작성

자연적인 것에 갇히지 않게 하기 위함이었다. 이것이 무슨 의미인가 하면 국가를 완성하기 위해서는 개인들이 자연상태의 자아를 탈하며 덕을 사회에 실천해야 한다고 보았고, 이를 설명한 것이었다.

개인의 내부에 존재하는 자연적인 것 즉 자연성 자체를 뛰어 넘어야 하고, 그것을 뛰어 넘지 못하면, 그것은 물질이 새로운 자아를 갖지 못하는 것처럼 '물질적 존재' 상태로 머무는 것과 동일하기 때문이었다. 이러한 자연적인 개인은, 도덕을 통해 교육시켜야 인격이 완성될 수 있다고 설정하는데, 그것은 바로 양날의 칼[28]이었기 때문이다.

즉, 인간이 규범과 도덕을 갖추고 있지 않으면 현실에서 반란을 일으킬 수도 있기 때문에, 내면에 선행적으로 존재하는 자아라는 것에 그 도덕의 수양을 교육해야 한다고 보았다. 바로 여기서 오카와 슈메이가 강조하는 개인의 자연적 자아를 인정하고 기준을 개인의 자아에 두지만

28　大川周明, 『日本及日本人の道』, 3면.

도덕적 국가를 완성해가기 위한 수양의 필요성 강조 이유가 숨어 있었던 것이다. 개인을 자아의 세계 즉 '자연적 기초' 속에서 꺼내어 '도덕적 이상을 확립'한 개인을 완성해 내지 않으면, 이상적인 국가로 통일되지 않는다고 여겼기 때문이다.

이는 동양의 맹자가 논하는 측은지심(惻隱之心) 그 자체는 도덕의 단계가 아니고 인간이 이를 초월하여 밖으로 나아가야만이 도덕이 된다는 것[29]과 서구의 피히테(fichte)가 말하는 "자연에 대한 이성의 지배가 이루어질 때"[30]라는 말을 합체시키며 자연에서 탈피한 이성적 인간의 모습을 중시하는 논리였다. 오카와 슈메이의 입장에서는 "인간의 본질은 기계적(器械的) 자연적 철칙에 얽힌 자연적 생활을 초월하여 밖으로 나아가 정신적 생활, 가치적 생활을 영위할 때에 비로소 나타난다"[31]고 보는 입장이었다. 즉 자연적인 것은 기계적인 것으로 정신적이고 가치적인 것이 아니라고 규정한 것이다.

오카와는 인간이 자연적 생활을 '탈'하고 초월하여 도덕적 인간이 되어야 되는데, 이 단계로 나아가지 못하면 '영원히 자연적 생활을 영위'하는 데 그치고, 이는 동물과 마찬가지라고 보았다. 자연적 생활을 탈출하여 정신적 생활에 들어가는 것은 규범의 세계로 들어가는 것[32]이라고 보았다.

---

29 大川周明, 『人格的生活の原理』, 16~17·22면(원래는 『동양(東洋)』 1925년 10월호에 게재).
30 大川周明, 『人格的生活の原理』, 3~4면.
31 大川周明, 『日本及日本人の道』, 2면.
32 大川周明, 『日本及日本人の道』, 7면; 『人格的生活の原理』, 5면. 이처럼 오카와 슈메이는 인격을 완성하는 논리를 위해 물질적인 것과 자연적인 것에 대해서 금수와 비교하며 '비판'했다. 자연에서 탈출하지 못하면 금수와 같다고 보며, 오카와 슈메이는 "금수의 생활을 보아라. 특수한 생물로 나타나 특수한 생활에 고착하여 태어나서 죽을 때까지 단지 자연적 자기에 갇혀 조금도 이에 밖으로 나아갈 수 가 없다"고 했다.

미노다 무네키 역시 '동물과 구별되는 인류의 역사적 문화사회의 성립'[33]이 가능했다고 논했다. 그리고 이러한 자연적 상태 = 동물의 경지에서 벗어나는 정신적인 것에 '언어'가 존재한다고 보았다. 오카와 슈메이는 '합리적인 것, 도덕적 행동의 주체적 인격들을 공동생활체 속에서' 만들어 가기 위해서는 언어를 산출하고 그 언어를 통해 이루어진다고 보았다. 미노다 무네키 역시 언어 자체에 그 사회의 경험이 존재하는 것이라고 주장하면서, 공동체를 실현해가는 논리라고 피력했다.[34]

이처럼 미노다와 오카와는 '언어'가 개인과 국가의 관계에서 중요한 것이라는 시점을 중시했다. 그렇지만 오카와 슈메이는 언어를 통한 사회화를 강조하면서도 '개인'에 중점을 두면서 '사회나 국가로 확대되는 논리를 구축'하려 했다. 그렇지만 이것은 앞서 언급한 것처럼 개인의 자아를 자연적인 것에서 꺼내려는 의미에서 개인이었고 반드시 사회와 분리되거나 국가보다 개인을 중시해야 한다는 것은 아니었다. 이는 이미 서구 철학에서 논쟁을 거듭해 온 논리들로서, 오카와 슈메이는 개인과 국가의 거리에 대한 문제 설정을 서구 철학의 흐름 속에 나타난 헤겔과 훔볼트의 논쟁 그 '역사성'을 끌어들이면서 자신의 입장을 재구성해 낸다.

개인과 사회와의 관계를 매우 명료하게 설명한 한 구절이 있다. 인간이란 사회학에 있어서 대략 동일한 상태하에 따로 떨어져서 혹은 병행하여 성육(成育)되는 것이 아니다. 각각의 인간은 상호간에 무한의 관계에서 감화하면서 길러지는 것으로, 그렇기 때문에 먼저 단독적인 개인이라는 것이 있고

33　蓑田胸喜, 『學術維新原理日本』 上卷, 11면.
34　大川周明, 『日本及日本人の道』, 42면.

그 단독개인이 많이 모여서 사회를 형성하는 것이라고 생각하면 틀림이 없다. 사회와 개인은 결코 대립되는 것이 아니라 의존해야 하는 것이다. 개인과 사회를 이원적으로 파악하는 것이 아니라 하나의 실체의 두 개의 방면으로 하는 것이 사실에 있어서도 이론에 있어서도 또한 역사적으로 고찰해도 가장 바른 견해라고 생각한다.[35]

오카와 슈메이 개인과 사회를 구분하는 것, 주(主)와 종(從)의 관계를 논하는 것은, 그 논쟁의 역사성에 의해 잉태된 것으로,. 개인과 국가 즉 사회가 상호적인 것이라고 설명한다. 그렇지만, 이러한 서구 철학의 인용은, 미노다 무네키가 보기에 '서구의 역사적 설명'을 믿는 '미신'자이고 '서구에게 기준을 둔' 영혼없는 연구자로 보인 것이다.[36] 오카와 슈메이가 서구적 철학의 원용 즉 헤겔주의 등을 사용하는 것 자체가 앞서 오카와 슈메이가 제시한 '자연적 인간 = 기계적 인간'의 탈피가 이루어지지 못한 자기함정에 빠진 것이라고 미노다는 본 것이다. 미노다는 "인

---

35   大川周明, 『日本及日本人の道』, 43~44면. 오카와 슈메이는 "다른 한편을 생각하면, 개인 그 자체에는 아무런 가치가 없고, 단지 사회의 성원인 것에 있어서 가치를 가진다는 것이 된다. 이 개인은 사회의 한 분자로서만이 비로소 의의와 가치가 생기는 것이라고 생각하는 사상의 가장 철저한 것은 헤겔이다. 이것과 반대의 사상을 가장 유력하게 명료하게 기술한 것은 독일에서 훔볼트(Alexander von Humboldt)이다. 개인과 국가의 주종을 운운하는 것은 추상된 개념 토론에 지나지 않는다. 개인이 주(主)이고 사회가 종(從)이라는 사상은 실제 우리들 생활에서 여러 가지 곤란한 문제를 야기시킨다. 개인과 사회를 따로따로 나누면 이곳에는 여러 가지 풀기 어려운 문제가 생겨난다. 그 문제라고 하는 것은 개인과 사회의 가치 관계이다. 이에 대해서는 옛날부터 개인이 주(主)이고 사회가 종(從)이라고 생각하기도 하고, 사회가 주(主)이고 개인이 종(從)이라는 생각 두 개가 있었다. 한쪽을 따르면 진정한 가치를 가진 것은 개인이고, 사회와 국가가 기타 공동생활체는 개인의 인격을 장양(長養)하기 위해 혹은 개인의 생활에 도움을 주는 것에 있어서는 의의 있는 것이라고 생각했다"고 기술한다.

36   蓑田胸喜, 『學術維新原理日本』 上卷, 4면.

식의 객체 즉 자연계의 물질의 성질, 그것을 지배하는 법칙으로서의 기계적 인과율을 무반성으로 인식의 주체인 것으로, 망단(妄斷)하는 것 이것이 유물론이고 유물사관이다. 마르크스의 유물사관은 물질적 기계적 인과율(因果律)에 이지(理智)만능론자, 범이론주의자로서 비판 받고 있고, 헤겔의 개념도 자기운동형의 디알렉틱(dialektik, 변증법)을 결합하는 것에 지나지 않는데, 이를 '맹목적'으로 절대화하는 점에서 실로 무비(無比) 독특의 완강적인 사상법"[37]이라고 비판한 것이다.

마르크스주의나 헤겔주의 그것을 그대로 답습하면서 전개한 오카와 슈메이의 국가와 개인의 변주곡 이론은 미노다 무네키의 입장에서 보면, 서구 이론을 그대로 수용하는 자연단계에 머물고 있는 것에 불과했다. 이번에는 미노다 무네키 쪽이 '탈헤겔주의 = 탈서구주의'를 발견해 낸 것이다.

이러한 비판에도 불구하고, 오카와 슈메이는 서구 철학과의 절충을 통해, 개인과 국가의 관계를 설명해 낸다. 오카와 슈메이는 국가와 개인의 문제가 대립적이지 않다는 문제를 해결하려는 의도에서 세계를 서구건하고 있는 보편적 개념이라고 여겨지는 서구 철학 이론을 원용했던 것이다.

여기서 오카와 슈메이의 논리에 내포된 양가성을 볼 수 있다. 오카와

---

37 蓑田胸喜, 『學術維新原理日本』 上卷, 43~44 · 71면. 공상을 배제하고 무완성의 변증법적 전개를 설파하는 완성적 이상사회의 환영을 그려내고 객관적 실험의 중시할 만한 인류 5천년의 실험, 역사의 사실로부터 무엇을 배우지 못하는 절대주관주의자, 그것이 마르키스트의 본질이다. 스티븐(Fedor steven)이 니체(Nietzsche)의 '햄머를 가지고 철학을 한다'라는 말을 인용하여, 러시아혁명을 평가하기를, 추상적 계획에 의한 모험적 도박이라고 말하고, '진리의 옥졸(獄卒)'은 아니지만, 오류의 희생이라고 말한 것은 관대한 것이기까지 하다.

는 개인의 중대성을 이야기기하고 독립을 이야기했지만, 한편으로는 그
것이 사회나 국가로 나아가기 위해서는 사회 자체도 개인의 내면에 영
향을 주기 때문에 그것도 중시해야 한다는 상호적 관계를 양립시키려
했기 때문이다. 어느 한쪽을 일방적으로 규정하기보다는 상호적인 관계
로 설명해 내려 했던 것이다.[38]

그것은 바로 서구 철학에서 개인이 자연적 단계를 넘어 의지를 갖고
국가를 완성해 내는 것은 자연적 상태를 국가적 단계로 일체화시키는
단계로서 슐라이어마허(Friedrich Ernst Daniel Schleiermacher)가 말하는
'이성과 자연과의 귀일(歸一)'의 실현이었던 것이다. 이 슐라이어마허
이론은 세계적 면목이며 보편적인 것이라고 보았다.[39]

오카와 슈메이는 헤겔의 논리와 슐라이어마허를 섞으면서 국가와 개
인의 논리를 효과적으로 절충했지만 결국은 미노다 무네키가 제안한
'일본과 일본인'의 입장 문제에 부딪치게 된다.

오카와 슈메이가 "우리들은 틀림없는 일본인이며, 우리들 국가는 틀
림없는 일본이기 때문에 개인으로서 혹은 국가로서 가장 바른 길이란
구체적으로 말하면 일본 및 일본인의 길"[40]이다라고 주장하는데, 이는

---

38 大川周明, 『日本及日本人の道』, 11~12면. 오카와 슈메이는 "개인이라는 하는 것이 결코
절대적으로 독립되어 존재하는 것이 아니라는 것은 분명한 사실이다. 이처럼 우리들
의 생명 배후에 그 생명 근본이 되는 커다란 생명이 있다. 그렇기 때문에 여기에 인간
세계에 공동생활이 나타는 것이다. 아리스토텔레스(Aristoteles)는 '인간은 사회적
동물이다'라고 말했는데, 그 사회적 생물이라는 것은 공통된 생명을 갖고 있는 자가
객관적으로 하나의 사회로서 이곳에 조직체를 형성하고 있다는 의미"로서, 개인과 사
회 즉 개인과 국가는 양립적인 것이고 동시적인 것이며, 대립적 개념이 아님으로 결론
을 짓는다.
39 大川周明, 『人格的生活の原理』, 3~4면.
40 大川周明, 『日本及日本人の道』, 1면.

미노다 무네키가 '개인과 사회가 일치되듯이 일본인'으로 귀일하듯이 "학술의 대지는 일본인 우리들에 있어서는 일본인 우리들에 있어서 유일무이의 첫 번째 사실, 우리들이 이 야마토(大和) 시마네(島根)에 야마토고토바(大和言葉)를 이야기하는 일본인으로서 함께 현금에 살고 있다는 것을 말하는 것으로 그 직접 체험적 사실"[41]이라고 기술한 것과 상통적이었다.

물론, 오카와 슈메이는 서구 철학을 포기하지 않으면서 일본인의 위치에서 개인의 인격적 완성, 그리고 그러한 인격의 결합이 정치로 나타나고 국가 도덕이 완성된다고 보면서 동시에 그것은 개인과 국가가 동시에 구축되어야 한다고 주장한 것이었다. 그것을 위해 서구 철학에 나타난 국가와 개인의 논리를 가져오면서 그 대립 문제를 해결한 것이다. 그럼으로써 오카와 슈메이는 개인이 국가의 일원이고, 개인에게서 출발하는 자연극복 이론을 결합시켜, 국가주의의 정선(精選)을 주장할 수 있었다.

반대로 미노다 무네키는 서구 철학 특히 마르크스와 헤겔이 주장하는 논리 즉 국가와 개인을 구분하지 말아야 한다는 논리를 인지하면서도, "인류의 의식이 그들의 존재를 규정하는 것이 아니라, 오히려 그 반대로 인류의 사회적 존재가 그들의 의식을 규정한다"[42]라며, 사회가 존재를 만드는 것이라는 입장 쪽에서 사회와 개인의 인대(靭帶)가 개인이 이루어졌다고 보았다. 미노다는 오카와가 주장한 '개인에서 사회'의 논리를 '사회에서 개인'이라는 역방향으로 설명한 것이다. 사회와 개인이 연결되는 매개체인 언어의 역할이 존재하지만 그 언어도 사회의 산물이듯이

41　蓑田胸喜, 『學術維新原理日本』 上卷, 77면.
42　蓑田胸喜, 『學術維新原理日本』 上卷, 16면.

개인도 사회에 의해 만들어지는 것임을 주장했다. 결국 언어의 '의미'도 그러하듯이 '사회'가 우선한다는 입장을 통해 서구에서 논의되어 온 동어반복적 토톨로지(tautology)를 부정하고 국가나 사회에 의해 개인이 창출되어야 하는 입장을 주장한 것이다.

4. '제도와 정신'의 합일(合一)이라는 '원리'의 발견

오카와 슈메이는 '제도'와 '정신'을 구분하면서, 미노다 무네키가 지적하듯이, 정신이 중요하다고 주창했다. 그것은 결론적으로 '정신'이 제도를 만들기 때문이고, 제도라는 것은 인간이 만들어내는 창출물이라고 보았기 때문이다. 이는 제도와 정신의 이분법적 도식화를 무릅쓰면서, 정신적 측면을 강조했다.

그 정신적인 것은 국가의 정치를 만들어내는 주체이기 때문이었다. 오카와 슈메이는 "모든 제도는 의심할 것도 없이 인간정신의 소산이다. 그렇기 때문에 제도의 진정한 의의는 그 제도를 창설하는 인간의 정신에 철저하지 않으면 파악할 수 가 없다"[43]며, 정신적인 측면을 부각시키

43　大川周明, 「儒教の政治思想」, 『大川周明全集』 第3卷, 岩崎書店, 1962, 91면; 大川周明, 「中庸新註」, 『大川周明全集』 第3卷, 41～42면. 유가(儒家)와 법가(法家)가 서로 수용할 수 없는 것의 근본은 실로 이러한 점에 있다. 즉, 첫째는 올바른 국민, 환원하자면 정치적 인격의 연마도야(錬磨陶冶)에 주력하는 것에 비해 타(他)는 유효한 제도, 바꾸어 말하자면 조직적 국가 건설에 주력을 경주하려는 것이다. 더 말하자면 법가(法家)는 소송

고, 제도보다는 정신에 대한 관심도를 확연하게 드러냈다. 유교적 맥락을 동원하면서 정신을 중시하는 이유가 제도를 창설하는 것은 결국 인간의 정신이라는 점을 극대화시키기 위해서였다.

이것은 앞서 미노다 무네키가 언어에 대한 해석에서 오카와 슈메이와 대립된 견해, 즉 언어 자체가 이미 의식의 표현이라고 보고, 수단이나 방법이 아니라는 견해를 제시했던 미노다 무네키도, 여기서는 '인간의 주관적 경험'과 '의식'이 언어를 매개로, '객관적 지식'이 될 수 있다는 의미에서는 '의식'의 중요성에 공감했다.

그것은 앞서 오카와 슈메이가 헤겔과 슐라이어를 인용하며 언급한 개인과 사회, 즉 개인과 국가의 상호성에 대해서도 미노다 무네키 또한 이를 상호간 자타의 지식경험과 사상을 교환하는 것을 통해 소통이 이루지면서, 개인은 사회적 초개인적 생활에 들어가는 것을 어느 정도 인정했다.

미노다도 "'도구'나 '기계'의 발견 발명에 의해 경제적 물질 문명을 포함하여 습속, 법률, 정치, 도덕, 학술, 예술, 종교 등등 모든 인류문화의 발생 발달을 보게 된 것"[44]으로, 개인의 지력이나 사상 등에 의해 도구나 제도 등이 발생되고 발달한다고 보았다. 이처럼 오카와 슈메이와 미노다 무네키는 공통적으로 정신에 의한 제도 창출에 대해서는 서로 공감했고, 동조적이었다.

(訴訟)을 일으켜 나중에 이를 엄정공평하게(嚴正公平) 재판하는 법제를 역설하게 되고, 유가(儒家)는 소송의 근본을 단절시키는 것을 첫 번째 의의로 하는 것이다. 이처럼 유교의 정치주의는 법치주의에 대해 예치주의(礼治主義)라고 불린다. 그리고 법(法)과 예(礼)와의 정치적 의의에 관해서는 양계초(梁啓超)의 비유가 매우 적절하다. '법은 그것의 사후의 치료약이며, 예(礼)는 사전의 병 예방 위생이다'라고 했다.

44 蓑田胸喜, 『學術維新原理日本』上卷, 12면.

이는 앞서 언급한 것처럼 오카와 슈메이의 사상 체계 속에는 제도의 창출은 정신에 의해서이고, 그러한 제도는 국가의 완성을 이루어가는 것인데, 그것은 '국가사상'의 창출로도 이어져 갔다.

그런데 오카와 슈메이가 정신을 중시한 것에는 또 이유가 있었다. 오카와는 "새로운 국가사상은 먼저 개인의 혼(魂)에서 생겨난다. 인생 최고의 선을 실현하는 조건으로서 명덕(明德)과 신민(新民)을 함께 설명한 것은 만대불역(萬代不易)의 진리를 도파(道破)하는 것이라고 말하지 않을 수 없다. 명덕(明德)을 분명히 한다는 것은 우리들 개인에게 내재하는 도덕적 정신을 강하게 하고 깊게 하는 것으로, 민(民)을 새롭게 한다는 것은, 그 강해진 깊어진 도덕적 정신에 상응하여 사회 조직제도를 혁신해 간다는 것"[45]으로 개인의 혼과 신민 즉, 새로운 국민에 의해 새로운 국가의 혁신으로 연결된다는 의미에서 정신의 중요성을 설명한 것이다.

다시 말해서 '정신'이 새로운 사상을 수용하게 되면서, 인간의 사회생활에서 많은 풍습이나, 제도도 모두 '새롭게' 현현(顯現)하게 되고, 사회생활의 규범이 새롭게 발전한다고 본 것이다. 그렇기 때문에 오카와 슈메이의 입장에서는 '사상적 대립'이나 '혁신적 사상'에 대해서도 그것을 부정적이라기보다는 새로운 국가사상을 만들어내는 구성물이라고 여겼다.

미노다 무네키 역시 "자연과학은 전체로서의 인간정신의 소산"[46]이라고 주장했는데 오키와와 마찬가지로 정신 자각의 중요성과 모든 학술이나 제도가 인간정신의 소산이라는 관점을 중시했다. 그렇기 때문에

45　大川周明, 『大川周明全集』第4卷, 457면.
46　蓑田胸喜, 『學術維新原理日本』上卷, 35·40면.

미노다 무네키의 입장에서는 '국가를 부정하는 사회주의나 무정부주의 속에 약동적인 국가창조의 희망과 노력은 인정할 수 없는 것'으로 그것을 인정하는 오카와 슈메이와 대립하게 되는 것이었다.

오카와 슈메이는 국가라는 것은 창조되어가는 것이라고 보았는데, 그렇기 때문에 '새로운 국가사상'은 사상과 국가의 진보를 의미하는 것이었다. 오카와 슈메이는 "일본은 '이미 만들어진 국가'가 아니다. 국가는 모든 생명이 그러하듯이 일관불단(一貫不斷)의 창조적 과정이다. 그렇기 때문에 일본이 아니더라도 국가라는 이름을 가진 모든 국가는 모두 '항상 만들어지고 있는 국가'가 아니면 안 된다"[47]라며, 국가사상은 만들어지고 창출되고 변용되는 과정이며, 그것이 생명이라고 파악하고 있었다.

오카와 슈메이는 만들어지는 것이 국가이기 때문에 그것을 잘 창조해 가기 위해서는 인간 개인의 혼이 중요하다고 보고, 그를 위해서 그 혼을 어떻게든 설명해 내야 하고, 그것을 찾아야 하는 것에 중점을 두었다. 그렇기 때문에 정반합의 논리가 중요하다고 보고 비국가사상도 하나의 사상적 흐름 속에 존재하는 '반쪽'으로 보았다. 오히려 반국가사상이나 반항의 논리야말로 새로운 국가를 창조해 내는 원동력이라고 보고, 그것은 '살아있는 생명'의 원천이라고 여긴 것이다.

무정부주의, 사회주의, 개인주의, 향락주의와 타(他) 국가를 부정하는 모든 사상이 검은 구름처럼 우리들을 둘러싸고 있다. 지금의 세계에 신자(信

47　大川周明, 『大川周明全集』第4卷, 452면. 일본은 현재 만들어지고 있는 국가이다. 국가는 플라톤이 명료하게 설명하듯이 부동의 엄(嚴) 위에 설립된 집에 비유할 것이 아니다. 국민의 혼(魂)을 기초로 하여 동시에 국민의 혼을 가지고 조합된 집이다. 그렇기 때문에 일본을 창조하고 있는 것은 단적으로 우리들의 혼(魂)이고 너의 혼이다.

者)를 가진 톨스토이는 만인을 설득할 수 있는 준열(峻烈)한 필치로 '국가는 허위이다. 네가 정부라고 부르는 것은 환영이다. 국가란 우매한 관리가 상식 있는 인간을 학대하는 기관에 미명(美名)을 씌운 것에 지나지 않는다'라고 했다. 문학은 인심을 감화하기에는 과학보다도 강하고 철학보다도 강하다. 그리하여 현대 서구문학에 넘치는 주조(主潮)중 하나는 실로 비(非)국가 또는 반(反)국가적 경향이다. 국가를 부정하는 사상을 품는 자가 전세계에 그 숫자를 증가시켜오는데 일본도 그 예외가 아니라는 것은 탄식할 만한 일이기도 하지만, 막을 수 없는 것도 사실이다.[48]

무정부주의, 사회주의, 개인주의라는 새로운 '주의'의 등장이나 국가에 대해 허위론을 설파하는 논리들처럼 비국가 또는 반국가적 사상이 시대적 경향으로 등장하고 있는 것이 현실의 세계적 흐름이라고 보았고, 그렇기 때문에 일본도 예외일 수 없다고 보았다. 이러한 세계적 사상의 진보적 방향을 읽어내고 있었던 것이 오카와 슈메이였다.

그렇지만, 미노다 무네키는 무정부주의, 공산주의, 개인주의를 믿는 것은 '근대적 미신'을 믿는 것과 동일한 것이라고 치부하고 이를 제거해야 한다고 주장했다. '근대적 미신'이라는 의미는 그러한 것들 즉 무정부주의, 공산주의, 개인주의는 서구의 일방적인 역사적 발전 경위에 의해 생겨난 산물이기 때문에 그 내적 프로세스를 들여다보면, 그 '국가사상이 가진 문제점'을 분석해 낼 수 있다고 보았다.

미노다 무네키는 "기독교로 인해 문예 부흥시대의 인문주의가 일어

나고, 계몽적 자연주의와 합리주의의 자유·평등 관념에 근거한 개인주의가 되어 프랑스혁명을 일으키고, 영국을 중심으로 하는 산업혁명 자본주의적 대량생산에 촉진된 정치경제적 요구에서 자유주의가 나타났는데, 그것을 관통하는 동일의 심리적 동기의 사상사나 사회사적의 효과 반동적 산물로서 독일과 러시아의 특수한 문화적 정치적 전통에 영향을 받아 무정부, 공산주의의 형태로 표현되었던 것으로, 일련의 초민족, 반국가주의 사상은 '부정되어야 한다'"[49]고 단정했다.

오카와 슈메이는 이와는 달리 "국가를 부정하는 사상들의 속출은 옛 국가의 제도를 멸망시키고, 새로운 국가의 제도를 낳으려는 전조"[50]라고 해석하고, 국가 부정사상도 새로운 제도를 낳으려는 의미로서 전체적 국가 차원에서는 긍정적으로 받아들여 발전을 위한 논리로서 포괄적 의미로 해석해야 한다고 본 것이다.

오카와 슈메이가 오히려 무정부주의, 사회주의, 개인주의라는 새로운 '주의'라는 것을 절충하자는 의견이었지만 미노다 무네키는 오히려 그러한 논리들이 하나의 서구적 역사 흐름에서 나타난 서구적 흐름에 불과하다고 치부하고 있었다. 미노다 무네키는 국가를 부정하거나 새로운 국가사상이라고 여기는 것은, 그 언어에 도취된 것으로, 그것에서 벗

---

49 蓑田胸喜, 『學術維新原理日本』 上卷, 4·19면.

50 大川周明, 『大川周明全集』 第4卷, 455~456면. 현대에 있어서 국가부정의 사상이 대두하고, 신사회의 조직이 역설되는 것은 그 주장의 깊은 곳에 탐구해 들어가면 실은 국가 그것을 부정하는 것이 아니라 단지 현재의 조직과 제도를 부정하는 것을 알 수 있다. 그렇기 때문에 우리들은 그들의 모든 논의를 오히려 약동적인 국가창조의 희망과 노력을 인정하지 않으면 안 된다. 만약 지당하게 이를 선도한다면, 그 것은 국가로 하여금 더욱 장엄하게, 한층 더 위대하게 하는 힘이 되고, 따라서 국가의 본질을 한층 더 완전하게 실현시키는 계기가 될 것이다.

어나야 한다고 경고하기까지 했다.[51]

그럼에도 불구하고 오카와 슈메이는 미노다 무네키가 주장하듯이 '국가의 부정사상'을 단죄하는 것은 국가관념의 혼돈에서 초래된 것이라고 보고, 미노다 무네키가 보는 '국가 부정사상'이라는 그 '부정사상'은 국가 자체를 부정하고 저주하는 것이 아니라, '현재의 조직과 제도를 부정하는 것'[52]으로서, 국가 부정이 아니라 제도의 개혁사상임을 재차 강조했다. 오카와 슈메이는 위험사상은 오히려 일본의 발전과 향상을 위한 힘[53]으로 작용했다고 강변했다.

그리고 만약 역사성을 강조하여 그러한 논리들이 역사적 부산물로 치부할 수 없는 것을 러시아혁명을 통해 설명했다. 세계적 흐름 속에서 러시아가 혁명에 성공했음을 구체적 예로 들면서, "눈을 크게 뜨고 이웃나라 러시아를 보아라. 위대한 논리보다도 증거가 미노다 씨의 눈에는 보이지 않는 것인가. 미노다 씨가 방점을 찍은 듯이 증오하는 그 비국가사상을 지적하는 마르크시즘이 '실로 러시아사회주의 연방 소비에트공화국'이라는 신국가창조의 혁혁한 힘이 된 것은 아닌가. 그렇지 않으면 미노다 씨는 노농러시아는 국가가아니라고 말하는 것인가"[54]라며 오카와 슈메이는 자신의 논리가 가설이 아니라, 현실적이고 실체적임을 주장했다.

그렇지만 미노다 무네키는 가령 공산주의 이론의 '실험'으로서 러시아 혁명이 성공했다고 하더라도, 그것은 시대적 흐름 속에 나타난 하나의 현상일 뿐이고 우연한 것이며, 하나의 민족이 이루어 낸 하나의 실험

---

51 蓑田胸喜, 『學術維新原理日本』上卷, 20면.
52 大川周明, 『大川周明全集』第4卷, 465면.
53 大川周明, 『大川周明全集』第4卷, 457면.
54 大川周明, 『大川周明全集』第4卷, 584면.

에 불과하다고 주장했다. 그렇기 때문에 세상이 달라진 지금의 현실이나 혹은 타민족에게는 그것을 적용할 수 없는 것이라고 보았다. 이것을 강조하는 오카와 슈메이를 미노다는 '마르키스트 공상가'라고 연이어 비판했다. 미노다 무네키는 "무완성의 변증법적 전개를 설파하여 완성된 이상 사회를 환영적으로 그려내는 것은 역사의 사실로부터 아무것도 배우지 못한 절대적 주관주의자"[55]라며 위험사상을 도입하려 하는 것은, '추상적 계획에 의한 모험적 도박'일 뿐이라고 오카와 슈메이를 비판했다.

물론 오카와 슈메이와 미노다 무네키가 주장하는 '비국가, 반국가' 사상이 세계적 사상의 흐름으로서 러시아혁명이나 마르크스주의가 제시하는 실례들이 존재하지만, 오카와 슈메이 입장에서는 '보편적 흐름으로서 제도 개혁의 힘'이라는 측면을 독자화했고, 미노다 무네키는 러시아혁명 그것도 마르크스주의 그것도 하나의 시대적 흐름에 불과하고, 그것이 타 국가에게도 적용된다고 볼 수는 없는 것이라는 '특수성'의 문제로 해석했다. 그러한 의미에서 오카와 슈메이와 미노다 무네키는 양자가 비판적이면서 긴장관계로 보이지만, 그러한 현실에서 국가사상을 극복하자는 의도로 벌인 논쟁으로 결국 전체주의적 국가를 창출하는 데 있어서 제도의[56] 철저함을 구축해가는 상호보완적 역할을 한 것이다.

55　蓑田胸喜, 『學術維新原理日本』 上卷, 71면.

56　藤田省三, 『全体主義の時代経験』, みすず書房, 1997, 60면. 예를 들면 '사회제도' 혹은 '사회화된 제도'로서 모든 '제도'를 가리킨다. 후지타 쇼조는 바로 그것에 존재하는 규범(掟)는 문서화할 수 없고 그것이 '생활' 제도였음을 제시했다.

제5장

두 개의 '제국의식'과
'그로테스크(Grotesque)'로서의 천황

1. 오카와 슈메이와 미노다 무네키의 논쟁

오카와 슈메이(大川周明)와 미노다 무네키(蓑田胸喜)는 그 사상적 차이
에도 불구하고 동일 범주의 우익으로 간주되는 경향이 있다.[1] 물론 오카

---

[1]　クリストファーW. A. スピルマン, 『近代日本の革新論とアジア主義』, 芦書房, 2015, 139・
235면. 예를 들면 1919년 8월 1일 결성한 유존사(猶存社)에서 미쓰카와 가메타로(満
川亀太郎)를 중심으로, 기타 잇키(北一輝), 오카와 슈메이(大川周明)가 함께 활동한 것
과 연관시켜, 이후 1921년에 발족한 국본사(國本社)에서 미쓰카와 가메타로가 관여하
고 있었던 점을 통해 해석하고 있다. 즉, 국본사에서 간행한 『국본(國本)』에 보수적이
든 복고우익이든, 혁신사상가라고 불리는 인물들의 논고를 함께 게재하고 있다는 점
에서 오는 판단이기도 하다. 물론 구체적으로는 관념우익이라던가 혁신우익을 구분하
고, 미노타 무네키(蓑田胸喜), 미쓰이 고시(三井甲之) 등 원리일본사(原理日本社) 멤버
나 오카와 슈메이가 관여한 유존사, 행지사(行地社) 멤버의 논고 사이에 커다란 차이가
보이지 않는다고 보았다. 그렇지만, 히라누마 기이치로(平沼騏一郎)의 황실관념이 '황

와가 '종교적 천황주의'를 주창했고, 미노타가 천황주의 즉 간나가라노미치(惟神の道)의 국체를 내세운다는 점에서는 우익이다. 그렇지만, 후자가 관념우익이고, 전자는 혁신우익으로 구분[2]되기도 하는데, 그뿐만 아니라 내용적으로도 양자는 대조적이고 대립적이었다.

더 구체적으로 보자면, 전자 즉 동일한 우익으로 본 것은 국가론적 입장에서 국가주의자나 종교 천황주의자로 파악하는 논리였고, 후자 즉 오쓰카 다케히로는 우익 내부 차이성을 변별해 내는 개인의 사사성 그 자체에 초점을 맞추어 분석하는 방식이었기 때문이다. 이는 국가론적 시각인가 당사자성에 초점을 두는 시각이냐라는 입각점의 차이일 수도 있지만 본 장에서는 개인의 사상이라는 측면을 중시하면서, 양자의 논쟁 즉 도덕과 종교론, 충효론이 국가론으로 수렴되어 가는 과정을 살펴본다.

오카와 슈메이와 미노다 무네키의 도덕과 종교, 그리고 충효의 논리는 서구의 사상 내용을 의식하면서 성립했다는 점에서 공통적이었다. 그러나 오카와 슈메이는 서구 사상에 대비된 동양 사상이라는 것을 설정하면서, 서구 사상과 동양 사상의 혼효주의적 시각으로 활용하는 방식, 즉 절충주의를 내세웠다. 한편 미노다 무네키는 서구 사상 그 자체를 서구 사상으로 비판하면서 일본 사상의 보편성을 만들어내는 방법을 활용했다.

실이 종교적 숭배에 속하는 것'이라고 본 시점이다. 그런데 이러한 히라누마 기이치로의 황실 사상에 가까운 것이 미쓰이 고시와 미노타 무네키였다고 설명하면서도 그 차이점에 대해서는 언급하지 않는다.

2 松本健一, 『大川周明―百年の日本とアジア』, 作品社, 1986, 10면; 大塚健洋, 『大川周明―ある復興革新主義者の思想』, 講談社, 2009, 155~162면; 植村和秀, 『昭和の思想』, 講談社, 2010, 118~119면.

전자의 절충주의나 혼효주의적 시점은 '중첩되거나 절충된다'는 의미가 아니라, 섞어진 상태를 상정하면서 오히려 그 대비 속에서 자신의 순수함이 발견되고, 그것을 다시 독자적으로 꺼내어 주체화시킨다는 방법론이다. 후자는 보편이라고 상정된 서구 사상의 흐름을, 그 흐름의 연장선상에서 앞 세대에 대해 '비판적으로 나타난 사상' 그 자체를 동원해 서구 사상 그 자체를 부정하고, 일본 사상의 보편성을 주장하는 이론이었다.

이러한 상반된 입장에서 수용된 서구 사상의 전유는 다른 입장에서 서로 대립하고 비평하는 구도로 나타났지만, 결과적으로는 더 견고하고 완성미를 갖춘 통합 구조로서 모순되지 않는 '일본적 아이덴티티 = 천황주의'를 만들어내는 결과를 가져왔다. 즉 전통을 반추해 냈고, 완벽한 실체로서의 천황주의를 확보해 낸 것이다.

구체적으로 보면, 오카와 슈메이와 미노다 무네키에게는 보편적 '인식'으로서 '언어와 생명'을 공통분모로 여기고 이를 중시했다. 이를 바탕에 두고 서양과 동양 철학 수용방식, 본조(本朝)주의와 이조(異朝)주의, 일본이 가진 '효(孝)와 충(忠)'을 세분화하면서 대립했다. 그럼에도 불구하고 오카와 슈메이는 서구의 '철학 사상'이 갖는 도덕과 윤리를 동양에 존재하는 '동일 개념의 요소'와 절충하는 방식으로 '중(中)'의 영역에서 새롭게 '일본의 천황'을 구축해 냈다.

미노다 무네키는 서구의 철학 사상의 흐름을 서구적 철학 사상을 통해 비판하면서, 당대의 가장 최신적 서구 철학 사상을 활용했다. 다시 말해서 마르크스, 칸트, 헤겔이 가진 철학 사상의 흐름과 그 한계를 분트(Wilhelm Wundt)의 논리를 통해 비판해 냈고, 서구 철학이 가진 철학 사상적 '특수성'을 비판했다. 그럼에도 불구하고 분트의 이론을 활용하

여 '그 서구 철학을 비판하는 보편적 논리'를 일본의 '천황 = 시키시마 노미치(しきしまのみち)'로 등치시키면서 일본적인 것을 구축해 냈다.

결론적으로 양자는 '천황의 보편성'을 주장하는 논리로 유착(流着)된 것이다. 오카와 슈메이의 '천황 제국의식'이었던 '내재주의'와 '충효의 분리 개념'이 미노타 무네키의 제국의식이었던 '외부주의'와 '충효 일원론'의 상대적(hóstǐlis) 경계를 넘어 전체를 아우르는 천황론으로 승급된 것이다. 그것은, 반대로 오카와 슈메이가 주장하는 내부 이론과 충효 분리 시각에 의해 창출된 제국의식과 미노타 무네키가 주장하는 외부주의와 충효일체 논리를 잠재적으로 남겨둔 채 '천황 페티시즘'으로 재현한 것이다.

그러한 오카와 슈메이와 미노다 무네키가 그려내는 대립적 '천황주의 국가론'은 그대로 국체의 성립 프로세스를 반영하는 것이라고 할 수 있을 것이다. 아니 그 모순성을 여실히 드러내주고 있는 것이다.

2. 오카와 슈메이의 '혼효 변증주의' 원리

이러한 논리는 '세계성 = 서구성 문제'를 인지하게 된 '지역 = 비서양 국가'였던 일본으로서는 그 세계적 상동성(相同性)을 확보하기 위해서 피할 수 없는 문제이기도 했다. 이를 해결하는 방식에는, 첫째 서구 = 세계성 논리를 그대로 자국에 대입시켜, 그것을 완벽하게 재편하는 방법이 있을 수 있다. 둘째는 세계적 보편국가를 지향하면서도 일본 내에 존재하는 '자국의 전통을' 재현하는 방식 즉 역으로 자민족의 특성을 국제적 표준으로 끌어올려 시민권을 획득하려는 시도가 있을 수 있다. 물론 후자적 측면은 국가공동체 이데올로기 창출 논리로서 전통의 재(再)표상의 문제와 연결되어 추동되고 구축된다.

그런데 문제는 전자와 후자를 융합시켜 세계성의 문제를 세계적 시각을 '서양적 시간의 인식' 원리로 보는 세계성을 극복하고 동시에 '자국적 시간'의 원리 또한 상대화하면서 새로운 역사를 구축하는 논리가 존재했다는 점이다.

단순하게 과거의 '전통'을 부활시킨다는 것에 대한 비판도 아니라, 동시에 옛날 그대로의 '재현'이라는 전통의 재발견에 대한 논리도 아니다. 오히려 개방주의적이고 자유주의적인 시점, 즉 서구 마르크스주의나 헤겔주의의 수용과 그 한계성을 수용하면서 새로운 공동체 구축 논리로서 서구 순응주의의 극복을 시도하는 도전이었다. 이를 시도한 것이 바로 오카와 슈메이와 미노다 무네키였다. 물론 오카와 슈메이와 미노다 무네키는 서로 대립되는 논리였음에도 불구하고, 이러한 대립 논리가 액체에 열을 가하듯 증발과 응결을 거치면서 하나의 새로운 '이론'으로 나타난 것이다.

오카와 슈메이와 미노타 무네키의 만남은 '도쿄제국대학' 시절이었다. 미노다 무네키는 1894년 1월 26일 구마모토현(熊本縣) 야시로군(矢代郡)에서 태어났다. 야시로 중학교, 제5고등학교를 거쳐 도쿄제국대학에 입학한다. 미노타 무네키는 "1917년 향리 제5고등학교를 거쳐 도쿄제국대학 법학부에 진학했는데, 그 삭막한 이론과 퇴폐학풍에 견디지 못하고, 문학부 종교학과로 바꾸었다. 도쿄대학 법문학부의 학풍에서 원리적으로 거의 얻은 것이 없고, 그것은 재학 중에 저자에게 있어서는 이미 비판의 대상이었다는 것"[3]이라고 고백했다. 미노타 무네키는 법학부를 비판적으로 기술하고, 종교학에서 받은 영향을 술회한 것처럼 자신의 인생관에서 종교학과의 영향이 컸음을 알 수 있다. 그 후 미노다 무네키는 게이오(慶応)대학에 교수를 거쳐[4] 1925년 11월 원리일본사를 결성하고 그 취지로서 '전국민과 조국의 영구생명을 위해', '지식은 세계에 정의(情意)는 조국에' '일본에서의 정치혁명'이 필요하다며 '학술혁명'을 표어로 내걸었다.

그리고 『원리일본』을 발행하고, 1927년 동료 교수들과 함께 게이오 (慶応)대학의 정신과학연구회를 만들고, 1928년 11월 따로 『메이지천황어집(明治天皇御集)』[5]에 국민예술창작과 국민종교 예배의 원리를 따르자는 취지의 시키시마노미치회(しきしまのみち會)를[6] 이어갔다. 특히 미

---

3   蓑田胸喜, 『學術維新原理日本』上卷, 原理日本社, 1933, 3면.

4   植村和秀, 『昭和の思想』, 講談社, 2010, 117면.

5   三井甲之, 『しきしまのみち言論』, 原理日本社, 1940, 2면. 『메이지천황어집(明治天皇御集)』은 어제집(御製集)으로서 30음의 와카(和歌)의 어집(御集)이다. 이 와카를 시키시마노미치라고 한다. 시키시마노미치는 가장 올바르게 와카에 의해 표현되는 것으로 시키시마노미치와 와카는 동일한 의미로 사용된다. 시키시마노미치는 일본정신이고, 일본인으로서 행동해야 할 길(미치, 도, 道)이고, 일본 국민종교이며, 모든 국민생활의 지도 원리인데, 그러한 추상적 개념으로 이해됨과 동시에 그 개념내용으로서 그리고 그 표상의 대상으로서 와카를 지시(指示)하는 것이다. 와카라는 것은 한 수 한 수의 와카로서, 구체적개별적 와카로서 일본어의 노래이고 일본인의 사상 감정을 노래하는 것으로 그것을 공동생활자에게 전달하려고하는 것이기 때문에 시키시마노미치는 국어에 의해 개인 생활을 공공(公共)생활에 연결하는 것이라고 주장하고 있었다.

6   蓑田胸喜, 『學術維新原理日本』上卷, 4면. 동지 기무라 시게유키(木村卯之)의 문장에 대해 연구자 이시이 고세이(石井公成)는, 기무라가 당시 주장한 논리를 "신란(親鸞)을 모방하여 범부의 정의(情意)를 존중하는 자로서 동신(同信)의 벗의 저작이나 편지에 대

노다 무네키가 도쿄대학에서 법학부가 아니라 종교학과를 다닌 것에 대해 커다란 영향을 받은 것으로 언급했는데, 이 도쿄대학 종교학과에서는 아네자키 마사하루(姉崎正治)에게 수학했다. 미노다가 도쿄대학 종교학과의 아네자키 마사하루에게 수학한 점에서는 오카와 슈메이와 동일한 경험이었다.[7]

오카와 슈메이는 1886년 야마가타현(山形県) 출신인데, 1891년 니시아라세(西荒瀬) 소학교를 거쳐 소나이(荘内) 중학교를 졸업한다. 소나이 중학교에서는 한학을 배웠고, 중학교 시절에 천주교 교회를 다녔지만, 당시 쓰루오카(鶴岡)의 학풍은 크리스트교를 받아들이지 않는 분위기였다. 1904년 구마모토의 제5고등학교에 입학했을 때는 크리스트교 친목단체에서 활동했고, 또한 오카와 슈메이 자신이 사회주의 사상에도 관심을 가졌다. 중학교 시절에 가졌던 송대(宋代), 명대(明代)의 유학의 교양을 근거로 서양철학이나 사회주의 사상을 섭취하는 등 혼돈적인 사상을 형성하고 있었다. 그 후 1907년 도쿄대학 철학과에 입학하여 종교학을 전공하고, 아네자키 마사하루(姉崎正治)에게 수학했다.[8]

이러한 경력을 갖고 있던 오카와 슈메이와 미노타 무네키는, 오카와 슈메이가 1926년에 저술한 『일본 및 일본인의 길(日本及日本人の道)』에 대해 미노다 무네키가 비판하면서부터 본격적으로 접촉했다.[9]

해서는 감격하고 칭양하고, 스스로의 모습에 대해서는 참회고백을 노력하여 언론에 대해서는 감정을 넣어 전신전령으로 공격하는 것이 바람직하다"고 인용하며 설명했다. 植村和秀, 『昭和の思想』, 講談社, 2010, 127면.

7   竹内洋, 「帝大肅正運動の誕生・猛攻・蹉跌」, 『日本主義的教養の時代』, 柏書房, 2006, 23면. 그렇지만 미노다의 지도교수 아네자키는 미노다의 '광적인' 성격이 마음에 들지 않아 지도하지 않았다고 한다. 그렇지만 미노다도 종교학적 흐름사를 수학한 것은 분명하다.

8   鈴木正節, 「アジア主義の源流―青年大川周明論」, 『流動』 9月號, 流動出版, 1979, 199~207면.

그리고 오카와 슈메이와 미노다 무네키는 동시에 종교와 도덕 논쟁에 깊은 관심을 보였다. 미노다 무네키는 결국 서구에서 벌어지고 진행되어 온 종교와 도덕의 우위성 논쟁은, 도덕과 종교 그 둘 중 어느 쪽이 영향력이 강하고, 어느 것이 기초적인 것으로 중요한가를 따지는 논쟁에 불과한데, 서구에서 종교가 도덕의 기초라고 보거나 종교가 없으면 도덕이 존재할 수 없다고 하는 논리가 전형적으로 서구인들의 인식 속에서 나타난 도덕 대(對) 종교 관념이라며 그 사상 그 자체를 부정했다.[10]

이러한 이분법적 사고 방식에 대해 오카와 슈메이도 일본인뿐만 아니라 중국인도 종교와 도덕의 관계가 문제가 된 것은 서양의 학문이 들어온 이후의 일로, 메이지유신 이전에는 종교와 도덕의 관계를 문제가 된 적이 없었음을 시사했다. 그러니까 서구에서 들어온 새로운 사상, 즉 도덕과 종교를 구분하는 논리와 만나면서, 오카와 슈메이는 일본에서 그것이 '도(道)'로 통합되어 나타났다는 것을 인지하게 된다. 오카와 슈메이는 토마스 아 켐피스(Thomas à Kempis)의 『그리스도를 본받아(De imitatione Christi)』라는 저서를 소개하면서, 이 저서에는 예수를 지고(至高)의 선(善) 체현자로 제시하면서 신자(信者)들로 하여금 이를 본받게 하려는 것인데, 이 책을 유교의 언어로 번역한다면 다름 아닌 '성인의 도(道)'[11]라고 표현할 정도였다.

즉 기독교에서 말하는 지고의 선(善)인 예수를 본받게 하는 것은, 유교의 성인이 말하는 도(道)의 '유교 논리'라고 주장한 것이다. 기독교나

---

9   미노다 무네키의 논고는 竹内洋 編, 『蓑田胸喜全集』 第3卷, 柏書房, 2004, 583~604면. 오카와 슈메이의 논고는 大川周明, 『大川周明全集』 第4卷, 岩崎書店, 1962, 581~589면.
10   蓑田胸喜, 「大川周明氏の『日本及日本人の道』を評す」, 『蓑田胸喜全集』 第3卷, 586면.
11   大川周明, 『人格的生活の原理』, 宝文館, 1926, 8면.

유교가 그 명칭은 다르지만, 그 내적 주장을 보면 동일하다고 해석했다. 특히 이 도(道)는 '자신보다 가치가 높은 것에 대한 관계성이 다름 아닌 종교'[12]라고 표현 하면서, 그 '종교'가 가진 의미를 제시했다.

> 도덕과 종교의 관계에 대해 고래에 많은 논의가 있다. 혹은 양자를 각각의 독립된 영역을 통해 대립하는 것이라고 간주하고, 혹은 양자 중 하나가 다른 것을 포용하거나 또는 예속시키는 것이라고 한다. 도덕을 종교의 하위에 두는 것처럼 생각하는 것은, 기독교 학자들 사이에는 널리 퍼진 경향이 있다. (…중략…) 현실의 인격적 생활에 있어서 혹은 도덕 혹은 종교라고 말하는 것 같은 특수한 생활이 있는 것은 아니다. 서구에서는 도덕과 종교가 별개의 것으로 여기고 대립하고 있는데 그것은 역사적 사정에 의한 것으로, 인생을 혼연(渾然)한 일체(一體)로 파악하고, 그 성만(盛滿)을 지향하는 뜻으로 하는 유교에서는 따로 종교와 도덕을 분립하지 않고, 이를 하나의 도통(道統)으로 통합했다.[13]

오카와 슈메이의 입장에서는 서구에서 도덕과 종교가 나누어지는 이유 즉 서구에서는 종교나 도덕 어느 한쪽을 어느 한쪽이 예속시키거나 포용하려고 하기 때문에 문제가 생긴다고 본 것이다. 그렇지만 유교에서는 종교와 도덕을 분립하지 않고, 우열의 문제나 포용의 문제가 아니라 이는 도(道)로 '통합'된다고 보는 견해를 제시함으로서, 도덕과 종교의 대립 개념을 뛰어넘고 있었다. 물론 종교와 도덕의 구별은 없으며,

---

12　大川周明, 『日本及日本人の道』, 社會敎育硏究所, 1925, 15~16면.
13　大川周明, 『人格的生活の原理』, 27~28면.

　제국에의 길―원리·천황·전쟁

그 일체성을 강조한 것이다. 물론 오카와 슈메이가 해석하는 종교와 도덕의 일체성은 "맹자를 읽어보아도 맹자에게는 '종교가 이런 것'이라고 말하지 않는다. 특히 종교라고 특별하게 말하지 않아도 우리들의 인격적 생활을 완전하게 하기 위해 발휘되는 것"[14]으로, 종파적인 것을 넘는 인격적인 생활 그 자체를 위한 것이 종교라고 보고 있었다. 이것이 바로 일체성 즉 통합성이었다.

이를 오카와 슈메이는 일본의 혼합능력으로 평가했다. 오카와 슈메이는 일본에 유교가 처음 수입되었을 때에도 불교가 전래되었을 때에도 동요하지 않고, 이를 받아들였던 능력에 대해 설명했다. 이는 바로 일본적 특성인데, 이것이 또한 일본과 서구와의 차이성이라고 보았다. 일본이 그 역사적 심성이 서구와 다른데, 그 특징으로 나타난 것이 종교와 도덕을 구분하지 않는 혼합적 능력이 발휘된 것이기 때문이며, 이는 서구를 능가하는 능력이라고 주장한 것이다.

그러한 능력을 가졌기 때문에, 일본에서는 특별하게 국민에게 도덕과 종교를 설명할 필요도 없었고, 그것은 서구처럼 도덕과 종교의 대립적 차이가 아니라, 일본 내부에서 '중성화된 경외(敬畏)의 감정'이라는 형태로 나타나고 발달했다고 보았다. 이것이 바로 일본적 인격 즉, 부모를 자신의 생명의 본원으로 인정하면서 정신적 생활 그 자체로서 인격적 생활의 근본을 갖고 있으며 이것이 가장 원시적인 종교[15]에 존재했다고 보았다.

오카와 슈메이는 일본에서는 도덕과 종교가 대립적이지 않은 것은 이미 생활 차원에서 원시종교에서부터 일체화되어 존재해 왔다고 여긴 것

---

14 大川周明, 『日本及日本人の道』, 16~18면.
15 大川周明, 『日本及日本人の道』, 19면.

이다. 이것은 일본에서 도덕과 종교에 대한 구분이 이루어지지 않는 이유를 재구성해 내고, 이것이 결코 일본적 애고이즘이나 주아주의(主我主義)가 아님을 설명한다.

마찬가지로 미노다 무네키 또한 주아주의와 주지주의(主知主義)를 넘으려고 했다. 그것은 외적이고 고정적인 인의(仁義) 관념이나 형식적인 자비(慈悲)로 나타나는 종교에 대한 비판을 통해 '외부적' 시각 소유자임을 보여주었다.[16] 즉 기독교이든 불교이든 '인간과 인간의 내면에 있어서 생명의 포용'[17]이 존재하는 것이며, 그것은 성인과 마찬가지로 자신의 내재적 체험에 의거해 귀의하는 것이 종교라고 보며 그 종교의 내부에 함몰된 것이 아님을 이야기하면서 객관주의를 피력하고 주지주의가 아님을 증명하려 했다.

미노다 무네키도 오카와 슈메이와 마찬가지로 종교적 분파나 종교적 종류를 넘어 인간이 체험을 통해 얻어 낼 수 있는 공통성은, 기독교나 불교, 도덕을 넘을 수 있다고 본 것이다. 이러한 논리는, 도쿄대학 종교학과의 아네자키 마사하루가 제시한 종교 해석 흐름과 맥을 같이 하는 논리이다.

즉, 아네자키가 마사하루가 '종교를 신의 계시로 보아 그것을 믿는 것'이 아니라, 종교 교리로 그것을 보고, 종교 교리가 역사적 심리적으로 발달하는 현상이라고 주장했었다. 즉 종교가 발전상에서 나타난 기독교나 유교라는 이름의 외견상의 차이가 아니라, 종교의 동일(同一)성[18]에 초점을 맞추는 것이었다.

---

16 蓑田胸喜, 「再び功利的傾向について」, 『蓑田胸喜全集』 第1卷, 柏書房, 2004, 48면.

17 蓑田胸喜, 『學術維新原理日本』 上卷, 18~19면.

18 姉崎正治, 「宗教學講座25年の想出」, 『宗教學紀要』, 同文館, 1931, 3~13면; 帆足理一郎, 「人格的実在と宗教の本質」, 같은 책, 73면. 예를 들면 아네자키 마사하루의 기념강연에 이어

오카와 슈메이는 주아주의적 시각이 아닌 시각에서 종교과 도덕의 발달을 역사적으로 관찰하고, 그 논리에 감춰진 동일성을 주장하는 것이라고 보았다. 마찬가지로 미노다 무네키도 종교와 도덕을 분리하지 않았고, 종교와 도덕 사이의 공통점을 중시하는 입장이었다.

이것은 아네자키 마사하루가 종교사에 나타난 공통성을 찾아내는 점을 받아들이면서, 오카와 슈메이와 미노다 무네키는 주아주의나 주지주의를 넘는 생활 체험 자체 속에서 이를 발견해 내는 '탈주아주의론'이었던 것이다.

오카와 슈메이는 "주아주의에서 탈각하지 않으면 안 된다. 주아주의란 자기를 절대시하는 것을 말하며, 즉 자아만이 가치가 있는 존재로 모든 것은 자신의 자아를 위한 방편이라고 생각하는 사상이다. 정당은 자아의 범위가 확대된 것인데, 주아적 원리가 당파전부를 지배하게 된다. 심하게는 국가의 권력도 자신의 도구로 하려고 하는 자도 있다. 이 주아주의를 우리들은 버리지 않으면 안 된다"[19]며, 주아적(主我的) 사상에 대해서도 자각하고 있었다.

그렇지만, 미노다 무네키와 오카와 슈메이가 주아주의자를 비판했지만 자신들이 재구성해 낸 종교와 도덕의 일체론은 독아주의의 위험성이

연구발표 논문을 게재한 호아시 리이치로(帆足理一郎) 또한 동일한 입장을 제시했다. 호아시 리이치로는, 초인간적 우주정신과 인격과의 관계성을 성립시키려는 의미에서 생활원리나 윤리 운동, 정신수양 등과도 구분되는 것으로 '우주정신'으로 이성과 감정 상호 간에 감응하고, 이 감응을 생명이라고 간주한다. 이것이 우주정신이며 신불(神佛)인데, 물론 다른 이름으로 호명해도 상관이 없는데, 인간들끼리 영적교섭을 유지하고 동감(同感)의 사이(間柄)에 들어가는 실재(實在)라고 믿는 경우에만 종교가 설립된다고 보았다. 종교적 분파를 따지지 않고, 어떠한 명칭으로 호칭이 되던, 인간 자체의 영적 교섭에 중요성을 두었고, 하나의 주아주의적 해석을 벗어나려는 논리를 전개하고 있었다.

19　大川周明, 『日本及日本人の道』, 19면.

존재한다는 점을 간과했다. 자신의 주아주의적 독단 원리를 극복했다는 의미는 역으로 '주아주의에 빠진 것'이었다.

3. 미노다 무네키의 '일본 변증법' 원리

미노다 무네키가 오카와 슈메이를 비판하는 논리의 중심에 둔 것은 오카와 슈메이의 '독아론적 해석'과 '국가보다 개인을 중시하는 논리', 그리고 서구 사상의 '우노미(鵜呑み) 절충주의자'라는 것이었다. 우노미란 일본어를 그대로 한글로 읽은 것인데, 뜻을 보면 '그 자체를 통째로 삼켜버린다'는 의미이다. 다시 말해서 어떤 사물이나 사상에 대해 비판성 없이 혹은 의심 없이 그것을 통째로 받아들인다고 해석할 수 있다. 미노다 무네키 입장에서 보면 오카와 슈메이는 서구 사상을 '우노미'하여 그것을 '절충하는' '우노미 절충주의자'였던 것이다.[20]

앞서 언급한 것처럼, 미노다 무네키의 입장에서 보면 오카와 슈메이가 독아론적 입장, 즉 주아적(主我的) 견지에서 빠져나오지 못한 사상을 갖게 되었고, 그 주아주의는 결국 서구의 종교와 도덕의 대립 개념을 일본에서는 하나다라고 구성해 낸 논리가 가진 한계성 지적이었다. 서구에서 도덕과 종교가 대립하는 논리를 그대로 수용하고, 일본에서는 도덕과 종교를

---

20   蓑田胸喜,「大川周明氏の『日本及日本人の道』を評す」,『蓑田胸喜全集』第3卷, 594~603면.

구분하지 않는다는 논리 자체는 미노다 무네키 입장에서 보면 '비판 정신의 결여' '그 논리를 그대로 믿어버리는 자연인'으로 보인 것이다. 그것을 통해 서구의 개인과 사회 이론을 그대로 수용하면서 개인의 자아로부터 출발하여 국가를 완성해야 한다는 이론 자체를 비판한 것이다.

그렇지만 이렇게 비판하는 미노다 무네키의 글은 오카와 슈메이가 "그렇다면 국가는 어떠한 도덕적 원칙에 의해 어떻게 통제해 가지 않으면 안 될까를 생각해 보자"[21]라는 부분을 삭제하고, 앞부분만을 인용하며 비판하는 '독아론적' 문제점을 내포하고 있었다. 오카와 슈메이 역시 개인을 중시하지만, 그 개인 개인이 가진 개아(個我)를 어떠한 방향으로 어떻게 컨트롤해야 하는가에 대한 문제로서 도덕과 종교의 혼일론을 제시했던 것이다. 그것이 미노다 무네키의 눈에는 서구의 논리를 비판 없이 받아들인 오카와 슈메이의 '무비판적 절충주의'로 비춰진 것이었지만 오카와는 국가의 역할을 중시하는 이론을 갖고 있었던 것이다.

그렇다면 미노다 무네키의 서구 사상 이해 방식은 어떠한 것이었을까. 어떤 의미에서 미노다 자신은 '우노미'를 하지 않으면서 서구를 대할 수 있었을까. 당시 서구의 철학적 사상의 흐름 속에서 새롭게 등장한 분트(Wilhelm Max Wundt) 구성심리학은 시대의 새로운 중심주의의 이론이었다.[22] 미노다 무네키는 이 새로운 분트의 논리를 통해 '서구 사상'

21　大川周明, 『日本及日本人の道』, 49면. "현실의 국가란 전반 국민의 도덕적 의식의 객관적 실현이다. 그렇지만, 국민들 속에는 도덕적으로 훌륭한 천부(天賦)를 갖고 있는 사람이 나타난다. 그러한 사람의 의식은 전반 국민도덕의 수평선의 위에 나타난다. 그렇다면 국가는 어떠한 도덕적 원칙에 의해 어떻게 통제해 가지 않으면 안 될까를 생각해 보도록 하자"고 기술했다.

22　W. ジェームズ, 今田寛 譯, 『心理學』 上, 岩波文庫, 1992, 334~335면.

을 해독해 낸다. 즉 미노다 무네키는 분트의 『철학체계(哲學体系)』에 수
록된 '유물사관과 생리학(生理學), 심리학 및 언어학, 즉 칸트와 마르크스
사상'을 인용하며, 기존의 서구 철학을 비판한다.

생리학에서 출발한 현대의 과학적 심리학을 확립한 분트(Wundt)의 『민
족심리학(民族心理學)』제1편 3권은 언어편인데, (…중략…) 칸트와 칸트파
관념론에 원리적 비판을 가한 분트는 마르크스도 '문제의 제출자일 뿐'이라
고 보고, 그 유물론을 파척(罷斥)했고, 관념론인가 유물론인가 양자 선택에
방황하고 있는 '심리학 전기(前期)사상'이라고 구식의 형이상학적 또는 유
리(唯理)주의적 철학, 정신과학, 사회과학 학풍에 대해 문화사와 심리학적
고찰에 의해 '학술혁명'을 수행했던 것이다. 그러한 입장에서 보면, 마르크
스(Karl Heinrich Marx), 엥겔스(Engels, Friedrich), 레닌(Vladimir Il'ich
Lenin), 포이어바흐(Ludwig Andreas Feuerbach)에게는 심리학이라는 것
이 없었다. 말 그대로 심리학이라는 단순한 언어조차 그들의 서적에는 거의
볼 수가 없는 것이었다.[23]

다시 말해서 미노타 무네키는 분트가 제시한 '과학적인 심리학'이 '학
술혁명' 즉, 기존 철학 자체를 탈(脫)하고 통섭하는 새로운 논리로 받아
들여진 것이다. 미노다 무네키가 보기에 이러한 분트의 심리학은, 기존
의 서구 철학이 가진 역사성 그 자체가 가진 문제점을 비판적으로 다루
면서 새로운 논리를 제시하는 신시대의 시대적 철학이었다. 분트는 '도

23　蓑田胸喜, 『學術維新原理日本』上卷, 12~14면.

덕과 종교 이념은 철학적 형식이 작동한 관념적 매개'라고 주장하면서 서구 철학이 가진 보편성 결여의 문제점을 다루고 있었다.

이 부분을 적극적으로 수용하는 미노다 무네키였는데 이 부분에서 미노다 무네키의 서구 철학에 대한 입장을 알 수 있다. 미노다는 서구의 도덕이나 종교에 대한 해석, 그리고 서구 철학사의 흐름 속에 내재된 칸트, 마르크스, 헤겔 철학이 가진 논리를 일본과 접목시키려는 절충주의에는 관심을 두지 않았다.

미노다 무네키는 서구의 도덕과 종교의 이론이나 서구 철학 흐름 자체와 일본의 사상을 접목시킬 필요가 없었다. 왜냐하면 서구에서 진행되어온 논리 그 자체의 도덕이나 종교, 철학 그 자체에 모순이 존재하는 것이었음을 분트의 심리학으로 알 수 있었기 때문이다. 미노다 무네키는 서구의 철학 흐름을 바로 서구적인 논리 그 자체로 문제점과 모순성을 확인했고, 더욱이 서구적인 것이 오히려 서구적 사회 안에서만 통용되는 논리라고 해석하며 접근했다.

미노다 무네키는 마르크스의 『유물사관(唯物史觀)』을 인용하며, "마르크스는 인간의 의식(意識)과 그 사회적 존재를 실체적으로 분리하고 이접적(離接的)으로 대립시킨다. 따라서 후자가 전자를 규정하는 것이라고 한다. 그렇지만 의식도 사회적 존재와 함께 말할 것도 없이 '인간' 그것이다. 인간의 사회적 존재는 인간을 구성 요소로 한다. 그렇다면 인간으로서의 의식을 갖지 않는 자는 없다는 것이 명백한 사실이고, 인간의 사회적 존재 그것 자체가 인간의 의식적 존재 그것이다"[24]라며, 인간의 의

---

24 蓑田胸喜, 『學術維新原理日本』 上卷, 16면.

식과 사회의 상관성에 대해 논의했다.

그것은 마르크스가 세계를 해석할 때 제시한 '사물'의 논리를 그대로 대입시킨 것이었다. 즉, '인간은 제약 속에 갇혀 있다'고 논의하는 이론이었다. 다시 말해서 서구에서 만든 서구 이론도 서구의 자신들이 만들어 놓은 언어 미신에 갇혀[25] 있는 것으로 연결시켰다. 그것은 서구인들이 자신의 세계관에 갇혀 있는 것이라며 다음과 같이 논했다.

그리스 철학도 그러하지만, 예술의 나라이고, 시(詩)의 나라였다. '태초에 언어(道) 있었고'의 언어(道)를 본래 '로고스(logos)' ─ 언어라는 말로 표현했다는 것은 대체적으로 그리스어의 시적 어감, 언령(言靈)에 의거한 것이다. 괴테가 그 'logos'를 독일어의 'wort'(언어)로 번역하는 것을 배척하고 'sinn'(의미) 'kraft'(힘)과 치환하여 마지막에 'Tat'(행위)이라고 결정하고 '만족했다'고 하는 것은, '개념, 이론의 나라' 독일이 '언령의 나라' 즉 시의 나라가 아니라 본래 그 'wort'라는 말이 그리스어의 'logos', 일본어의 '고토타마(언령, 言靈)'와 같은 심묘(深妙)한 어감을 갖지 못했기 때문이다. 개념적인 언어는 어의(語義)의 고정성 때문에 물질적이다. 독일이 마르크스주의처럼 유물론의 발생 향토가 되고, 그 도량발호(跳梁跋扈)의 참화를 입었던 것은 칸트를 대표자로 하는 이상주의 철학의 개념 미신의 합리주의, 이지주의 학풍 그것이 이미 물질주의였기 때문이다. 폴 보겔(Paul Vogel)이 '마르크스주의의 오류는 이상주의의 오류이다. 마르크스주의의 수정은 이상주의의 수정을 요구한다'고 지적한 것은 이러한 연유에서다.[26]

---

25   蓑田胸喜, 『學術維新原理日本』 上卷, 23~24면.

26   蓑田胸喜, 『學術維新原理日本』 上卷, 25면.

미노다 무네키는 서구도 그 자체로서 하나의 '서구적 세계성'을 갖는 존재임을 주장한 것이다. 즉 서구인들이 언령(言靈)이 가진 의미를 제대로 해석하지 못하는 것을 지적했다. 한 예로 언어의 천재라고 불린 괴테 또한 독일어의 제약을 탈(脫)할 수가 없었다는 것이다. 그리고 폴 보겔(Paul Vogel)이 지적한 이지주의 오류를 빌려오면서, 마르크스의 유물론도 그 자체가 이미 선험적으로 물질주의를 내포하고 있었기 때문에 그 외부로 나아가지 못했다고 해석했다.

이것은 바로 독일의 분트와 폴 보겔의 이론을 통해 마르크스 이론을 비판적으로 해석한 것이다. 서구 철학을 서구 철학으로 비판한 것이다. 그것은 미노다 무네키가 동서의 혼합보다도 서구 철학을 서구 철학으로 부정하면서 설정한 논리 가운데 그러면서도 분트가 제시한 '언어 및 개념' 이론은 수용하고 있었다. 즉 서구 철학의 세계적 흐름 속에서 '탈'서구화와 '탈'서구 철학 이론을 만들어내려고 한 것이다.

미노다 무네키는 분트가 제시한 '언어의 속박' 원리를 응용하면서 서구 철학의 한계를 인지했기 때문에 서구 철학과 일본 사상의 혼효나 융섭(融攝)은 필요하지 않았다. 미노다가 보기에는 서구 철학자가 갖는 속박(束縛) 즉 서구인이 서구인으로서 외부로 나아가지 못한 한계를 보았기 때문이다. 그것은 분트의 '언어의 속박' 논리를 수용하면서 가능한 서구 철학 넘기였지만, 그 서구 넘기가 일본적 위치에서도 가능하다고 보았다.

미노다 무네키는 서구를 넘는 방법으로 일본어를 제시했다. 특히 일본어가 가진 보편성을 설명했다. 즉 "일본 언어의 고토(コト)는 고토(言)로 동시에 고토(事)이다. 마코토는 진언(眞言)이고 진사(眞事)이고 진리이다. 언어와 사실과 사상은 본래 근원적으로 일체를 보인다. 그것은 신(信)이라고 말하고, 성(誠)이라고 말한다. 더 나아가 미코토(みこと)는 어언(御言)에서 '미코토노리(ミコトノリ)', 칙(勅), 조(詔)가 되고, 명(命), 존(尊)이 되어 신(神)과 통하는 의미를 갖는다. 이 야마토(大和) 언어의 '함축'에 일본문학이 '31음, 17음'의 완성 단가 시형(詩形)을 갖는 의의를 알아야 한다"[27]며 일본어 즉 어언(語言)에서 나타나는 '세계성'을 제시했다.

그것은 서구에서 '로고스(logos)'가 언령(言靈)인 것처럼, 행위의 문제와도 접목을 시켰다. 그것은 오카와 슈메이가 동양의 왕양명이 제시한 지행합일(知行合一)을 중첩시켰듯이, 미노다 무네키는 게이추(契沖)의 '말이 곧 마음이다'라는 '언즉심(言卽心)' 논리를 가져왔다.[28]

미노다 무네키는 "언어의 엄연한 실재에 눈떠라. 유물론자요. 그리고 동시에 관념론자도 또한 받아 적어라. 이미 '논(論)'이라는 것의 논(論)이란 '언즉심'의 사상이고 언어라는 것이다. 모든 사상 이론은 언즉심(言卽心)이다"[29]라고 주장한다. 즉 언어는 정신의 내용이고 또한 언어의 소산이라고 표현했다. 언즉심(言卽心)은 곧바로 정신과 육체를 대립적으로 분리하지 않는 일본적 사상이라고 제창되었다.

이는 오카와 슈메이의 절충론은 아니지만, 결과적으로 일본적 사상으로 재해석되는 의미에서는 동일한 것이었다. 다시 말해서 오카와 슈메이가 서구에서 논쟁을 벌여 온 도덕과 종교의 예속이나 대립을, 일본의 일체성으로 대체시킨 것과 마찬가지로 미노다도 서구에서 대립된 개념인 육체와 정신의 혼연성과 일체성을 일본적 언어론으로 치환시켰던 것

---

27 蓑田胸喜, 『學術維新原理日本』 上卷, 25면.
28 蓑田胸喜, 「日本精神とマルキシズム」, 『日本精神講座』 第9卷, 新潮社, 1934, 78면.
29 蓑田胸喜, 『學術維新原理日本』 上卷, 31면.

오카와 슈메이	·····→	종교와 도덕의 분리론	——→	마르크스 / 헤겔 / 무정부주의
	——→	종교와 도덕의 일체론	·····→	분트 / 폴 보겔
미노다 무네키	·····→	주지주의 / 주아주의	·····→	언어 / 생명론
	——→	종교와 도덕의 일체론	·····→	마르크스, 헤겔주의
	·····→	종교와 도덕의 분리론	——→	분트 / 폴 보겔

용례 : ·····→ 부정, ——→ 긍정

<표 3> 오카와 슈메이와 미노다 무네키의 개념 이해(필자 작성)

이다. 이를 바탕으로 한발 더 나아가 미노다는 '일체론'으로서 '생명' 사상을 제시한다.

정신은 육체와 본래 불가분의 전일(全一) 생명활동의 일면이다. 생명 그것 자체가 본래 감각적이면서 초감각적, 물질적이면서 정신적 하나이기 때문에, 그 일차의 직접표현-인류문화 만덕의 모태 여래장(如來藏)인 언어도 또한 생명 그것의 성격을 동일하게 하는 것이다.[30]

육체와 정신의 불가분성 그것을 생명 논리로 연결시켰고, 그것을 정신의 통일성으로 보았다. 그 일차적 표현이 바로 언어이고, 그것 속에 생명이 간직된 것으로 여긴 것이다. 일본어의 고토타마 즉 언령 사상이 이것을 대변해 준다고 끌어간 것이다.

미노다 무네키는 언즉심 논리로서, 일본에 존재하는 언령 사상을 준거로 내세우면서, 유물론이나 변증법, 마르크스주의가 하나의 슬로건으

30　蓑田胸喜, 『學術維新原理日本』 上卷, 28～29면.

로 나타나거나 헤게모니를 쥔 것처럼 보이는 이러한 유행적인 것을 공
허한 것이라고 주장하며 이를 배제해야 한다고 피력했다. 그리고 야마
토 언어의 언령, 시키시마노미치[31]인 와카(和歌)의 미치(도, 道)[32]만이 유
일한 세계적인 것이라고 주장하게 된다.

4. 일본적 보편주의로서 본조(本朝)주의

오카와 슈메이가 개인의 선험적으로 존재하는 것으로 부정할 수 없는
부분으로서 존재하는 자아라는 논리를 근거에 두면서 이를 통합해 가는
것이 국가의 통일체 구축이라고 설정하면서 출발하고 있는 것은 앞에서
도 언급했다. 그것은 각각의 개인이 자아를 갖고 있다는 보편성을 근거
로 설정한 것이었고, 그것이 수양이라는 논리를 통해 의지적으로 하나

---

31 三井甲之, 『しきしまのみち言論』, 16면. 미노다는 다음과 같이 논했다. "시키시마는 야마
토(大和)의 마쿠라고토바(枕詞)이다. 야마토고코로(大和心)는 일본정신이다. 여기에
고코로는 고코루(謹), 고오루(凍る) 등과 상통하는 언어이다. 『고사기』(신대권, 神代
卷)에 이자나기와 이자나미가 나라를 만들때 사용한 창(矛) 끝에서 떨어진 소금이 쌓
여서 오노고로시마(淤能碁呂島)라고 하는데, 오노고로시마란 스스로가 응고된 섬이라
는 의미이다. 고리(コリ)라는 것은 응고(凝り)의 의미이고, 고착되어 이루어진다는 가
타마루(カタマル)라는 것으로 마음이 이렇게 통일된다는 것이라는 의미이다. 오노고
로는 자립자주의 의미도 되고, 국토와 국가의 기초가 되는 것이다. 이 오노고로시마
위에 건립된 자립 주권 국가는 신화 그대로 오늘날 현실로 대일본 제국으로서 천양무
궁(天壤無窮)으로 계승되고 있다"(蓑田胸喜, 『學術維新原理日本』上卷, 37면).
32 蓑田胸喜, 『學術維新原理日本』上卷, 38면.

의 방향으로 나아가면서 통일이 이루어지는 것이라고 설정한 것이다.

이는 서구에서 도덕과 종교가 대립된 개념으로 해석하는 논리가 일본에서는 합일된 개념이라고 해석하는 논리로 치환되어 확대되어간다. 즉, 개인의 주체는 모두에게 자아의 의지로서 국가로 나아가고 통합되는 것처럼 결국 하나로 통합되는데 서구에서는 개인과 국가를 대립 개념으로 상정한 후에 그 둘의 상호관계를 설명하는 것에 대한 한계점 지적이었다. 그것은 서구가 도덕과 종교가 대립되는 개념으로 보는 '대립 구도'의 한계를 넘지 못하는 것이었다. 이를 주장한 서구 마르크스의 주장과 헤겔의 정반합 논리를 수용하면서 오카와는 그 이분법을 넘었다고 상정했다.

이와 반대로 미노다 무네키는 서구 철학과 일본 철학의 융합이나 혼효가 아니라, 이미 서구 철학 즉 마르크스주의나 칸트주의는 그 자체가 분트나 포겔이 주장하듯이, 한계를 갖고 있는 이론이며, 그것은 그 서구적 역사성에 준거하는 것으로 언어를 언령(言靈)으로 읽어내지 못하는 것에 기인한다고 설명해 낸 것이다.

이것은 동양과 일본의 혼효가 아니라, 서구 철학사가 가진 한계점을 근원적으로 비판한 '언령, 언어의 생명, 고토타마'를 일본의 언령 사상으로 대입시키면서, 서구 철학 자체의 한계점을 초극하는 논리를 제시한 것이다. 미노다 무네키는 이것이 바로 일본의 언즉심이며 '시키시마노미치'라고 맥락화했던 것이다.

여기서 다시 오카와 슈메이와 미노다 무네키의 대립 구도가 '본조(本朝)'와 '이조(異朝)'의 문제로 나타난다. 다시 말해서 대립 구도이냐 일체화냐를 둘러싸고 벌인 논쟁이 이번에는 본조와 이조의 문제를 놓고 논쟁하게 된 것이다.

다시 말해서 미노다 무네키는, "일본어를 통해 일본정신의 중국과 인도 사상에 대한 승리의 개가(凱歌)를 올리고 일본 문화사상의 사상적 위인 전사(戰士)로서 신란, 야마가 소코(山鹿素行), 모토오리 노리나가(本居宣長), 요시다 쇼인(吉田松陰) 등의 대표적 조상의 영구적 생명을 유지하는 것으로 나타난 것을 신령으로 기념"[33] 해야 한다고 보았다. 그리고 이러한 사상을 갖고 있는 대표적인 인물이 성덕태자(聖德太子)라고 주장한다.

성덕태자에 대해 소코(素行)도, 상고(上古)에 성덕태자 홀로 이조(異朝)를 존중하지 않았고, 본조(本朝)를 위해 존조(本朝)적인 일을 했다고 했다. 또한 야마가 소코를 유일하게 신순(信順)한 요시다 쇼인의 『강맹차기(講孟箚記)』의 서문을 보자. 이처럼 직접경험의 사실을 통해 구체적으로 일본 정신과학 연구의 방법 원리를 도파(道破)한 언어는 없다.[34]

---

33 蓑田胸喜, 『學術維新原理日本』 上卷, 83면.

34 蓑田胸喜, 『學術維新原理日本』 上卷, 85면; 三井甲之, 『しきしまのみち言論』, 15면. 야마가 소코(山鹿素行)의 『배소잔필(配所殘筆)』 또한 언어의 도파자라고 보았다. 이에 영향을 받은 요시다 쇼인(吉田松陰)의 『유혼록(留魂錄)』에 '야마토혼(大和魂)' 부분을 인용하며, 이를 강조하는데, 이 요시다 쇼인(吉田松陰)의 『유혼록』은, 건무중흥(建武中興)이 메이지유신의 선구라는 것을 충신의 언행 기록에 의해 분명하게 한 것이다. 일본정신과 일본 국체에 반역하는 흉악사상과 불충행위를 칠생보국(七生報國)의 지원(志願)을 통해 토벌해야 하는 사적(死敵)에 대한 부단(不斷)의 준비와 각오를 각 시대를 통해 전 국민에게 촉진하는 것의 신의(神意), 즉 국체의 존엄을 기본 정체(政體)와 현실정치에 시현해야 할 신의(神意)가 신의의 시현에 동반된 인생 비극을 그대로 충의호국의 신도종교(臣道宗敎), 국체예배의 국민종교로서 즉 인생의 비극을 우주의 환희 속에 인도하는 가무나가라노미치(カムナガラノミチ)로서 영구화해야 하는 신인 것이다. 천황 친정(親政)은 신도(臣道)에 있어서 근승(謹承)하면, 제사예배(祭祀禮拜), 의용봉공(義勇奉公)의 몰아(沒我)종교이다.

바로 이들의 공통점과 함께 일본 역사에 존재하던 성덕태자를 받드는 이유로서, 그들이 모두 역시 일본 본조를 믿었던 것이고, 그래서 "성덕태자를 '일본국의 교주(敎主)'로 했다. 인도의 석존을 교주로 받들어 모신 니치렌(日蓮)과는 다른 태도를 보여준 것이다. 여기에 신란(親鸞)은 반복적으로 기술해 온 것처럼 '직접경험의 학'으로서 심리학, 정신과학의 원리에 자각했고, 니치렌과 같은 일본을 운운하지 않았고, 오히려 내적 생명적으로 원리일본의 '신(信)'에 귀향(歸向)했으며, 그리하여 '귀명(歸命)일본'의 조국 예배 종교가 된 것"[35]이라고 보았다.

석존을 받들어 모신 니치렌은 이 그룹에 들어갈 수 있는 것이 아니었다. 즉, 그것은 바로 "니치렌은 법화경을 한 글자 한 문장의 개념 그대로를 무비판적으로 맹신한 자"[36]로서, 법화경 '순종자'였을 뿐이었다. 이는 '정신을 자기 경험에 근거하여 내적 세계를 만들어내지 못했기 때문'이었다. 그러한 내적 체험에 근거를 두고 그 논리들을 취사선택 하지 못한 맹신자인 것이다.

바로 이것이 앞서 논한 것처럼 외부 사상을 그대로 받아들이거나 혹은 글자를 분석하는 피상적인 연구는 바로 '정신'이 결여된 것이라고 보는 논리와 연결되는 것이다. 그리고 외부 것을 받아들일 때에도 미노다 무네키는 철저하게 일본이 기준이 되는 일본의 경험학을 통해서만 일본의 '본조(本朝)'를 투사 할 수 있다고 보는 논리를 전개했다.

그러나 오카와 슈메이는 마지막까지 절충성을 강조했다. 개인의 자아

₃₅ 蓑田胸喜, 『學術維新原理日本』 上卷, 84면.
₃₆ 蓑田胸喜, 「粉飾擬態の日本思想— 日蓮主義者も無体験非科學思想を剖檢す」, 『蓑田胸喜全集』 第1卷, 333면.

속에서 이조(異朝)를 받들던 그것을 본조와 혼합시킨다는 의미에서 신란이나 니치렌이나 동일하게 보였다. 그리고 야마가 소코의 해석도 자연적 기초와 사회생활의 성립 논리가 대립이 아니라, 개인으로서의 인간이 문화적 소양을 갖게 되면서 사회화된다는 논리로 받아들이면서, 상호관련을 갖는 개념으로 야마가 소코를 해석한 것이다. 오히려 오카와 슈메이의 입장에서는 미노다 무네키의 논리가 '대립' 개념으로 밖에 비춰지지 않는 것이었다.[37]

오카와 슈메이는 서구 철학과 동양 철학의 '자연스러운 혼효' 속에 감춰진 역사적 과정을 들여다보며 일본적인 것을 찾아내는 방법이었는데 미노다 무네키가 보면 오카와의 '주아적 의식'에 머문 것이고, 그를 통한 통한 서구 철학 해석이고, 수용 작업이었다. 다시 말해서 오카와 슈메이는 자신의 입장을 서구 철학과 일본 사상의 융합이라고 했지만, 결국은 일본 사상에 근거한 전통으로 이어져 온 내부적 '실체 = 자연적 기초'가 국가의 이상으로 발전해야 한다는 결론을 제시한 것이다.

그렇기 때문에 오카와 슈메이에게는 정반합과 여과작업을 통한 '일본적 요소'는, '이조'와 '본조'를 혼효해 내는 의미에서 '니치렌이나 신란'의 방법론은 존중되고, 야마가 소코의 개인과 사회 개념이 활용될 수 있었다. 이는 미노다 무네키의 입장에서는 '우노미(鵜呑み)적 절충주의'였고, 오카와 슈메이의 입장에서 보면 오히려 미노다 무네키가 대립 구조주의자로 비춰졌던 것이다.

미노다 무네키 자신은 대립구조를 서구 철학 자체로 소거했다고 믿으

37　大川周明, 「蓑田氏の批評を讀む」, 『大川周明全集』 第4卷, 586면.

오카와 슈메이	……→	본조(本朝)와 이조(異朝) 구분 (절충주의자, 원리주의자 인정)
	——→	니치렌(日蓮)
미노다 무네키	——→	야마가 소코(山鹿素行) 성덕태자(聖德太子)
	——→	본조(本朝)와 이조(異朝) 구분 (본조주의자만 인정)
	……→	니치렌(日蓮)

용례 : ……→ 부정, ——→ 긍정

〈표 4〉 오카와 슈메이와 미노다 무네키의 본조와 이조 개념(필자 작성)

면서, 미노다 무네키는 일본의 경험론, 일본을 본조로 두어야 한다는 논리를 제시한 것이다. 서구 철학이라는 이조(異朝), 일본 사상이라는 본조(本朝)를 명확히 대조시켜 놓고, 그 서구나 인도, 중국이라는 이조(異朝)에 기생하지 않는 '주체성'을 찾아야 한다는 입장이었던 것이다. 그것이야말로 자주 자립이고, 일본이 지켜온 주체 그것이며, 그것이야말로 '발견되어야 하는 것' 그것이었다.

반복해서 강조하지만 미노다 무네키는 서구 철학 자체를 서구 철학의 비판적 입장을 차용하면서 서구 철학이 갖는 일방성과 일면성을 부정할 수 있었다. 그러한 의미에서 미노다 무네키는 반서구적이면서 일본의 시키시마노미치를 구체적으로 체현해 냈지만 결과적으로 분트 심리학이라는 서구 철학과 합체되는 것이었다. 그것은 오카와 슈메이의 혼합론의 정반대 입장인 반혼합론적인 변증법 이론을 통해 체현된 것인데, 오히려 미노다 무네키의 입장은 탈서구주의 이론이지만, 결국 시키시마노미치의 일원론만 부각시키는 '독아론'이었던 것이다.[38]

---

38   植村和秀, 「天皇機関説批判の'論理'」, 『日本主義的教養の時代』, 柏書房, 2006, 62~63면.

　그런데 문제는, 오카와 슈메이와 미노다 무네키는 기본적인 철학적 틀 속에는 공통점이 존재했다는 점이다. 양자는 서구 철학을 수용하면서 혼효를 하든, 서구 철학을 서구 철학으로 소거시키든 서구 철학 자체를 일본 사상의 논리와 대비시켜 상정하면서 출발했다는 점이다. 그리고 그 해석에 있어서 개인이 먼저인가, 사회가 먼저인가를 대립적으로 보았고, 오카와 슈메이는 그것을 개인적 자아나 종교와 도덕의 이분법적인 논리를 중화시켜가는 입장이었다. 미노다 무네키는 국가의 입장에서 개인을 교화시켜야 한다는 입장에서 서로가 서로를 역투영시키고 있었다.

　결과적으로는 개인에서 국가로 나아가든 국가에서 개인으로 다가가든 국가의 내부적 원소로서 개인이 존재한다고 논리는 동일했다. 그리고 결국은, 공동체 내부에서의 개인의 통일성을 주장했던 것이다. 그것은 자연스럽게 국가와 국민의 의식적 공동성을 가져야 한다는 점에서 일치한 것이고, 과거의 '생명' 이론과 어떻게 연결시켜야 하는가의 문제를 오카와 슈메이와 미노다 무네키는 '생명적 근원' 즉 '조상신'의 발견으로 연결시켰다. 그러한 공통점은 충과 효의 개념에서 다시 대립하게 된다.

우에무라 가즈히데(植村和秀) 역시 미노다 무네키가 '외재적인 것에 대한 반발'이나 '타자의 거부', '절대적 내재 원리'를 주장하는 입장으로 보아, 미노다 무네키의 독단론 비판이야말로 독아론적인 주아주의로서 근대적 지성이 길을 잃은 하나의 병리를 보여준다고 기술했다.

5. 충군과 애국의 대립과 천황의 복원

미노다 무네키는, "오카와 슈메이는 완전하게 동일한 충군(忠君)과 애국(愛國)을 별개로 하고 있다는 점"[39]에 대해서 비판하며, 미노다 무네키 자신은 일본에서는 충군과 애국은 동일하다고 결론짓는다. 이것은 오카와 슈메이의 사상이 '존재와 이념, 사실과 가치의 대립사상'을 갖고 있다는 맥락의 연장선에서 비판된 것이다. 이에 대해 오카와 슈메이는 오히려 미노다 무네키가 대립주의자라고 반박하게 된다.[40]

그렇다면 그러한 대립주의 논리는 충군과 애국 사상과 어떻게 연계되는지를 살펴보아야 하는데 이를 위해서는 앞서 언급한 생명론으로 다시 돌아갈 필요가 있다. 오카와 슈메이는 개인과 부모 그리고 조상으로 연결되는 것을 생명론과 연결시켜 논했다. 즉 "부모를 자신의 생명의 본원으로 인정하는 것이 일본인의 '정신적 생활' 혹은 '인격적 생활'의 가장 근본적인 것으로 이것이 가장 '원초적인 종교', 그리고 이것을 '효행'이라고 부른다. 나카에 도쥬(中江藤樹)는 『효경』의 정신을 부연하여 효의 종교적 의의를 고조시켰다. 도쥬가 설파하는 것은 종교와 일치하는 것이다. 효는 일본인에게 있어서는 도덕의 제3방면 즉 '종교적 도덕'이다"[41]라며, 부모가 생명의 본원이고, 그것이 종교적 도덕이라고 보았다. 이것을 가장 잘 체계화한 것이 나카에 도쥬이며, 이 논리는 '생명의 연속성

39　蓑田胸喜,「大川周明氏の『日本及日本人の道』を評す」,『蓑田胸喜全集』第3卷, 587면.

40　大川周明,「蓑田氏の批評を讀む」,『大川周明全集』第4卷, 587면.

41　大川周明,『日本及日本人の道』, 19면.

= 정신적 생활 = 인격적 생활 = 원초적 종교'라고 제시했다.

마찬가지로 미노다 무네키는 "효도(孝道)는 제사 의례의 근원이고, 『효경』에서 말하기를 '효는 덕(德)의 본지(本地)이고, 가르침에 의해 생겨난다'라고 했으며, 야마가 소코(山鹿素行)의 『적거동문(謫居童問)』에 '제사를 지낼 때의 마음가짐은 어떠한 자세이어야 하는가'라는 물음에 대해 '돌아가신 아버지의 신령(神靈)을 대하는 마음으로 대해야 한다. 그렇지 않으면 효자(孝子) 효손(孝孫)의 실체가 아니며, 인간의 마음이 모아지지 않으며, 인간의 마음이 모이지 않으면 귀신(鬼神)이 이를 받아들이지 않는다"[42]라며, 효도와 제사의례를 중시했다.

바로 이 문맥은 오카와 슈메이가 "모든 인간은 본질에 있어서 동등일미(同等一味)의 생명의 발현이고 따라서 모든 '미코토(尊)'이기 때문에 일본에 있어서는 경의(敬意)를 표시하는 예의가 신(神)에 대해서도 인간에 대해서도 동일하다"[43]며, 나카에 도쥬(中江藤樹)가 제시한 효의 중요성과, 미노다 무네키가 제시한 야마가 소코(山鹿素行)의 '귀신 = 부모'의 논리처럼, 일본에서는 '동등한 생명의 발현'으로서 '신(神)과 인간'에 대한 경의(敬意)라고 종합하여 제시했다. 오카와 슈메이는 그것을 일본의 '역사성'에서 찾아냈다.

역사성을 되돌아보면, 많은 가족이 결합하여 씨족이 생기듯이 씨족 전체의 생명 본원으로서 씨족 조상이 숭배되고, 다음으로 많은 씨족의 결합에 의해 국가가 생기면, 국민 전체의 생명의 근원으로서의 국조(國祖)가 숭배된

42　蓑田胸喜, 『學術維新原理日本』 上卷, 8~9면.
43　大川周明, 『人格的生活の原理』, 24면.

다. 그리고 우리 일본에서는 국조 정신을 그대로 유지하고 있는 천황이 국초 (國初)부터 지금까지 국가에 군림하였기 때문에 천황에 귀일수순(歸一隨順) 하는 것에서 충(忠)이란 결코 서양풍의 충실(忠實)이라는 것 같은 도덕이 아니라, 효와 마찬가지로 종교적 취지를 띤 것으로 즉 천황을 통해 신(神)에게 종순(從順)하는 것이다. 이 충군의 본질이 파악되지 않기 때문에 여러 가지 불철저한 설명이 나오는 것이다.[44]

오카와 슈메이는 결국 일본의 천황은 '생명의 근원'이라고 설명한 것이다. 그것은 효와 동일한 '종교적'인 것으로 국가가 생기기 시작한 이래부터 군림했고, 그렇기 때문에 천황에 귀일하는 것은 '본질적인 것'이라고 본 것이다. 미노다 무네키 또한 "일본이야말로 '신국(神國) 일본'으로서 일본이 종교의 본지(本地)이며 본원(本源)인데, 그 야마토고코로(大和心)의 '순수한' 자연적 순정(純情)의 무궁한 구도심(求道心)"[45]에 있다고 설명했다.

오카와 슈메이와 미노다 무네키의 천황 해석'론'은 '동일'했다. 일본 천황이 역사적 발전 단계를 거치면서도 변하지 않는 일본의 본질로서 파악하는 점에서 그것이 '종교적인 것'이라고 여겼다. 물론 여기서 말하는 종교란, 기독교나 불교와 같은 '릴리전'의 종교가 아니라, 신앙(信仰) 즉 순수한 믿음(信) 그 자체를 가리키는 것이었다. 앞서 언급한 것처럼 오카와 슈메이가 취한 입장은 '서구 철학, 사상과 동양의 철학, 사상을 혼합'하면서 동양적인 것, 더 나아가 일본적인 것을 발견해 내는 방식과

44　大川周明, 『日本及日本人の道』, 19~20면.

45　蓑田胸喜, 『學術維新原理日本』 上卷, 4~5면.

일본내부의 비국가사상과 국가사상의 포용이라는 정반합(正反合) 논리를 상정하는 방식이었는데, 그 반대편에 서 있던 미노다 무네키가 이번 '생명론' 및 '천황의 본질'에 대해서는 공통적인 해석을 전개했다.

특히 일본에서는 현재에도 과거의 연장선상에서 볼 수 있는 '체현'물이 일본 각지에 실시되고 있는 '신사(神社)의 제례'라고 보았다. 오카와 슈메이는 "오늘날은 신사의 제례가 본래의 의의를 잊고 단순한 풍속 습관이 되어 있지만, 본원을 거슬러 올라가면 심대한 의미를 갖고 있는 것이다. 먼저 제례란 신사 제사를 가리키는 것이다. 신사라는 것은 크고 작은 부락의 조상을 제사지내는 것이다. 부락민과 신들의 관계는 '씨친(氏親)' '씨자(氏子)'라는 이름으로 부르고 있다. 일본인은 이처럼 하나의 부락 신에 의해 생명을 통일시키고, 그것이 점차 소원(溯源)하여 마지막에는 아마테라스 오미카미(天照皇太神)를 통해 국민 전체가 동일 생명으로 연결된 것"[46]이라며 과거의 현재성을 논했다.

그것은 서양과의 차이점으로 분기되는 지점이었다. 다시 말해서 일본은 서구의 대립 구도로서 파악되는 개인과 국가의 논리를 넘어 천황과 국민의 관계로 치환되었다.

---

46 大川周明, 『日本及日本人の道』, 50~52면. 일본에서는 국민 한 사람 한 사람을 분령(分靈)이라고 한다. 제신(祭神)을 나누어 다른 신사에 모시는 것 그것은 일본국민은 동일한 생명의 특수한 현현이라는 의식인 것이다. 우리들 국가적 사업은 이 근본생명의 천양(天壤)과 함께 궁극적으로 발전하여 왔다는 의식이 더욱 이 안에 내포되어 있다. 신흥(神興)이란 국가를 말한다. 우리들 국민은 한사람의 부모로부터 태어난 아이로서 그것이 훌륭하고 귀한 일이 되게 하기 위해 노력하지 않으면 안 되는 것이야말로 옛날사람들이 제례를 통해 국민에게 반성시켰던 것이다. 일본인은 분령(分靈)이기 때문에 일본국민은 본질적으로 신성(神聖)한 존재이다. 신성한 곳은 신사(神社)인데 분령으로서 그 본질은 존중한 것으로 우리들 가정은 바로 신사(神社)이지 않으면 안 된다.

종족에 있어서 아버지는 개인적 생활의 종교적 상징이며, 아버지에 대한 올바른 종교적 관계가 효라는 이름으로 불리는 것이다. 일본에서는 천황을 국조의 현신(現身)으로 숭상하여 지금까지 자연스럽게 발달해왔고, 천황은 국민의 종교적 대상이 되어, 그 올바른 관계 실현을 충이라고 부르고 있다. 그렇기 때문에 충의 본의(本意)는 일본에서 태어나 일본의 천황 아래에서 자란 대일본인이 아니면 맛을 볼 수가 없다. 외국인에게는 분명하게 알지 못하는 것이다. 따라서 이 종교적 일면을 빼고서는 일본의 천황을 진정으로 알 수는 없다. 일본 국가에서는 천황을 통해 자기의 생명 본원에 연결되어 있다. 모든 생명을 통일하는 최고의 생명이 일본 국가에서는 천황에 의해 표현되고 있는 것이다. 모든 생명을 통일하는 최고의 생명이 일본에서는 천황에 의해 표현되고 우리들에 대해서 나타난다. 이처럼 국민과 천황의 관계가 불효자에게 설명해도 효의 의미가 납득되지 않는 것처럼 충의 의미도 이론으로는 알 수 없는 것이다. 자기 자신에서 충효의 종교적 취지를 맛보지 않는 자가 무리하게 이론을 붙여서 충효를 설명하면 오히려 반감을 초래할 뿐이다. [47]

서구와는 달리 일본의 천황은 '가족의 아버지이며, 부족의 족장(族長)이 공동체의 발달 과정에서 국가의 군주가 된 것'이라고 여긴 것이다. 그래서 일본의 군주는 국가가 생긴 이래부터 오늘날까지 국가에 군림해온 것으로서 강조했다. 즉 오카와 슈메이는 '생명 = 천황 = 국조'의 연결을 최고의 목표로 삼았다.

이것은 서구인들이 이해할 수 없는 논리라고 오카와 슈메이는 설명했

47　大川周明, 『日本及日本人の道』, 56면.

는데, 하지만 미노다 무네키는 "중국의 조상숭배는 상하를 막론하고 성대하게 이루어졌고, 그중에서도 천자(天子)는 광대한 능묘(陵墓) 종묘(宗廟)를 운영하며 엄숙하게 조상에게 제사를 지냈다. 그렇지만 그것과 민족 전체의 정치생활은 관계가 없는 것이었다. 또한 천자의 조상은 천자 한 집안의 조상으로, 국민 일반과는 관계가 없다. 따라서 조상숭배와 국가 조직과는 교섭도 거의 없었다. 이 점이 일본과 매우 다른 점"[48]이라며 서구뿐만 아니라 '일본과 중국의 차이'를 설명해 냈다. 이러한 미노다 무네키와 마찬가지로 오카와 슈메이 역시 '천황의 존재나 충군'에 대해 서구와의 차이, 일본과 중국과의 차이를 통해 '일본이 가진 정통성'을 확보하려 했다.[49]

그럼에도 불구하고 여기서 오카와 슈메이는 '일본 헌법' 속에 존재하는 제도적 천황은 '과거의 순일(純一)한 천황과 거리가 멀다'고 보고 제도적 천황을 주장하는 것에 대해 비판적이었다.

일본 헌법에 나오는 천황은 아무리 생각해도 순수한 일본인이 그 영혼 밑바닥에서 파악되는 천황과는 적어도 격절(隔絶)이 있는 듯하다. 원래 일본의 법률은 단순하게 헌법에 한하지 않고, 메이지유신 이후 제정된 것으로 아

---

48 蓑田胸喜, 『學術維新原理日本』 上卷, 9~10면. 미노타는 분트의 이론을 통해서도 이를 지적한다. 즉, "분트는 일본, 지나, 로마의 조상숭배를 논하면서, 동아문화국민 즉 일본 및 지나 국민 이외에는 조상숭배가 종교의 시원이 된 나라는 없다는 사실을 지적하고 있다. 이 조상숭배는 토템시대부터 영웅 및 신들의 시대에 과도기에 나타나 마침내 그것은 인생관을 지배하는 위력을 잃었기 때문에 여기서 기독교의 인류 전체를 향해 부르짖은 국제적 세계 종교가 각 국민의 건국전설을 구축해 버린 것이다. 동양문명의 현실적 파지자(把持者) 즉 우리 조국 일본뿐"이라는 부분을 활용했다.

49 大川周明, 「儒教の政治思想」, 『大川周明全集』 第3卷, 岩崎書店, 1962, 94면.

마도 금후 근본적인 개정을 필요로 한다고 생각한다.[50]

오카와 슈메이의 입장에서는 메이지유신 이후에 만들어진 헌법상의
천황은 어디까지나 제도적 천황으로 비춰졌고, 그 영혼적 비연속성에
대해서는 비판적이었던 것이다. 그것은 미노타 무네키와 대립되는 논리
였다.

다시 말해서 미노다 무네키는 현재의 메이지천황에게도 과거의 생명
적 특성은 존재하는 것이며, 이것은 고대의 영혼성과 메이지천황의 제
도성이 연속된다는 논리로 설명했다. 미노타는 이러한 정신적인 것이
이미 메이지천황의 어집에서 나타난다고 보고, 그 대표적인 것인 『메이
지천황어집(明治天皇御集)』에 잘 나타나 있다고 보았다.

언어에 의해 연결되는 정신의 법칙은 즉 언어의 법칙이다. 언어의 법칙은
고토바노미치(コトバノミチ)이고, 야마토코토바노미치(ヤマトコトバノミチ)는
시키시마노미치(シキシマノミチ)이다. 우리들 일본국민은 일본 국체에 근거
하여 '승조필근(承詔必謹) 군칙천지(君則天之) 신칙지지(臣則地之)'(즉, 성
덕태자(聖德太子)의 17조 헌법, 천황의 칙서가 내려오면 반드시 이에 따르
지 않으면 안 된다. 군신의 관계란 군은 하늘이고 신하는 땅과 같은 것이다)
라는 성훈(聖訓)에 수순(隨順)하는 사람의 마음을 연결하는 노래의 형식에
의해, 신(神)에 대한 노리토(祝詞), 민(民)에 대한 미코토노리(勅)를 '신(神)
이 연 시키시마의 길(道)', 또는 '신대(神代) 그대로의 시키시마(敷島)의 길

50　大川周明, 『日本及日本人の道』, 57면.

(道)'에 의해 수시(垂示)했고, 『메이지천황어집(明治天皇御集)』을 국민 종교
독송경전(讀誦經典)으로 받들어왔던 것이다.[51]

미노다 무네키는 과거로부터 본질적으로 이어져온 천황은 '『메이지
천황어집』'이라는 보편적 예술의 세계가 그것을 논하듯이, 현재의 메이
지천황의 어가(御歌)가 그것을 보여주고 있으며, 메이지천황 제도 자체
는 물론이고 메이지천황의 '어가집'이 가진 '문화의 방식'에도 그것이
그대로 존재한다고 주장한 것이다.

오카와 슈메이와 미노다 무네키는 과거로부터 이어져 왔다는 '본질
주의적 천황론'에 대해서는 공통적이었지만, 전자는 초점이 '과거의 순
일한 천황'이라는 점에 두었고, 후자는 '제도 속의 천황도 포함'하는 천황
존재에 초점을 두었다. 바로 여기서 오카와 슈메이와 미노다 무네키 사
이에 간극이 생겨났다. 그럼에도 불구하고, 그 간극은 천황'론'을 구축
하는 점에서는 동일한 것이었다. 미노다의 '제도적 천황' 긍정론이 가진
한계를 오카와 슈메이는 엠페러 해석과 연결시켰다. 오카와 슈메이는
임페리얼(emperor)의 의미를 넘는 것으로, 더 보편적인 의미에서 세계
성을 만들어 가야한다고 주장했다.

천황을 'Emperor'라고 영어 번역하는 것은 매우 불합리하다고 본다. 'Em-
peror'는 라틴어로 'Imperator'로 강력한 명명자의 일이기 때문에 일본의 경
우에는 정이대장군이 이 'Emperor' 혹은 'Imperator'에 상응한다. 천황과 쇼군

---

51   蓑田胸喜, 『學術維新原理日本』 上卷, 2면.

을 혼동하는 것은 틀린 것이다. 우리들은 페르시아(波斯)가 군주를 샤(シャ)라 하고, 아프카니스탄(亞富汗斯担, Afganistan)이 아미르(アミール)라고 주장하듯이 금후는 천황을 세계에 통하는 명사로 하지 않으면 안 된다고 본다.[52]

이것은 일본의 천황이 가진 보편성을 설명한 것이다. 국경을 넘는 이론인 것이다. 그것은 "원래 '학문에 국경은 없다'라는 것이 보편적 진실이라고 한다면 일반적으로 우리들 일본국민의 생활사실 사상문화 속에도 진리를 도출할 수 있다는 것이 당연히 필연적인 논리적 귀결이 아닌가. 그렇기 때문에 '진리' 혹은 올바른 사상학설은 단지 서구에만 존재하고, 일본에는 없다고 하는 그들의 주장, 그것은 그들 자신 진리 학문의 세계에 국경을 쌓고, 일본을 그 범위 밖에 방치하려는 것"[53]이며, 서구적 이론만이 진리일 수 없다는 비판적 이론을 활용하면서 가능했던 것이다. 그런데 이것은 잘 살펴보면 오카와 슈메이가 개인의 보편성을 중시하던 측면과 동일한 것이기도 했다. 모든 개인이 갖는 보편적 자아의 가능성이 서구나 일본이라는 국가와 상관이 없는 보편적 자아를 낳을 수 있다는 것이었다.

그렇기 때문에 결과적으로 미노다 무네키가 주장할 수 있는 것은 황도(皇道)였다. 즉, "억조일심(億兆一心), 일군만민(一君萬民)의 수신(隨神)의 황도(皇道)를 구현하고, 외부로는 회홍천업(恢弘天業), 광택천하(光宅天下), 동서문화 종합 통일의 일본건국의 이상, 신국(神國) 일본의 세계 인도사적 혁명을 수행해야 하고 쇼와유신(昭和維新) 단행의 전구동(全驅動) 작업

---

52 大川周明, 『日本及日本人の道』, 58면.
53 蓑田胸喜, 『學術維新原理日本』 上卷, 78면.

은 서구의 민주와 공산주의 사상에 대한 학술혁명으로서의 '시키시마노 미치' 학술유신 원리일본의 파사현정(破邪顯正)"[54]이라며, 세계 인도사 적 혁명을 수행해야 한다고 주장한 것과 연결되어 간다.

오카와 슈메이와 미노다 무네키가 '순일한 천황과 제도적 천황' 사이 에 존재하는 입장적 차이에도 불구하고, 일본 국체, 충군의 구심적 천황 이라는 주체성의 '동일화' 작업에는 '결국' 균열이 봉인되어 만났다. 오 카와 슈메이가 주장한 과거의 순일한 천황을 유지하고, 그것이 서구나 동양을 대표하는 '천황'은 민중들의 원초적 경험에서 나온 경외의 논리 라고 주장하는, '수직적 천황 = 마르크스적 계급주의 천황'과 미노다 무 네키가 주장하는 '메이지천황 속에 존재하는 현재의 천황이 갖는 과거 와 현재의 평면적 천황-수평적 천황'이 결국 '보편적 천황'이라는 세계 성을 창출해 내고 있었던 것이다.

그것은 오카와 슈메이가 서구 철학, 사상을 일본 철학 사상으로 치환 시키면서 서구와 중국을 배제하면서 가능했고, 미노다 무네키는 서구 철학, 서구 사상이 가진 논리의 균열을 파고들면서 서구 철학, 사상과 중국을 삭제하면서 천황의 불안정성을 고정성으로 구축해 낸 것이다.

이것은 원리일본을 함께했던 미노다 무네키를 비롯해, 미쓰이 고시(三 井甲之)의 "야마토고코로(大和心)는 야마토코토바(大和言葉)로서의 고코로 (心)의 어의(語義)처럼 자주자립 의지이기 때문에 일이 있을 때, 즉 일본 의 자주자립을 위협하려고 하는 간섭 침략 의지의 습격을 느끼고 또한 받았을 때에는 야마토고코로로서 자주자립의 의지가 웅장하게 남성적

---

54   蓑田胸喜, 『學術維新原理日本』 上卷, 88면.

으로 무사도로서 생명을 돌보지 않고, 바치는 생명은 죽어도 조국의 생명에 영원히 연결되는 것을 믿고, 어국(御國)을 위해 직진한다"[55]는 논리와, "「교육칙어」 속에도 비상사태가 발생하면 진심으로 바친다고 하듯이 언제든지 항상 어느 시대라는 것을 따지지 않고, 애국정신, 희생 헌신의 마음을 항상 이어왔다. 일본역사를 보면 특히 이 정신이 고조한 사례들은 보고 감격 받지 않을 수 없다. 그러나 이것을 사회적 정신으로 볼 경우 애국정신이 우리들의 모든 생활을 지배하고, 구석구석까지도 삼투(滲透)해 있었던 것은 이전에 없었다고 말해도 좋다. 우리들의 내일의 지도 원리는 분명하게 이 애국정신이지 않으면 안 된다고 하는"[56] 애국정신의 고양으로 공간, 시간을 초출하는 사상으로 공감되어가는 것을 볼 수 있는 것이다.

바로 서구 철학을 부정할 수 있었던 포겔 바하의 '신이 종교를 만든 것이 아니라 인간이 종교를 만들었다'고 선언한 논리를 '세상은 마코토노미치이며, 시키시마노미치'라고 주장하는 메이지천황의 어제(御製)가 그것을 담당할 수 있다고 응용하여[57] 창출해 낸 것이었다.

이는 오카와 슈메이와 미노다 무네키가 방법론적 측면에서 서구 철학 수용방식에 차이는 있었지만, 결국 서구 보편성과 대립하면서 다시 일본 본질주의에서 만들어낸 혼효주의적 '일본적 변증법'으로 천황론을

55　三井甲之, 『しきしまのみち言論』, 17면.
56　鹿子木員信, 『新日本主義と歷史哲學』, 靑年敎育普及會, 1934, 128면.
57　蓑田胸喜, 『學術維新原理日本』 上卷, 40면; 三井甲之, 『しきしまのみち言論』, 22면. 국민의 한사람으로서 갖는 생명의 자율은 시키시마노미치에 입각한 시키시마노미치의 범위에 있어서만이 허용되고 실현된다. 그렇기 때문에 시키시마노미치는 우리들 일본인에게 있어서의 마코토(マコト, 誠) 진리이고, 그것이 우리들이 피할 수 없는 움직일 수 없는 운명으로서의 일본의 진리라고 선언하려는 것이다.

오카와 슈메이 / 미노다 무네키		개념		천황		세계적 천황
오카와 슈메이	⟶	효와 충의 구분	⋯⋯⟶	제도적 천황	⟶	세계적 천황
	⟶	『효경(孝敬)』 나카에 도쥬(中江藤樹)	⟶	종교적 천황		
미노다 무네키		『효경(孝敬)』 야마가 소코(山鹿素行)	⟶	제도적 천황 / 원시적 천황 / 메이지천황어집(『明治天皇御集』)		
	⋯⋯⟶	효와 충의 구분	⟶	마쓰이 고우시(三井甲之) / 가노코기 가즈노부(鹿子木員信)		

용례 : ⋯⋯⟶ 부정, ⟶ 긍정

〈표 5〉 오카와 슈메이와 미노다 무네키의 충과 효, 천황 개념 이해(필자 작성)

구축하는 것은 동일했다. 결과적으로는 '천황주의'로 귀결되는 논리로
서는 일본원리 멤버였던 미노다 무네키, 가노코기 가즈노부, 미쓰이 고
시와도 동일함을 갖고 있었다. 차이가 있었다면, 미노다는 일본의 경험
주의만을 중시하면서 일본천황주의를 논하는 입장이고, 오카와 슈메이
는 비아적인 것이나 반대적인 것을 다시 재편해서 수용하는 측면으로서
의 천황주의의 논리를 세운 것이라는 점일 것이다.

제6장

일본적 '중용'의 해석과
국체(國體) 개념의 비틀림

1. 제3의 종교와 '초월성'의 가능성

　오카와 슈메이는 서구적 크리스트교와 아시아의 유학을 접목시키는 원리를 『중용』 해석에서 찾았다. 외부적 시선으로서 서구의 시대적 인식론 전개와 궤를 같이하면서도 다시 내부적으로 일본에서 전개된 '중용' 해석과 차이를 두면서 '중용의 천황상'을 도출해 냈다. 다시 말해서 오카와 슈메이는 서구의 종교 사상 흐름을 수용하면서, 또 동양의 유교를 접복시키는 방식이었다. 그리고 기존에 주류를 이루었던 중용 해석 즉 정주(程朱)의 해석을 변용시켜 이에 일본의 신도(神道) 해석을 가미하는 '방법'으로 『중용』을 해독해 냈다.[1]

　오카와 슈메이는 먼저 '종교와 도덕'을 둘러싸고 벌인 논쟁에 대해서 동양과 서양의 역사성 차이를 설명해 냈다. 서구에서 도덕과 종교를 구분하는 역사성과, 일본에서 도덕과 종교를 구분하지 않는 논리를 중용에서 찾았다.

다시 말해서 오카와 슈메이는 서구와 동양을 통합적으로 관찰하는 논리를 갖는 것이 중용이라고 보았다. 중용의 '중(中)'이란 어느 쪽으로도 기울지 않는 중앙적인 것이라고 보고, 중을 공정(公正) 또는 정의(正義)'라고 해석했다. 그리고 용(庸)은 영원히 변하지 않는 것으로 '정리(定理)'인데, 이 중용 두 글자를 합치면 '정의의 원리'가 된다고 보고, 서구와 동양의 대립적 논리를 극복하는 원리를 찾게 된 것이다.[2] 그것은 바로 '정의의 원리 = 중용'이라고 보는 입장이었다. 그 '원리'는 '종교 연구'라는 종교사의 흐름 즉 계몽주의에서 신비주의로 이행되는 시기에 나타난 '원리 중시' 논리를 수용하면서 가능했다.

그것은 오카와 슈메이가 발명한 독특한 '근대적 특성'이기도 하면서, 선험의식의 '중'을 다시 '일본중심'으로 치환시켜 가는데, 이러한 회로의 모순은 바로 유교 천황주의의 '그로테스크성'을 보여주는 것이었다. 이러한 논리를 구출하는, 오카와 슈메이의 '중용'과 '황체(皇體) 이데올로기' 이론의 구축 프로세스는 다음과 같은 표로 설명되는데, 이를 참고로 본문에서 구체적으로 살펴보기로 한다.

1 　孫傳玲, 「山崎闇斎の'中'概念」, 『日本研究』 第49集, 國際日本文化研究センター, 2014, 9~25면. 오카와 슈메이는 야마자키 안사이(山崎闇斎)를 평가하기도 하지만, 결과적으로는 『중용』을 해석하면서는 나카에 도쥬(中江藤樹)와 신도가 연결된다고 보았다. 오카와 슈메이의 인식론적 특징이 이러한 측면에서도 나타났음을 알 수 있다.
2 　大川周明, 「中庸新註」, 『大川周明全集』 第3卷, 岩崎書店, 1926, 9면.

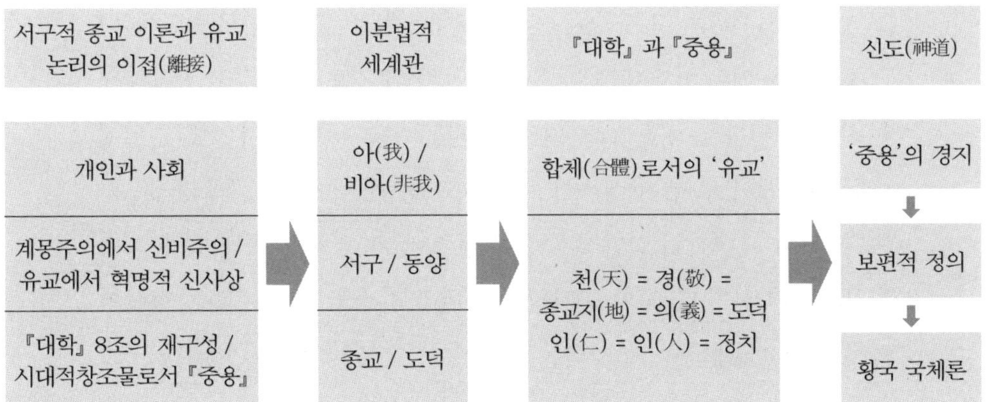

〈표 6〉 오카와 슈메이의 황체 이데올로기 발현 논리(필자 작성)

2. '종교'와 '유교'의 접목

물론 오카와 슈메이가 종교 개념을 상정하기 이전에 이노우에 데쓰지로(井上哲次郎)가 전개한 종교와 교육의 문제로서, 기독교를 공격하고, 도덕의 문제와 연결되어 논쟁이 있었다. 이는 충효와 도덕에 대한 견해 차이로 생겨난 종교와 철학의 세계에서 전개된 '사건'[3]이었다. 특히 일본 사상사 속에서 유교와 불교, 신도가 서구의 기독교와 만나면서 민간신앙 해석 문제로 대두되고, 다시 정치와 종교와 교육이 유착되고 있었다.[4]

오카와 슈메이는 그 외적인 호칭들 즉 종교·교육·정치의 혼동을 피하

---

3   山田芳則, 『幕末·明治期の儒學思想の変遷』, 思文閣出版, 1998, 190~194면.
4   村岡典嗣, 『日本思想史研究』 第3, 岩波書店, 1975, 190~205면.

고, 내적으로 통합되고 정돈된 논리로 도통(道統)을 상정하면서 출발했다.[5]

오카와 슈메이는 송대(宋代) 유학이 '동아의 지도 원리'라고 전제하면서 새로운 해석을 위해 스스로가 『중용신주(中庸新注)』를 저술했다. 이에 대한 선행 연구로서, 다케우치 요시미(竹内好)를 들 수 있는데 다케우치는 "오카와 슈메이의 교양적 근간이 된 것은 역시 한학 특히 송대 유학이라고 생각한다. 교양의 근간뿐만 아니라 사상의 핵(核), 혹은 사상의 틀이 그것으로 만들어져 있다는 느낌이다. 그것은 경세제민(経世済民)과 형이상학의 지향이 합체되고 있는 것으로, 이 양국분해(両極分解)가 끊임없이 오카와의 내부에서 움직이고 있다고 추정된다. 그 틀 위에서 서양 사상적 살을 붙여가고 있었다. 그렇기 때문에 비유적으로 말하자면 플라톤과 아리스토텔레스가 상호간에 억지력이 되는 것 같은 느낌이다. 이것이 오카와 슈메이 사상 구조의 특징이 아닐까"[6]라고 평가했다.

특히 다케우치는 『중용신주』에서 오카와 슈메이가 '유교'를 '도(道)'의 근본 원리를 밝혀내는 '종교'라고 정의하는 점에 주목하여, 오카와

---

5 大川周明,「中庸新註」,『大川周明全集』第3巻, 4~6면. 유교는, 종교, 도덕, 정치의 삼자를 포용하는 하나의 교계(教系)이다. 그것은 인생을 종교, 도덕, 정치 세 방면으로 분화시키는 것이 아니라 (…중략…) 외면적 혼돈을 가지면서도 철저하게 내면적 통정(統整)을 부여한 하나의 도통(道統)이다.

6 竹内好,「大川周明のアジア研究」, 丸川哲史・鈴木将久 編,『竹内好セレクション Ⅱ－アジアへの/からのまなざし』, 日本経済評論社, 2006, 350~354면. 특히 오카와 슈메이의 저작에서도 정치와 종교 사이의 관련성을 취한 시점은 확인할 수 가 있는데 그것은 유교관(儒教観)이기도 하면서 동시에 오카와 슈메이의 종교관(宗教観)이기도 한 것을 다케우치 요시미는 "오카와 슈메이의 종교관에서는, 종교는 인간정신 발현의 최고형 태라고 하면서도 꽤 도덕과 접근하는 방식이다. 오히려 도덕의 궁극에 있는 것, 따라서 연속된 것 이라는 냄새가 강한 것이다. 종교가 도덕과 배치(背馳)한다는 사고방식은 배제된 것처럼 보인다. 종교는 지적으로 파악하려고 하면 반드시 이렇게 되는 것인가 어떤가, 그것은 나에게는 잘 모르겠지만, 여하튼 종교와 도덕과의 사이에 단절을 인정하고 싶지 않은 것 같다"며 오카와 슈메이가 '종교와 도덕'을 연결하는 시점을 제시해주고 있다.

슈메이는 '유교'가 정치와 종교가 혼연일체의 성격을 갖고 있다고 파악했고, 그것은 오카와 슈메이의 오리지널리티라기보다는 당시 '일본의 특징으로서 나타난 흐름으로 정치·교육·종교의 상관성에 대한 문제'를 '유교종교론'으로 잉태한[7] 것이라고 보았다. 그러한 의미에서 오카와 슈메이의『중용신주』가 형이상학적인 측면이 존재한다고 보고, 이러한 형이상학적 해석은 '신비적인 속성이 보태어진 것'[8]으로 평가했다.

이처럼 오카와 슈메이가 종교, 도덕, 정치의 외면적 차이에 대해 설명하고, 시대의 종교와 도덕, 교육, 정치의 혼동 논쟁을 극복하려는 시도가 존재했다는 점을 설명해 준다. 이는 서구 종교 이론을 받아들인 것이 아니라, 서구 사회에서 벌어진 종교 연구의 시대적 흐름 이론을 응용하고 있었음을 짐작하게 해준다.

서구 사회에서 벌어진 종교 연구의 시대적 흐름 이론을 구체적으로 보면, 신학(神學)의 발생 경위적 시각, 즉 종교 역사의 흐름 속에서 비교종교학이 발생하면서, 새로운 이론으로 자리를 잡고 있었다. 그 이론은 상대주의 시각을 낳았지만, 그 비교종교학이라는 단순한 비교의 논리를 다시 비판하는 입장을 받아들이게 된다. 즉, 종교의 루트와 종교적 차이를 비교하는 입장이 아니라, 종교는 모든 인간에게는 종교심이라는 공통점이 존재하는데, 이러한 종교심이 종교 현상으로 나타난 것에 불과하다는 논리를 인지하게 된 것이다.[9] 그래서 종교라고 명명하지만 그 종교가 갖는 차이는 표면적 '표출 방법이나 방식의 차이'에 지나지 않는

---

7 飯田篤司, 「'自然的宗教'概念の歴史的位置をめぐって」, 『東京大學宗教學年報』 14, 1996, 41면.
8 清家基良, 「大川周明試論」, 『政治經濟史學』 230, 日本政治經濟史學研究所, 1985, 16면.
9 宮川英子, 「宗教研究の中の宗教學」, 『現代思想』 7(vol.30-9), 青土社, 2001, 31~32면.

것이라는 '종교 해석 원리'를 발견한 것이다. 오카와 슈메이는 이를 『중용』해석에 응용하고 있었다.

또한 스즈키 마사세쓰(鈴木正節)가 오카와 슈메이가 "신비주의로 향한 점과 프로테스탄트 신학을 꼼꼼하게 추적하면서 총체적으로는 종교를 학적(學的) 대상으로 한 포괄적인 학문을 수립하고 싶었던 것"[10]이라고 지적하는 것처럼, 오카와 슈메이는 시대적 흐름을 흡수하면서 새로운 포괄적 학문을 정립하려고 했던 것이다.

이처럼 오카와 슈메이는 『중용』을 새롭게 자신만의 특성으로 '해석'해 내려 했던 것이다. 그것은 오카와 슈메이의 『중용』연구가 '종교 연구 흐름 속'에서 이루어진 '유교, 종교, 도덕' 연구의 총체적 사상사 연구이기도 했고, 그것이 바로 오카와 슈메이의 『중용』해석이 갖는 특징이었다. 서구적 흐름을 수용하면서 역설적으로 일본의 『중용』해석을 서구와 접목시켜, 서구라는 보편 견지에서 찾아내는 일본의 보편적 『중용』론이 될 가능성을 발견해 낸 것이다. 이는 당시 오카와 슈메이의 인식론적 특징으로 나타나고, 동시대의 서양의 움직임과 일본내부에서의 움직임을 '간파'하는 새로운 원리를 만들어낸 것이다. 서구의 종교 연구 흐름이 갖는 틀을 '모방'하면서 '일본의 유교' 즉 중용을 재해석해 내는 독자적 시점을 갖는 논리이기도 했던 것이다.

그러한 연구 방향이 보여주는 것은, 종교학도 그 자체도 시대적 흐름을 배경으로 재해석되는데, 그것은 그 시대 시대마다 인간이 만들어내는 '대상에 대한 담론'에 불과하다는 점을 자각했던 것이다.

---

10   鈴木正節, 「アジア主義の源流―青年大川周明論」, 『流動』 9月號, 206~207면.

특히 앞서 미야카와 에이코(宮川英子)가 제시한 "종교철학이 계몽사상과 로망주의의 영향을 받아 성립되면서도, 종교철학이 그 성질을 보여준 것은 '이신론(理神論, deism)'이었고 그것은 신에 대한 신성한 이미지의 모든 것을 배제하고, 도덕적인 존재로서 이해하려는 것"[11]이라는 점에서 오카와 슈메이는 '일본적 종교가 가진 종교성'에 힘을 얻었다. 바로 신비주의적 입장으로 이성이 아니라, 초감각적인 논리로만 종교의 진실이 파악 가능하다고 보는 논리였던 것이다. 이는, 오카와 슈메이가 '이신론(理神論)에 비판적이었고, 오히려 신비주의로 향했음을 설명해 낸 논리'[12]였던 것이다.

이처럼 구체적으로 이신론을 비판하고 신비주의로 향하게 되는 오카와 슈메이의 인식은, 역으로 로망주의에 의해 계몽주의가 극복되고[13] 종교철학도 이후에 인간의 '비합리적인 측면'에 대한 이해를 중시하게 되는 '이론'을 전략으로 활용해 간다. 비합리적이라고 간주하는 이성주의적 관점에서 보아 이해하지 못하지만, 그 비합리주의적이라고 여겨지는 초감각적 세계를 서구 극복 이론으로 치환시킨 것이다.

오카와 슈메이는 서구에서 발생한 '종교와 신학'의 관계에서 시작되고 전개된 '담론'으로서의 종교 개념은 역시 유럽의 개념이었기 때문에 종교에 대해 '새로운 개념을 만들어내고 종교에 환원되는 것은 다시 유럽중심주의적인 행위가 되어 버린다는 딜레마를 극복하기 위한 '『중용』 연구'였던 것이다.

---

11 宮川英子, 「宗教硏究の中の宗教學」, 『現代思想』 7(vol.30-9), 30면.
12 鈴木正節, 「アジア主義の源流―靑年大川周明論」, 『流動』 9月號, 206~207면.
13 增田眞, 「啓蒙と神秘思想」, 『啓蒙の運命』, 名古屋大學出版會, 2011, 138~165면.

3. 『대학』과 『중용』의 발견 — 이중적 시선의 자각

오카와 슈메이는 '유교 정신의 근본' 이해를 위해 읽어야 하는 저서가 무엇보다도 『대학』과 『중용』이라고 강력하게 역설했다. 유교의 핵심 사상은 바로 '명체달용(明体達用)'인데, '명체(明体)'란 본체(本體) 또는 본질을 밝힌다는 것이고, 달용(達用)이란 어떤 일의 작용 혹은 구체적 실현이라고 보았다.[14] 즉 명체란 '무엇(What)인가'라는 문제를 밝혀내는 '이론'적 방법론이고, 달용이란 '어떻게(How)'를 밝히는 '실천'으로서 이론과 실천을 동시에 제시[15]하는 것으로 '이론'과 '실천'을 동시에 보여주는 저서였기 때문에 더더욱 중요했다.

특히, 오카와 슈메이는 '대학지도(大學之道), 재명명덕(在明明德), 재친민(在親民), 재지어지선(在止於至善)'에 대해, "대학의 도(道)는 명덕(明德)을 밝히는 것에 있고, 민(民)을 새롭게 하는 것에 있으며, 지선(至善)에 머무는 것에 있다"[16]고 해석한다. 다시 말해서 오카와 슈메이는 '재친민(在親民)'을 '백성을 친애(親愛)한다'가 아니라, '백성을 새롭게 한다'[17]는 쪽으로 해석했다. 민(民)을 새롭게 한다는 의미의 민(民)은 사회적 생활을 영위하는 인간 전체로서 공동생활체를 가리키는 것이었다. 그러니까

---

14 大川周明, 「中庸新註」, 『大川周明全集』 第3卷, 3면.

15 大川周明, 「『大學』の根本精神」, 『大川周明全集』 第3卷, 79면; 大川周明, 「中庸新註」, 같은 책, 3면.

16 大川周明, 「『大學』の根本精神」, 『大川周明全集』 第3卷, 79~80면.

17 宋天正 注譯, 楊亮功 校訂, 『大學中庸』, 重慶出版社, 2009, 6면. 친(亲)은 신(新)으로 간주한다고, 주자가 그 의의를 말했다. 새로운 것이란 옛것을 혁신한다는 것이다. 왕양명은 이를 친민(親民)이라고 보았고, 친민은 인민과 친하다는 의미로 사용했다.

민을 새롭게 한다는 것은 도념(道念), 즉 덕에 준하여 부단히 사회를 개선하고 갱신해 나가야 하고, 이를 일본 내에서 지속적으로 실행해 가야 한다고 주장하기 위한 것이다. 그리고 그를 통해 이루어지는 사회 개조는 개인이 선(善)에 이르는 것으로 시작되어야 하고, 이상론이기는 하지만, 그 이상에 이르기 위해서는 명덕(明德), 즉 도덕적 본질을 선명하게 밝히는 것으로부터 시작해야 한다고 보았다.

그런 의미에서 오카와 슈메이에게는, 도덕 그 자체를 제시하고, 백성을 새롭게 해야 하는 논리가 여기서 중대한 개념으로 자리를 잡고 있었던 것이다. 역으로 오카와 슈메이는 백성을 새롭게 해야 하는 이유와 그 도덕을 분명하게 제시할 필요성 근거를 이『대학』의 해석에서 찾아낸 것이다.

먼저,『대학』의 명체달용이 이론과 실천의 양면을 갖추고 있는 것이며, 도(道)는 덕(德)을 밝히는 것으로서 도덕적 본질을 선명하게 제시하는 것이라고 했는데, 이 명덕은 '개인적 방면'과 신민(新民)이라는 '공동체의 사회적 방면'으로 구분하면서 출발했다.

그리고『중용』에서 말하는 '천명지위성(天命之謂性), 솔성지위도(率性之謂道), 수도지위교(修道之謂敎)'를 오카와 슈메이는 구체적으로 "천명(天命)을 성(性)이라고 부르고, 성에 따르는 것을 도(道)라고 말한다. 도를 수양하는 것을 가르침(교, 敎)"[18]의 관계성에서 설명해 냈다. 이에 대해서는 특별하게 각주를 달아 첫째 '수도(修道)'는 보통 '도(道)를 수양한다'라고 읽는데, '도를 수양해야 하는 것'이 '가르침(교, 敎)'이라는 점, 둘째는 이

18　大川周明,「中庸新註」,『大川周明全集』第3卷, 9면.

것은 도덕적 법칙을 하나의 체계로 조직하는 것이라고 여겼다. 도의 수양 즉 가르침의 문제와 도덕의 법칙을 찾아내야 한다는 의미였다.

이것이 결합되어 완성되면, '중화(中和)'에 도달한다고 보았다. 즉, 중(中)은 형이상학적 자아(自我)로 인간의 본체(本体)를 가리키고, 화(和)는 도덕적 질서로서 도덕적 본체를 파악하고, 도덕적 질서를 실현한다는 것[19]으로 '중화'의 경지를 설명해 냈다.

다시 말해서 오카와 슈메이는 '도(道)를 수양한다'라고 읽는 것이 아니라 '도를 수양해야 하는 것'이라고 읽었는데, 여기에 오카와 슈메이의 특이성이 존재했다. 이것은 도(道)를 수양해야 하는 것과 도덕적 법칙이 체계적으로 조직되어야 한다는 논리로 연결시켰다. 즉, 오카와 슈메이는 도덕의 양상을 파악하고, 그 도덕의 법칙이 갖는 연결고리를 찾아냈고, 그러한 과정을 통해 '중화'에 이르게 되면 이상이 실현되는 것이라고 보았다.

이를 실천하는 논리는, 『중용』의 핵심인 성(誠)[20]이었다. 오카와 슈메이는 "성(誠)은 문자의 구성이 이미 보여주듯이 '말(言)'이 이루(成)어지

19　大川周明, 「中庸新註」, 『大川周明全集』 第3卷, 10면.

20　大川周明, 「中庸新註」, 『大川周明全集』 第3卷, 49면. 성(誠)은 천(天)의 도(道) 즉 형이상학적 원리이다. 형이상적 원리를 의식적으로 파악한 것이 인(人)의 도(道) 즉 도덕적 원리이다. 성(誠) 그것은 자연법이(自然法爾)이다. 인간의 이를 의식하는 것에는 논의가 필요 없고, 천지인(天地人)을 일관해서 생하고 있다. 아무런 노력도 없이 태어나면서 형이상적 원리를 인식하여, 이에 따라 행동하는 것은 성인이다. 이를 성실하게(誠) 한다는 것은 선(善)의 이상을 명확하게 하여, 견고(堅固)하게 이를 파악하는 것이다. 성실한 자는 하늘의 도(道)요, 성실히 하려는 자는 사람의 도(道)이니, 성실한 자는 힘쓰지 않고도 도(道)에 맞으며, 생각하지 않고도 알아서 종용(從容)히 도에 맞으니, 성인(聖人)이요, 성실히 하려는 자는 선(善)을 택하여 굳게 잡는(지키는) 자이다. 성백효, 『大學 · 中庸集註』, 전통문화연구회, 2014, 127면.

다'라는 것이다. 그래서 언(言)이란 'Logos' 즉 이법(理法)이기 때문에, 말(언, 言)이 이루어지다란 이법의 구체적 실현이라는 것이다. 그리하여 성(誠)을 마코토(マコト)라고 훈독하는 것은 더없이 적절한 것이라고 말하지 않을 수 없다. 일본의 마코토 또는 미코토(ミコト)의 고토(コト)는 사(事)이다. 그래서 사(事)는 언(言)에 대한 것 즉 'Logos'에 대한 'Tat'이다. 그렇기 때문에 미코토는 '이법(理法)의 아름다운 실현(実現)'이고, 마코토는 '이상의 발현(発現)'[21]이라고 설명했다.

즉, 오카와 슈메이는 성(誠)을 이법(理法)이라고 해석하면서, 일본어 '마코토'와 연결시켰다. 여기서 말하는 성(誠)이 언(言) 즉 이법(理法)으로서, 이러한 이법은 천(天)으로 연결시킨 것이다. 또한 역설적으로 천은 다시 성(誠)에 의해 분명해지는데 이는 다른 말로 성(性)이라고 보았다. 이는 『중용』의 서두에서 '천명(天命)을 성(性)이라고 말한다'는 논리를 오카와 슈메이가 재구성해 낸 것이다. 즉, 형이상학적으로 인식하면 그것은 천(天)이고, 이를 도덕적 원리로서 파악할 때 성(誠)이 되는 것이다. 그렇기 때문에 성(誠)은 도덕적 원리이기 때문에 인격적 생활에 있어서의 최고의 통일 원리[22]였던 것이다.

이처럼 성(誠)을 오카와 슈메이는 '이법의 실현'과 최고의 '통일 원리'라고 해석하는데, 그것은 곧 "천명(天命)을 인식하고 이를 도덕적으로 파지(把持)하는 지성(至誠)인 사람은, 자기의 본질을 존분(存分)하게 발휘할 수가 있다. 개인으로서 자기의 본질을 발휘한다는 것은 다시 개인들이 전부 그러하기 때문에 만인(萬人)의 본질을 발휘한다"[23]는 것으로 연결된다.

---

21   大川周明, 「中庸新註」, 『大川周明全集』 第3卷, 51면.
22   大川周明, 「中庸新註」, 『大川周明全集』 第3卷, 52면.

만인의 본질을 발휘한다는 것은 모든 존재가 그 의의가 발휘된다는 것이었다. 이것이 하나의 이상이기는 하지만 여기에 원리가 존재했다. 다시 설명하면, 이법의 실현과 성(誠)이라는 통일 원리란, 자신의 본질을 발휘 → 만인의 본질을 발휘 → 우주의 창조에 참여 → 우주 그자체가 된다고 해석했다. 바로 이것이 오카와 슈메이가 관심을 가진『대학』과『중용』의 핵심이었다.

이를 위한 첫 시도는 기존의 맹자의 해석 즉 "『대학장구(大學章句)』의 경(経) 제1장은 세 강령 즉 명명덕(明明德), 신민(新民), 지지선(止至善)과 팔조목(八條目)으로서 격물(格物), 치지(致知), 성의(誠意), 정신(正身), 수신(修身), 제가(斉家), 치국(治國), 평천하(平天下)를 설파했는데, 명명덕은 수기(修己)에 해당하고, 신민은 치인에 해당한다. 그리고 명명덕과 신민의 실천주체가 천리(天理)에 준칙(準則)하는 것이 지선"[24]이라고 해석한 부분에 대한 재해석이었다.

즉 '명명덕 = 수신'과 '신민 = 치인(治人)'을 확연하게 구분하고 팔조목을 배당시킨 해석에 대한 반응이었다. 오카와 슈메이는 이러한 패러다임을 바꾸어 버렸다.

『대학』의 팔조목은 시간적인 순서가 아니며, 수신을 완전하게 한 다음 비로소 제가(斉家)를 하고, 제가가 완전해져서 치국을 행한다는 것이 아니다. 이들 여덟 개는 동시에 실현하지 않으면 안 된다. 즉 우리들의 인격적 생활은 동시에 이들의 모든 것을 그 내용으로 하지 않으면 안 된다. 그렇기 때문

---

23   大川周明,「中庸新註」,『大川周明全集』第3卷, 52면.

24   松田公平,「朱子學・陽明學における『大學』」,『江戸の儒學』, 思文閣出版, 1988, 12면.

에 『대학』은 이들 여덟 개를 수신이라는 한마디로 총괄하여, 위로는 천자에서 아래로는 서민에 이르기까지 하나 수신을 통해 근본으로 한다고 말하고 있다. 신(身)이라고 하는 것은 인격을 가리키는 것으로, 수신이란 인격의 장양(長養)을 말한다. 그리고 인격에는 앞서 말한 것처럼 개인적인 면과 사회적인 명이 있기 때문에 스스로 팔조목이 실현되고 따라서 명덕을 밝히고, 민을 새롭게 하는 것이다.[25]

즉 팔조목을 관통하는 것은 '동시성'인데, 이는 시간 순서로 이행하는 것이 아니고, 동시에 실천되어야 하며, 그 동시성에는 천자와 서민이 개별적인 것이 아니라 이것 또한 동시적이었다. 오카와 슈메이는 바로 동시성이라는 패러독스를 발견한 것이다. 오카와 슈메이가 제시하는 것은 유교 내부에서 벌어지는 해석 차이와의 거기였다. 그러니까 오카와 슈메이는 시간의 통과나 과정을 분리하지 않았다. 그것 자체를 동시적인 것으로 파악한 것이다.

즉, 수신은 '격물, 치지, 성의, 정신, 수신, 제가, 치국, 평천하'의 순서적인 것이 아니라, 그 자체가 '동시적'으로 이루어져야 하는 것이었다. 단지 그것은 개인적인 것과 사회적인 것으로 나누어질 뿐이었다. 수신이나 장양의 문제는 개인이냐 사회이냐가 문제인 것이지, 순서의 문제가 아니었다.

오카와 슈메이는 『중용』의 문구를 있는 정주(程朱)의 해석을 수용하는 것이 아니라, 자신이 발견한 새로운 '이법'에서 찾아내고, 그 이법 실현

25　大川周明, 「『大學』の根本精神」, 『大川周明全集』 第3卷, 81~82면.

을 위해 '통일 원리'를 자체를 설명해 내려 했던 것이다. 오카와 슈메이는 우주를 설명해 내는 이법 구축하고 있었다.

오카와 슈메이에게 유교는 서구에서 주장하는 시간의 흐름이라는 진화 논리의 틀로 갇히는 것이 아니라, 그 외부로서 시간 축 옆에 동시적인 '다중시간'을 도입함으로써 '서구 시간'과 '동양시간'이 선진과 후진을 구분하지 않는 논리 축으로 이동시키는 데 성공했다.

이는 동시에 유교 내부의 차이 논쟁에 대해서도 문제를 해결할 수 있었다. 오카와 슈메이는 '유교 내부 간에 대립이 생기는 것은 그 원인을 따져보면 개인과 사회를 별개의 것으로 파악하고 있기 때문인데, 대다수의 연구자들이 개인이 먼저 개별적으로 존재하고, 그 단일 개인 다수가 서로 얽혀서 사회를 형성하는 것이라고 전제'하는 그 사고방식에 문제가 있다고 본 것이다. 그 전제성이 존재하기 때문에 사회 형성의 변동이나 변동 원인에 대한 의견으로서 개인과 사회의 연관 관계에 대한 논쟁이 생겨난다고 깨닫게 된 것이다.

오카와 슈메이는 바로 이러한 개인과 사회의 관계를 논할 때 주로 어느 곳에 중점을 두는가에 따라 충돌되는 두 개의 관념이 전해진다고 보았다. 하나는 개인주의로서 개인을 자신 스스로의 독립된 '실재'라고 여겨 사회는 개개의 인격의 행복 또는 향상에 도움을 주는 것에만 의의가 있다고 보는 견해였다. 또 다른 하나는 역방향 논리로서 개인을 통해 단독으로 사회의 성원으로서 존재한다는 개인 그 가치를 부정하는 것이었다.

이러한 이분법적 경향에 대해 근대 유럽적 사상에서 나타난 것으로 이에 대한 서구 사상에서 전자는 훔볼트(Humboldt)의 주장이고, 후자는 헤겔(Hegel)의 국가론에서 가장 잘 보여주는 것[26]이었다. 즉, 훔볼트와 헤겔의 논리를 원용 즉 기존의 이론적 체계의 답습과 비판이 필요했다. 이를 재해석해 내는 오카와 슈메이의 인식 속에는 동양과 서양을 구분하는 '상대적' 입장도 '소거'되고, 유교 내부의 '입장 차이'도 소거되는 이중 소거 위에서 다시 '동서융합, 유교 내부 통섭'이라는 새로운 '학지'로서 『대학』과 『중용』을 발견해 냈던 것이다.

오카와 슈메이의 입장에서는 '서구의 철학'이 가진 대립적인 개념과 내부에 존재하는 윤리, 종교, 정치의 구분이 갖는 '모순'을 동양의 전통에 '이미' 존재했다고 보고, 동양 전통의 정신에 복귀해야 함을 논하게 되는 확신을 갖게 된 것이다.

오카와 슈메이는 "유교에 있어서는 서양처럼 윤리학과 정치학이 분화되어 있지 않다"[27]는 것에 착목했다. 그리고, 바로 이 부분에서 동서양의 조화와 유교 내부의 조화의 논리로서 설명하는 것이었다. 다시 말해서 '서구가 동양을 상대화하지 못하는 것'은, 유교는 세계를 천지인(天地人) 각각의 세계로 나누면서도, 공통 분모인 도(道)를 통해서, 전체를 통합해 볼 수 있으며 서로를 상대화한다고 설정한 것이다. 이는 영국의 시인 윌리엄 워즈워스(William Wordsworth)가 "신(神), 자연, 인생이라는 세 가지 논리"[28]의 결합과 연결되는 것으로 보았다.

이처럼 오카와 슈메이는, 인간은 우주를 파악하는 데 있어서, 현실과 비현실의 세계를 인지하는 방법론의 구성이었다. 그것은 동양과 서양의 문제를 넘고 유교 내부의 차이를 넘는 유일한 방법이기도 했다. 그런데

---

26   大川周明, 「『大學』の根本精神」, 『大川周明全集』 第3卷, 80~81면.
27   大川周明, 「『大學』の根本精神」, 『大川周明全集』 第3卷, 83면.
28   大川周明, 「儒教の政治思想」, 『大川周明全集』 第3卷, 86면.

그것을 주체적으로 실천하는 것이 필요한데, 그것은 천(天)으로부터 본래 주어진 '성'을 통해 가능해 지고, 그것을 위해서는 천명을 아는 것과 수신이 필요하다고 보았다.

이 수신은 앞서 언급한 것처럼, 정주의 이론처럼 시간상으로 차이를 두고 일어나는 것이 아니라 개인과 치인(治人)이 동시에 실천해야 한다고 보았다. 즉, '수기(修己) = 개인'이고 '치인 = 이상사회 실현'인데, 그것은 개인적인 것과 사회적인 것이 분리가 아니라 동시에 진행되어야 하는 것이었다. 그리고 그것의 시작은 즉 '발(發)의 의미'를 통해서만 확인이 가능했다. 그것은 주자가 해석한 이론으로 가능했다. 즉 "개개의 사물마다의 이치를 규명하고 기존의 지식과 이치를 확대해가면 각각의 사물의 이치와 인간의 근원이 동일하기 때문에 이것이 한순간에 깨닫게 되고, 결국 사물을 알게 되는 명지(明智)를 얻는다"[29]는 것이 그것이었다.

여기서 오카와 슈메이의 서구적 종교 흐름 속에서 획득한 인간의 근원성과 사물의 근원성이 다시 일체화된다. 오카와 슈메이는 인간이 가진 공통적 근원성을 인정함으로서 천(天)으로부터 부여받은 모든 개인에게 잠재적으로 존재하는 것으로, 그것을 통해 주체성을 자각해야 한다고 보았다. 그것은 천에 의해 주어진 주체와 '수양'에 의해 작동되는 '주체'의 일체성이었다. 그것만이 도덕을 깨닫게 되고 그것을 위해서는 성인을 목표로 하는 의지(志)가 '비로소 시작'되는 것이었다.

이러한 해석은 서구적 종교의 시간흐름과 궤를 달리하는 유교적 시간

---

29 赤塚忠, 『新釋漢文大系(2)—大學・中庸』, 明治書院, 1967, 13면. '즉물궁리(即物窮理)'의 논리는 주자의 철학체계를 완결시키는 중심의 위치에 있으며, 게다가 『대학』의 '치지재격물(致知在格物)'을 기본으로 전개하고 있으며, 또한 그곳에 표명된다.

흐름을 확대 해석하면서 새로 그어진 시간 축을 통해서 가능해졌고, 그 것은 수양과 주체의 자각을 정신의 탈'주체'화를 의도적으로 의심하는 것 자체와 해체라는 탈구축 논리를 통해서였다. 그러니까 오카와 슈메이의 '수양과 주체'도 '주자학'적 해석과 '종교적 해석'의 흐름 속에서 존재하면서 그 자체를 부정하는 논리로서 구성되고 있었다.

4.『중용』과 보편적 '통합' 개념의 발견

앞서 언급한 것처럼 오카와 슈메이가 주목한 것은 '동시성'과 '혼연 일체성'이었다. 즉 개인적인 것과 사회적인 것은 서로 분리되어 형성되고 조직되는 것이 아니라, 동시에 이루어지는 것이라고 보았다. 모든 개인에게는 '내적'으로 '성'(誠)을 갖고 있다는 점[30]에서 본격적으로 설명 가능했다.

오카와 슈메이는 실제로 '성'(誠)을 개인의 내면에 선험적으로 구유하고 있는 것이라고 말하고 있듯이 '개인이 가진 보편적 특성'을 중시했다.[31]

---

30 大川周明,「中庸新註」,『大川周明全集』第3卷, 4면.

31 大川周明,「中庸新註」,『大川周明全集』第3卷, 22~23면. 오카와 슈메이는 군자(君子)의 도(道)라는 것도 단순하게 도(道)라고 하는 것과 마찬가지이다. 인격적 생활을 영위한다는 것은 군자 자연적 생활에 빠지는 것은 소인(小人)이라는 것이다. 비(費)는 많음(澤山)이라는 말로, 보편적이라는 뜻이다. 은(隱)은 눈으로 보이지 않는 것으로 잠재적(潛在的)이라는 의미이다. 찰(察)은, 현저명맥(顯著明白)함을 말한다고 부연 설명했다.

즉, 개인 개인마다 보편적이고 동시에 잠재적인 '도(道)'를 갖추고 있는데, 이것은 도덕으로 꽃피울 수 있는 종자를 소유한 것이라고 표현한다.

그렇기 때문에 일반인이라 하더라도 도(道)를 인식하고 생활상에 반영하면 성인이 되는 것인데, 그것은 실제로는 성인이라 하더라도 불가능한 것을 알고 있었다. 그렇지만 인간의 보편적 공통성을 '도(道)의 소유'에 두고, 그것에 대해 자각하는 것이 도덕적 인격을 갖는 것인데, 이를 위해서는 동시에 끝없이 노력해야 하는 것이라고 보았다.

그렇기 때문에 '영웅'의 소질은 각각의 개인에게서 존재하는 것으로, 종교적이거나 정치적인 대표자를 원하는 것이 아니라고 보았다. 이것은 카 라일(Thomas Carlyle)이 논하듯이, 그것은 바로 영웅이 시대를 움직이던 시대가 아니라, 대중 속에서 영웅과 같은 '존재'를 발견하고, 대중이 시대를 만들어가는 것을 의식[32]하고 있었기 때문이었다.

이것이 모든 개인에게 구유(俱有)된 전체 규범이 존재하는 것으로서 인간 전체를 설명해 내는 것이라고 보는 논리와 만나게 된다. 즉 개인에게 전체가 존재하기 때문이다.

그러한 유교적 천지인의 해석은 다시 "천명(天命)이란 인간 내면의 천(天)으로 칸트의 '우리들 마음속의 신(Gott in uns)' 또는 '우리들 마음속

---

32 カーライル, 石田羊一郎・大屋八十八郎 譯, 『英雄崇拝論』, 丸善, 1893, 21~34면; カーライル, 土井晩翠 譯, 『英雄論』, 春陽堂, 1898, 1~17면. 이후 카 라일의 영웅숭배론은 스미야 덴라이(住谷天来)에 의해 1900년에 이루어졌고, 계속해서 1902년에 마사오카 게이요(正岡芸陽)가 영웅주의(英雄主義)로 그를 비평하고, 혼다 마스지로(本田増次郎)가 1904년에 『카 라일 영웅론상해(カーライル英雄論詳解)』를 간행했다. 다시 1909년에 쓰치이 린키치(土井林吉)가 『영웅론(英雄論)』으로 번역 개정판이 발간되어 갔다. 高山樗牛, 「カーライル氏の英雄論翻譯について」, 高山林次郎, 斎藤信策・姉崎正治 編, 『樗牛全集(文芸及史伝上)』第2巻, 博文館, 1912, 575~584면.

의 초감자(超感者, Das Übersinnliche in uns)'이다. 인간의 복잡한 정신적 활동의 근저에는 '하나의 통일적 생명'이 작동하고 있다. 이 통일적 생명이 중용에서 말하는 성(性)으로 우리들은, 이를 자아(自我)라고도 부른다. 또는 인격이라고도 말한다. 중용에 따르면 우리들 마음속의 천(天)의 구체적 발현"[33]이라고 설명한다.

특히 천(天)의 구체적 발현으로서 자아는 개인 개인에게 '초감자'적으로 구유된 것으로 그 정신적 활동에는 '하나의 통일된 생명'이 작용하고 있는 것에 주목했다. 이 통일적 생명을 성(性)이라고 간주하고, 이를 자아라고 규정했다. 그 자아가 천의 구체적 발현으로 나타나는 것이라고 보았다.

오카와 슈메이의 입장에서는 바로 이 초감자적인 것이야말로 '서구적인 것과 동양적인 것'이 융합되는 논리로서 새로운 의미를 부여할 수 있었다. 오카와 슈메이는 중용에서 보이듯이, '비아(非我)'의 세계인 천지인(天地人)으로 세분되는 자아와 비자아의 관계를 총체적으로 조감하는 것이 바로 종교와 도덕과 정치의 조합이었다.

천(天)은 인간 생명의 본원(本原)으로서, 그 직접적인 것은 부모(父母)이고, 부모로부터 거슬러 올라가 일문일가(一門一家)의 생명의 본원에 이르고, 더 나아가 국민 전체의 생명에 거슬러 올라가, 결국에는 우주 그 생명에 소원(溯源)된다. 이 천(天)에 대한 올바른 관계의 실현은 다름 아닌 종교이고, 유교에 있어서는 이를 '경(敬)'이라고 부른다. 그것은 인성(人性)에 본구(本具)

33　大川周明, 「中庸新註」, 『大川周明全集』 第3卷, 10면.

하는 외경(畏敬) 신뢰의 감정(感情)을 세련(洗練) 순화(純化)시킨 것이다. 지(地)란 정신(精神)에 대한 자연(自然)이다. (…중략…) 이 자연에 대한 올바른 관계, 즉 바꾸어 말하자면 우선 정신의 지배를 확립하고, 다음으로 정신에 귀일(歸一)시키는 것은, 다름 아닌 협의의 도덕 그것인데, 유교에서는 이를 '의(義)'라고 부른다. 그것은 인성(人性)에 본구(本具)하는 수치의 감정을 단련(鍛鍊)하고 도야(陶冶)하는 것이었다. 인(仁)이란 자기(自己)와 평등한 가치를 가진 인격자로서의 인(人)이다. 인격자란 이성적으로 알고(知り), 도덕적으로 행동하는 주체이다. (…중략…) 이 인격의 무한성을 유교에서는 '양지양능(良知良能)'이라고 부른다. 그렇기 때문에 인(人)에 대한 올바른 관계는 양지양능을 포장(包藏)하는 생명의 생생한 발전을 상호 부조(扶助)하는 것이다. 그것은 인성(人性)에 본구(本具)하는 애린(愛憐)의 감정을 순화하는 것에 의해 실현시킬 수 있는 것으로 유교에서는 이를 '인(仁)'이라고 부른다. 그렇기 때문에 인간의 공동생활에 있어서 각 개인마다의 생명을 각각의 분(分)에 맞게 가장 훌륭하게 생생하게 발전시키기 위한 노력이 다름 아닌 '정치'이다. 따라서 정치란 객관화된 인(仁), 혹은 조직화된 인(仁)이다.[34]

이 천(天)에 대한 올바른 관계의 실현은 다름 아닌 종교였고, 유교에 있어서는 이를 '경(敬)'이라는 호칭으로 되었다고 보았다. 그리고 지(地)에 대해서는, 정신(精神)에 대한 자연(自然) 협의의 도덕이며 유교에서는 '의(義)'라고 부르며 이는 정신의 지배를 확립하는 것이라고 답했다. 그리고 인(仁)이란 인격자로서의 인(人)이며 이는 인간의 공동생활에 있어

---

34 大川周明, 「中庸新註」, 『大川周明全集』 第3卷, 4~5면.

서 개인마다의 각각의 분(分)에 맞게 발전시키기 위한 노력인데, 이것이 다름 아닌 '정치'라고 해석했다. 바로 천지인(天地人) 속에 종교와 도덕과 정치가 합체되는 논리가 설명된 것이다.[35]

그래서 그 천(天)은, 생명의 원천이기 때문에 이곳에서 모든 이성이 시작된다고 보고, 천(天)을 하나의 원천론으로 제시하면서 그 천에 의해 분화된 것들의 내부에 존재하는 '공통성'을 찾아낸 것이다. 인간의 본원적 인식으로서 바로 그 생명에 대한 이해에서 출발한 것이다. 오카와 슈메이는 천(天)이 말하는 생명의 근원을 종교로 연결시켜 간다.

> 귀신(鬼神)의 덕(德)이라는 것에 대해서는 고래부터 여러 가지 해석이 있는데, 나는 간단명료하게 정신의 힘(精神の力) 또는 우주의 생명력이라고 해석한다. 이 생명은 여러 가지 모습을 취하고 인간의 종교적 숭배의 대상이 된다. 그리고 정신 또는 생명이란 결국 천(天)이다. 그렇기 때문에 귀신(鬼神)이란 종교적으로 파악된 천(天)의 여러 모습이다.[36]

오카와 슈메이는 귀신의 덕(德)을 '정신의 힘(精神の力) 또는 우주의 생명력'이라고 해석했다. 그리고 이 생명은 여러 가지 모양으로 존재하는

---

35 大川周明, 「中庸新註」, 『大川周明全集』 第3卷, 31면. 천(天)에 대한 올바른 관계의 실현은 다름 아닌 종교이다. 유교에서는 이를 '경(敎)'이라고 부르고 있다. 그렇기 때문에 효(孝)란 '부모에 대한 경(敬)'이다. 『예기(礼記)』에는 '인인(仁人)의 부모에 대한 일은 천(天)에 대한 일과 같으며, 천(天)에 대한 일은 부모(親)에 대한 일과 같다'고 한 것으로, 『효경(孝経)』에는 '효(孝)는 부모를 엄하게 대하고 부모를 엄숙하게 대하는 것은 천(天)에 대한 배려로서 커다란 일이다'라고 했다. 천(天)에 배려한다는 것은 말할 것도 없이 부모에 있어서 천(天)을 인정하는 것이다. 그리고 '효(孝)는 백행(百行)의 근본'이라고 했다. 분명하게 효는 종교의 별칭인 것이다.

36 大川周明, 「中庸新註」, 『大川周明全集』 第3卷, 29면.

데, 그것은 종교적 숭배의 대상이 된다고 여긴 것이다. 귀신도 또한 종교적으로 파악된 '천(天)'의 모습으로 본다.

이러한 해석에 대해 기요이에 모코이(淸家基良)는 이 부분에서 오카와 슈메이의 『중용신주(中庸新註)』의 특이한 점 즉 형이상학적 해석이 존재한다고 지적했다. 즉 여기에서의 귀신은 기요이에가 말하듯이 단순한 귀신에 불과할 수도 있지만 오카와 슈메이는, '귀신(鬼神)의 덕(德)'에 대해 관심을 갖고 이것이 고래부터 여러 가지 해석이 있는데, 자신은 간단명료하게 정신의 힘 또는 우주의 생명력이라고 해석한다고 주장하면서, 이 생명 자체가 여러 모습을 가진 것이고, 이는 인간의 종교적 숭배의 대상이라고 재구성해 냈다. 그리고 정신 또는 생명이란 결국 천(天)인데, 그렇기 때문에 귀신(鬼神)이란 종교적으로 파악된 천(天)의 여러 모습들이었다.

그것은 바로 앞서 다케우치 요시미가 오카와 슈메이의 한계점이라고 비판한 '정주(程朱)를 넘어 형이상학적이고 동시에 종교적 요소가 강한 것으로 나타난 오카와 슈메이만의 독특한 구축론[37]으로 나타난 것이다.

동시에 오카와 슈메이는 천지인을 관통하는 논리로 인간이 존재하게 된 '생명'에 대해 주목했다. 이것은 바로 역사와도 연결되는데, 이는 종교적 인격으로서, 효이고, 조상에게 제사지내는 것은, 조상과의 연결되는 '생명'이었다.

물론 오카와 슈메이가 효의 의미를 제사와 연결시킨 것은 개인의 '생

37　淸家基良, 「大川周明試論」, 『政治経濟史學』 230, 15면. "귀신은 조상의 영(靈)을 중심으로 하고, 겸하여 일반적으로 신령을 말한다. 요컨대 옛날에는 사물에는 혼백과 같은 신비적 활력이 존재한다고 믿고, 그것을 사물에 의해 영(靈), 신(神), 귀(鬼) 등등 여러 가지 이름으로 불렸다"라고 번역된다.

명'을 집단적 차원으로 끌어올리기 위한 것이었다. 이를 명확하게 보여주는 구절이 있는데, 오카와 슈메이는 "천지(天地)의 제사(祭)나 조상의 제사의 의의를 명확하게 이해하면 국가를 다스리는 것은 아주 쉬운 것"[38]이라며, 국가를 다스리기 위한 방편으로서 제사와 조상의 의의를 찾는다는 것이었다. 이른바 민중의 정신을 생명력의 근원인 천지의 제사로 연결하고 이러한 심성이 바로 효로 나타나는 것으로, 이를 잘 이용하면 국가를 다스릴 수 있는 논리로 활용할 수 있다고 본 것이다.

이러한 효에 대해 설명하기 위해 오카와는 일본의 나카에 도쥬(中江藤樹)가 저술한 『옹문답(翁問答)』을 제시하며, "'효행(孝行)을 무시무종(無始無終)의 신도(神道)'라고 명명했는데, 이는 신도와도 연결되는 것"이라고 보며[39] 일본의 효가 가진 보편적 심원성을 도출해 냈다.

이는 공동체의 논리를 '심성공동체'로 인식하고 있던 오카와 슈메이에게는 아주 자연스러운 해석이었고, 그것이 하나의 통일적 원리로 나아가게 하는 것이 공동으로 이루어져야 할 '투쟁'이라고 보았다.

이러한 천은 개인 개인의 역할 속에 평등함이 존재했다. 평등함이란, 상위, 하위를 구분하지만, 그 구분 속에서 맡은 역할에 대한 성(誠)을 강조해 간다. 즉, '상위(上位)에 있어도 하위(下位)에 있어도, 오로지 자신의 위치에서 자신의 인격 확립에 노력해야 하며, 마음에 불평이 없어야 하는 것'[40]을 강조했다. 즉, 오카와 슈메이는 각자의 자리에서 각자의 임무에 충실한 것에서 평등의 의미를 찾았고, 그러한 독립적인 역할 속에

---

38 大川周明, 「中庸新註」, 『大川周明全集』 第3卷, 34~35면.
39 大川周明, 「中庸新註」, 『大川周明全集』 第3卷, 32면.
40 大川周明, 「中庸新註」, 『大川周明全集』 第3卷, 28면; 赤塚忠, 『新釋漢文大系(2)―大學・中庸』, 明治書院, 1967, 103면.

서 '도(道)'와 만나게 된다는 점이다. 이를 개인들이 모두 자각하며 각각의 위치에서 자신의 역할을 수행함으로써 사회적 생활에 있어서 '관계의 평등'이 실현된다고 보았다.

> 반드시 실현하지 않으면 안 되는 올바른 관계는 군신(君臣)·부자(父子)·부부(夫婦)·형제(兄弟)·친구(朋友) 관계이다. 그리고 이 다섯 개의 관계를 올바르게 실현시키기 위해서는 지인용(知仁勇) 삼덕(三德)을 필요로 한다. 이 삼덕을 체득하는 경로는 각각 그 사람에 의해 다른데, 체득하고 나면 동일한 것이다. 일단 이를 인식하고 동시에 이를 실행하면 인식하고 실행하는 데까지의 경로는 물을 필요가 없어진다. 모두 평등의 가치를 획득하는 것이다.[41]

즉 평등은 이러한 관계를 터득하는 것이며, 그 체득 방법은 하나가 아니었다. 사회생활에서 실현되어야 하는 것은, 군신(君臣)·부자(父子)·부부(夫婦)·형제(兄弟)·친구(朋友) 관계로, 이를 실현시키기 위해서 필요한 것이 지인용(知仁勇) 삼덕의 체득인데, 이를 체득하고 나면 결국 '동일한 것'이 된다는 것이다. 그것은 태어나면서 도덕적 원칙을 알기도 하고 고통적 경험을 통해 이를 알게 되기도 하는 등 그 방법은 하나가 아니라고 본다. 또한 공리에 의하거나 각고의 노력에 의해서 이를 인식하는데, 그러한 경로는 중요한 것이 아니라, 결과적으로 이를 인식하게 되면 '평등'의 가치를 획득한다는 것이다.

이러한 지인용의 삼덕의 취득하는 것이 수신이고 치국이었다. 오카와

41　大川周明,「中庸新註」,『大川周明全集』第3卷, 43~44면.

슈메이는 이러한 논리 즉 '체득하고 나면 동일한 것 = 천지인 = 지인용 = 도덕적 완성'은 초월자적이고 개인의 주체성이라는 측면에서 '자유'적인 경지라고 보고, 그 경지 자체에 이르는 프로세스를 구축해 낸 것이다.

5. 『중용』과 '중용 이데올로기'의 사상화

오카와 슈메이는 서두에서 제시한 것처럼 『중용』 해석에서 중시한 것은 바로 '중(中)'의 의미였다.[42] 그 중도의 중(中)이 시세(時勢)와 연동된다는 점에 착안했다. 오카와 슈메이의 '중용 해석'의 독특함이 바로 이 '시세'의 흐름과 '중'의 의미 결합시켰다는 점에 있었다.

오카와 슈메이는 『중용』의 내적 가치가 발견되는 것은 시대적 배경에 따라 달라진다고 보았다. 다시 말해서 『중용』 그 자체가 대상화되고, 그 것은 시대에 따라 그 시대 시대마다 인간의 요구에 의해 '발견'되는 것이라고 여겼다.

오카와 슈메이는 먼저 『중용』의 간행 문제에 대해서 지적했다. 오카

---

42 大川周明, 「『大學』の根本精神」, 『大川周明全集』 第3卷, 20면. 바로 남인(南人)이 가진 인격의 힘이 관홍온순(寬弘溫順)하고 친절함인데, 이러한 인격의 소유자는 문(文)에 빠져있는 것으로 중도(中道)는 아니었다. 또한 북인(北人)은 전투를 좋아하여, 죽음을 두려워하지 않는 점에 있지만, 이것도 무(武)의 힘에 기울어져 있어 중도가 아니라고 했다. 결론적으로 오카와 슈메이는 "진정한 인격자는 타인에 대해 화순(和順)하지만, 스스로가 지켜야 할 것은 엄격하고(毅然) 하나도 틀리지 않는다. 독립독행(独立独行)하고 게다가 주아적(主我的)인 점은 없다"고 보았다.

와 슈메이는 "호적(胡適)의 『중국철학사대강(中國哲學史大綱)』에는 『중용』을 가지고 공자와 맹자의 사상적 다리가 된 것, 따라서 맹자 이전에 쓰인 것이라고 여기고 있다. 그렇지만 사상 내용이나 사상 방법을 판단 기준으로 한다면 오늘날의 『중용』은 분명히 맹자 이후의 것으로 보지 않으면 안 된다. 그것은 공맹(孔孟)에 의해 대표되는 지나 정신의 실천적 방면과 노장(老莊)에 의해 대표되는 지나 정신의 철학적 방면이 인심(人心) 자연의 요구에 따라 점차로 접근하고 동시에 융화(融和)해 온 시대의 사상적 소산(所産)이라고 생각된다"[43]고 기술하는 것처럼, 사상적 소산이라는 점을 중시했다.

즉, 오카와 슈메이는 이 『중용』 자체가 바로 맹자 이전에 쓰인 것이라든가, 맹자 이후의 작품이라는 논쟁 그 자체에 중점을 두면서 그것이 중국에서 벌어진 철학의 역사적 사유에 의해 탄생된 '하나의 사상적 소산'이라고 보았던 것이다.

이것은 아카쓰카 다다시(赤塚忠)가 주장하듯이 "중이라는 개념의 계보를 거슬러 올라가 통상 그 시원(始原)을 『논어』 요왈편(堯曰篇)에서 '중(中)을 취해라'라는 문장에 둔다. 그렇지만 이 문장은 『논어』에 있지만, 언제 누가 기록했는지는 명백하지 않다. 요(堯)라는 성왕이 실제로 존재했었다고 믿었던 시대에는 어쩔 수 없었지만, 요가 신화상 혹은 전설상의 인물이라고 보는 현대에는 『중용』의 중 개념을 이에 근거를 두거나 이것에 그것을 『중용』이 자사(子思)의 작품이라고 하는 것의 증거로 하는 것은 적당하지 않다"[44]는 지적처럼, 오카와 슈메이는 『중용』 자체의

43　大川周明, 『大川周明全集』 第3卷, 7면.
44　赤塚忠, 『新釋漢文大系(2)―大學・中庸』, 明治書院, 1967, 161면.

의미도 중요하지만, 요(堯)왕이 실제로 존재했었다고 믿는 시대는 제쳐두고서라도 요가 신화상 혹은 전설상의 인물이라고 보는 지금에서는 그것 자체가 이미 의심의 대상이고, 그것을 의심하는 시선이 현재 사회에 중요한 의미를 갖는다고 본 것이다.

바로 그것 자체도 이 시대의 인식이며, 그것들의 해석에 의해 '탄생되는 것'을 인지한 것이다. 이를 응용하여 오카와 슈메이는 다시 인간의 정신적 측면과 연결하여 부연 설명해 간다. 즉 인간의 정신 그 자체가 대상으로서 '인생에 대해 어떻게 대처할 것인가'라는 생활상의 실천적 요구로서의 세계성 혹은 인생이 무엇인가를 규명하는 지적 욕구가 양립되는 것인데, 이는 다시 말하면 인생의 실천적인 의미와 그것이 갖는 세계성을 규명하는 형이상학적 논리가 병존하고 있는 것을 확인했다. 게다가 그것은 동서양에서 공통적으로 '양자의 통일'을 탐구해 왔다는 시대적 배경을 중첩시켰다.

예를 들면 "예수는 모든 이론을 학자의 사업(事業)이라고 했다. 따라서 원시 기독교는 어디까지나 실천적인 것이었다. 따라서 인심(人心)의 지식적 요구는 마침내 번쇄(繁瑣)한 중세의 크리스트교 신신학(新神學)을 낳은 것이다. 마찬가지로 유교도 또한 당초에는 철저하게 실천적임에도 불구하고, 점차로 철학적 요소를 보태어 나중에는 주로 말하는 경세실용(経世実用) 범위를 초출(超出)한 형이상학을 발달시키게 되었다. 성대(矗然)한 송명(宋明)의 이학(理學)은 이리하여 잉태된 것이다. 즉 기독교에서 신학(神學)의 어머니가 된 것과 마찬가지 인심의 요구가 유교에서는 정주(程朱) 육왕(陸王)의 학을 낳은 것"[45]으로 간주하듯이, '학문'은 인간 심리의 사회적 요구와 시대적 흐름 속에서 탄생하는 '시대물'로 보았다.

그러한 과정 속에서 '의미를 부여하는 것'으로, 그 사회적 배경의 논리가 작용하면서 의미나 가치를 '부여 받는 것'이라는 시각을 갖게 되었다. 시대적 배경과 노력의 소산임을 인지하게 된 오카와 슈메이는 다시 일본의 현실에 맞는 '중용'의 의미를 제시하려 한다. 그것은 지금까지 의존해 왔던 '시대적 산물'론이 역설적으로 그러한 시대적 산물을 만들어야 하는데 그것은 중화(中和)의 경지에서 '발명'해야 하는 것이었다. 그래야만이 시세에 따라 변하지 않기 때문이다.

오카와 슈메이는 자신과 타자에게 모두 내재하는 천(天)을 인지하고, 그를 바탕으로 동시에 자타에게 초월하여 존재하는 천이 있음을 제시하는 것에서 출발했다. 그를 통해 "분규(紛糾)나 난국(難局)에 마주하게 되더라도 문제 해결에 곤혹스러워 하지 않는 입장"[46]이었다.

난국의 혼미한 상태에서도 중화적 경지 즉 객관적 경지이세 상황의 흐름을 찾는 인식이 중요했다. 그것이 바로 현재 일본이 빠진 '이데올로기의 혼미한 시대적 상황'을 타개하기 위한 나아갈 방향에 대한 이정표 찾기는 논리이기도 했던 것이다. 동시에 그러한 난구에서도 바로 볼 수 있는 '국가적 안정체'를 찾아야 한다고 보았다.

특히 오카와 슈메이는 중화의 경지에 도달하여 시대의 흐름과 진상을 파악하여 변화하지 않는 것을 알아야 하는데, 그것을 설명해 내기 위해서는 '정통'과 '도통'의 논리가 필요하다고 논했다. 이를 찾는 것이 중요한데, 이는 중국이 '유교'의 정통성을 이어왔지만, 왕조가 바뀌었고, 또한 황제보다 더 덕을 쌓아 세상에 알려진 공자가 황제에 오르지 않는 것

45　大川周明, 「中庸新註」, 『大川周明全集』 第3卷, 8면.
46　大川周明, 「『大學』の根本精神」, 『大川周明全集』 第3卷, 17면.

은 이미 이러한 논리들이 모순되고 계승되지 못했다[47]고 보았다.

그러한 중국적 정통과 황통이 "황위(皇位) 계승이 확고하고 주권의 근저가 영원한 확고부동한 일본의 국체와 유덕작왕(有德作王)을 주의(主義)로 하는 중국의 국체 사이에는 커다란 상위가 있음을 인정"[48]해야 한다고 주장했다. 바로 황통의 일관성을 보여주는 일본이야말로 만국(萬國)에 탁월한 유교주의, 중화(中和)주의가 존재한다고 보았다.

바로 이것이 시대적 변화에 의해 상응하는 논리를 만들어낸다는 '시대적 탄생론'을 역으로 전치시키면서, 황위계승의 중국과의 차이를 갖는 점에서 일본은 '천지인'이 도(道), 즉 천지인의 공통분모로서 존재하는 '덕'과 '각자의 위치에서 각자의 역할을 담당하는 도(道)'가 결합되면서 천자의 지위를 위협하지 않았기 때문에 일본이 도통과 황통이 일관되어 온 것이라는 전통 자긍심을 회복하는 '탈구축'의 실천이었다.

이것은 다름 아닌, 유교를 통해서 설명되는 논리로서, 이는 중국의 유교가 아니라 일본 내에 존재하던 유교를 통해서 그 독창성이 존재하는 패러독스를 발견한 것이다.

일본 조상의 생활을 관통하는 '진실'로서 최고의 도(道)였다. 이를 설명하

---

47 大川周明, 「儒教の政治思想」, 『大川周明全集』 第3卷, 93~94면. 유교의 정치이상은 역사가 명료하게 보여주듯이 중국에 있어서는 실현시키지 못했다. 그것이 가장 잘 실현된 것은 실로 우리나라의 도쿠가와시대(德川時代)이다. 당시의 우리나라 국가 상태가 춘추시대와 닮은 점이 존재하기는 했지만, 일본민족의 정치적 재간(才幹)이 훨씬 한(漢)민족보다 우수하기 때문이다. (…중략…) 중국이 유교를 갖고 있었음에도 불구하고 혼돈난리(混沌乱離)를 반복한 것은 유교의 정치이상이 올바르지 않았기 때문이 아니라, 한민족 자신의 정치적 무능에 의한 것이다.

48 大川周明, 「中庸新註」, 『大川周明全集』 第3卷, 33면.

는 것에 도움을 주는 것이 즉 유교이다. 유교는 일본인이 무의식에 걸어 온 길을 의식적으로 파악시켜 주고, 따라서 일본 및 일본인의 생활을 향상시킨 심대한 공헌이 있었다. 원래 유교는 이방(異邦)의 교(敎)이므로 그대로 일본에 적합한 것은 아니었다. 오히려 처음에 일본에 전해졌을 당시에는 국가에 매우 커다란 화를 가져올 정도였다. 그렇지만 우리들의 조상은 투철한 통찰과 심각한 반성에 의해 유교정신을 올바르게 섭취하기 위해 노력했기 때문에 이 이방의 사상이 마침내 국가 및 국민에게 도움이 되게 되었던 것이다. 우리들의 조상은 유교의 표현을 빌려와 우리나라의 도(道)를 설명했다. 모토다 나가자네(元田永孚) 선생이 말한 것처럼, 황국 국체의 주각(註脚)이 된 것이다.[49]

오카와 슈메이는, 바로 일본의 황국 국체의 저서『중용신주』였고, 유학 전체를 전유하면서도 탈중국화를 이루어냈고, 유학 자체의 언어를 통해 다시 일본중심주의를 체현해 내는 성과로서 '최고의 선 = 도통 = 황통'을 가진 '일본적 중용 이데올로기'를 창출해 낸 것이었다.

49　大川周明, 「『大學』の根本精神」, 『大川周明全集』第3卷, 78면.

제7장

'유교'의 변형과 국체론으로서의 천황

1. '유교' 변형론의 전개

오카와 슈메이는 모토다 나가자네(元田永孚)가 가진 유교 해석에 대해 높게 평가했다. 도토다 나가자네는 외부적 유교를 일본 내에서 습합시키는 논리를 가장 잘 보여준 인물이기도 하다. 이때 활용된 유교는 '일본적 국체'로 '조선적인 것과의 차이화'를 통해 구성된 일본적 국체로 나타난다.

특히 일본이 메이지유신에 이르는 시기는 유학 개념이 변용되고, 수양에서 국민도덕으로 '변용'되는 '탈유학'이 나타나게 되는 것이다.[1]

---

1   阿部吉雄, 안병주 역, 「李退溪—그의 행동과 사상(3)」, 『퇴계학보』, 퇴계학연구원, 1979, 104면. 아베 요시오는 이를 변용이라기보다는 연속으로 보았다. 시대적 차이성을 구

그 탈유학의 의미는, 일본 근세 유학의 창시자로 일컫는 후지와라 세이카(藤原惺窩)와 그의 제자 하야시 라잔(林羅山)으로 이어지는데, 문제는 이후에 등장한 야마자키 안사이(山崎闇齋),[2] 사토 나오카타(佐藤直方)로 이어지면서, 아사미 게이사이(淺見絅齋)나 다니 신잔(谷秦山)으로 이어지면서는 근황론(勤皇論)[3]이 전개된다는 점이다. 특히 오쓰카 다이노(大塚退野)로 이어지면서, 구마모토(熊本)실학파를 형성하게 하고, 막부 말기 요코이 쇼난(橫井小楠)으로 이어지고 요코이의 제자인 모토다 나가자네(元田永孚)로 이어지면서, 메이지의 '교육지침'에 영향을 주게 되는 것이다.

그러한 도정 역학을 잘 분석한 것이 바로 아베 요시오(阿部吉雄)였는데 그러한 의미에서 아베 요시오의 '일본 유학의 주체'성에 대해서도 살펴보고 '일본적 유교의 특징'을 재고하기로 한다. 특히 아베 요시오라는 인물과, 아베가 해석하는 퇴계의 학문이 야마자키 안사이(山崎闇齋)로 이어지고,[4] 모토다 나가자네(元田永孚)로 이어지는 사상의 특징을 살펴본다.

부하지 못하고 있다. 아베 요시오는 "일본의 역사를 돌이켜보면, 일본이 통일국가로서 평화가 계속되고 질서가 확보되었던 시대는 셋이 있다. 하나는 상대의 율령국가의 시대이고, 다음에는 에도시대이고, 세 번째는 메이지시대였다. 또 일본이 일대변혁을 이룩해 낸 시대가 둘이 있다. 하나는 야마토(大和)의 개신(改新)이고, 하나는 메이지유신이다. 그런데 이들 시대에는 모두 유교가 지도사상으로 되어 있었다고 해도 좋다. 율령국가시대는 유교문화의 저작(咀嚼)시대이고, 에도시대는 소화(消化)시대이고, 여기에 메이지시대는 이것을 피로 하고 살로 하여 그 위에 서구문명을 수혈한 혈육화의 시대"라고 보았다.

2　이광래, 『일본 사상사연구』, 경인문화사, 2005, 272면. 이광래는 야마자키 안사이가 대퇴계의 주자학을 수혈 받으면서 새롭게 신도(神道)세계에서 빠져나온 것을 '습합'이라고 보았다.

3　阿部吉雄, 안병주 역, 「李退溪―그의 행동과 사상(3)」, 118면. 천자(天子)를 위해 충성을 다한다는 에도 말기의 천황친정(天皇親政)을 실현하는 논리 사조를 만들어낸다.

4　阿部吉雄, 안병주 역, 「李退溪―그의 행동과 사상(1)」, 『퇴계학보』, 1979, 109면. 아베는 야마자키를 이퇴계의 학문사상인격에 몹시 공명하였고, 그의 저술을 전부 통독하여

2. 아베 요시오와 주자학 그리고 해석

그럼 먼저 일본 유학의 새로운 전도자인 아베 요시오의 주자학 해석 인식 배경에 대해 살펴보자. 아베 요시오는 야마가타현(山形縣) 출생의 중국철학자로 알려진 인물이다. 1928년에 동경제국대학 문학부의 지나철학과(支那哲學科)를 졸업하면서 졸업논문으로 「순자 연구(荀子の研究)」를 집필했다. 1930년에 동방문화학원(東方文化學院) 동경연구소에서 조교로 근무하다가, 핫토리 우노키치(服部宇之吉)의 「의례정주보정(儀礼鄭注補正)」의 조수로 근무한다. 그리고 연구원이 되어, 「주자경설의 심원(朱子経說の淵源)」이라는 제목으로 연구에 매진했다.

그 후 아베 요시오는 1972년 일본에서 유력자들을 모아, '이퇴계연구회(李退溪研究會)'를 조직하고, 연구회의 회장으로 취임했다. 그리하여 한일양국의 이퇴계 연구 국제 학회 등 개최에 진력하기도 한다. 이러한 아베 요시오는 '이퇴계연구회' 설립취지에서 밝히듯이, 이퇴계를 통해, 두 나라(한국과 일본-필자) 국민의 마음에서 우러나는 연대(連帶)를 다지는 데 가장 중요한 포인트라고 논하면서, 한국에서의 퇴계학연구소를 본떠서 일본에 이퇴계연구회를 발족하게 되었다[5]고 했다.

한국에서도 아베 요시오는, 참고 논고에서 알 수 있듯이, 전후에도 소개된 인물이었다.[6] 물론 이러한 아베 요시오의 이퇴계 연구에 대한 전체

자신의 인간상, 학문관, 교육관의 중요한 근저로 삼았다고 밝히는 것을 보면, 퇴계에 대한 야마자키의 관심도를 알 수 있고, 그를 통해 일본인의 입장을 이해할 수 있는 인물이라고 보았다.

5   아베 요시오, 김석근 역, 『퇴계와 일본 유학』, 전통과현대, 2001, 27~28면.

적인 흐름을 전부 소개하기에는 한계가 있지만, 그의 저서를 통해, 아베 요시오의 이퇴계 이해와 일본 유학자와의 관련성을 개괄하면서, 일본으로 변용되면서 나타나는 '심학(心)'[7]의 레토릭을 살펴보기로 한다.

3. 개인의 자아 형상화—야마자키 안사이(山崎闇斎)

아베 요시오는 역시 퇴계의 학문을 이해한 첫 번째 학자로, 후지와라 세이카를 예로 든다. 그렇지만, 세이카는 퇴계가 심혈을 기울여 교정하고 발문을 붙여서 간행한 『연평문답(延平答問)』을 접했고, 제자인 하야시 라잔(林羅山)이 에도(江戶)에 갔을 때 천하의 모든 백성들을 위해서 열심

---

6 아베 요시오, 「佐藤直方派의 李退溪尊信」, 『퇴계학보』, 1974; 「일본의 충효론」, 『퇴계학보』, 1977; 「日本刻版, 李退溪全集影印本序 및 解題」, 『퇴계학보』, 1975; 「日本刻의 주자학」, 『퇴계학보』, 1975; 「李退溪の史的地位と日本儒學との異質性」, 『퇴계학과 한국문화』, 경북대 퇴계학연구소, 1977; 「李退溪의 철학적 수학과 일본 유학」, 『퇴계학과 한국문화』, 1976; 「李退溪―그의 행동과 사상(3)」, 『퇴계학보』; 「李退溪―그의 행동과 사상(2)」, 『퇴계학보』, 1979; 「李退溪―그의 행동과 사상(1)」, 『퇴계학보』 등이다.

7 요시다 코헤이, 정지욱 역, 『일본 양명학』, 청계, 2004, 37면. 중국은 물론 일본에서도 신유교(주자, 육상산, 왕양명)를 포함한 보다 광의의 학문이 있었는데, 학문의 갈래가 주자학이고 양명학이었다. 그리고 그 광의의 학문이란 '심학'이었다. 학문이란 말은 원래 '맹자'에서 유래했다. 맹자는 '학문의 도는 다름이 아니라 잃어버린 마음을 구하는 것일 뿐이다'라고 하여 잃어버린 참된 인간성을 회복하는 것을 학문이라고 했다. 이와 같은 맹자의 인간학이 심학으로 주목된 것은 송대이고 인간학 또는 실천론으로 '심학'의 자각이 일어난다. 심학이라고 할 때의 신은 심신일여로서의 심을 뜻한다. 인간의 신체를 가리키는 신(身)과 불가분의 관계에 있는 심이란 인격과 실천의 주체라는 의미이다.

히 읽고 음미할 것을 적극 권했다고 하지만 야마자키 안사이보다는 그 특성이 구체적으로 나타나지는 않았다.[8]

물론 이러한 후지와라 세이카와 하야시 라잔에 의해, "중세의 신(神) / 불(佛) 본위의 세계관을 현세의 질서를 주로 하는 세계관으로 바꾸고, 신불의 가호(加護)를 믿는 세계관을 인간의 힘을 믿는 세계관으로 바꾸었다는 것을 의미하며, 교육이나 사상을 종교 교단으로부터 벗어나게 했다는 것[9]은 중요한 것이다.

이러한 특성을 강하게 드러낸 것이, 야마자키 안사이이다. 야마자키 안사이는 라잔과는 또 다른 유학을 주장했다. 퇴계의 『자성록』을 읽고, 퇴계의 『주자서절요』를 숙독하여, 막부를 배경으로 하는 하야시 가문과는 다른 도학을 주장하게 된다.[10] 야마자키 안사이는, 하야시 가문의 박학주의를 속된 학문이라고 배척하고, 하야시 가문이 명왕조의 『사서전집』, 『오경대전』 등을 높이 여기고, 명이나 조선의 관학을 답습하고 있는 것을 비난하고, 주희의 '경주서'나 『주자문집(朱子文集)』, 『주자어류(朱子語類)』의 정수에 나아가 주자 그 사람의 정신과 사상을 탐구할 것을 주장한다. 학문이나 사상이 곧바로 실천의 원동력이 되어야한다고 주장

---

8   아베 요시오, 김석근 역, 『퇴계와 일본 유학』, 103면. 세이카와 라잔의 중요한 차이점은 루시양산(陸象山), 왕양밍(王陽明)의 학풍에 대해서 포용적인가 배격적인가 하는 점에 있었다. 그런데 라잔은 세이카와 대결하여 다른 학풍을 세웠다. 그리고 그 원인도 조선의 유학과 관계가 있는 것으로 여겨진다. 라잔은 주자학의 천명도설(天命道說)을 연구함. 라잔의 이기철학은 퇴계의 이기철학과는 달리 오히려 『困知記』나 왕양밍에 근거한 기의 철학이며 그 점에서 후지와라 세이카가 퇴계의 이(리)의 철학에 찬성했던 것과는 다른 것이었다. 그렇지만 그 철학설을 심화시키는 데 있어서 퇴계의 학설을 참고로 했다는 점은 의심할 여지가 없다고 본다.
9   阿部吉雄, 안병주 역, 「李退溪—그의 행동과 사상(3)」, 『퇴계학보』, 106면.
10   阿部吉雄, 안병주 역, 「李退溪—그의 행동과 사상(3)」, 『퇴계학보』, 110면.

한다.[11] 그러한 의미에서 본다면, 오히려 야마자키 안사이는 후지와라 세이카와 하야시 라잔이 있었기 때문에 독자적 유학 해석을 만들어 낼 수 있었는지도 모른다.

아베 요시오의 입장에서 보면, 야마자키 안사이는 주자의 학문이나 사상 자체를 깊이 추구했던 학자, 사상가로 보인 것이다. 야마자키 안사이는 그는 세이카나 라잔에게서는 볼 수 없었던, 퇴계에서 얻은 것이 상당히 많다. 특히, 『퇴계학문집(退溪學文集)』, 『자성록(自省錄)』 등을 읽고, 그의 저술 속에 퇴계를 인용한다. 안사이에 이르러서 퇴계의 인물과 학문의 참된 가치가 처음으로 인식되고 표창되었던 것이다.[12]

이렇게 본다면, 일본에서의 유학 형성에 퇴계가 공통분모로 자리를 잡고 있지만, 조선에서의 사회성이나, 각각의 형태가 달리 진행되고 있었음을 알 수 있다. 이 문제는 바로 중국의 영향과 조선, 일본의 공통성이나 상이성을 생각해 보아야 하는 문제가 대두되는 것이다. 이 문제는 조선 반도에서 퇴계의 해석으로서의 '유교'였지만, 명에서는 양명학이 일어나고, 청조기에는 고증학이 새로운 중심이 되었음을 간과할 수 없다.

이러한 점을 고려하면서도, 야마자키 안사이와 이퇴계의 관련을 구체적으로 본다면, 앞에서 언급했듯이, 야마자키 안사이는 15세부터 선승이 되어 묘심사에 들어가, 19세에 토사로 옮겨 열심히 선학(禪學)을 공부했다. 도사(土佐)에는 미나미무라 바이켄(南村梅軒)이 있었고, 처음으로 주자학을 퍼뜨리면서 남학(南學)을 열었다. 이러한 신사상인 접하고 나서는 승

---

11 阿部吉雄, 「李退溪の史的地位と日本儒學との異質性」, 『퇴계학과 한국문화』, 30면.

12 아베 요시오, 김석근 역, 『퇴계와 일본 유학』, 111면. 안사의 제가 사토 나오카타(佐藤直方), 아사미 게이사이(淺見絅齋)는 특별히 퇴계를 존숭했다고 논한다.

복을 벗고, 주자학으로 전향한다. 29세에 처음으로 자신을 유자(儒者)로 소개한다. 33세에 『백록동학규집주(白鹿洞學規集註)』를 저술했는데[13] 이 저서의 서문에 이퇴계의 학에 감흥을 받았다고 논했다.[14]

야마자키 안사이가 서문에 퇴계의 말을 가져오듯이, 야마자키 안사이는 퇴계의 사상에 자신의 '인식'을 부합시키는 노력을 경주했다. 예를 들어, 고봉(高峯)의 '본원공부(本原工夫, 심성수양공부)'의 질문에 대한 퇴계의 답변에 다음과 같은 내용이 있다.

> 들으니 마음은 만사(萬事)의 근본이요, 성(性)은 만선(萬善)의 내원(來原)이라고 합니다. 밖을 제하고, 안을 양(養)함이 가장 긴절(緊切)한 일입니다. 본원을 양하지 않고 오직 '심지(心地)'의 공부만을 주로 한다면 해석에만 빠지게 된다. 이것은 '심경부주(心經附注)'에서 강조한 것과 거의 일치한다.[15]

다시 말해서, 퇴계가 인간의 마음에 대해 논하는 '의식'을 들여다볼 수 있게 한다. 즉 마음은 만사(萬事)의 근본인데, 이 본원을 양하지 않고

---

13 阿部吉雄, 『李退溪』(日本敎育先哲叢書第二十三卷), 文敎書院, 1944, 62면. 近頃李退溪の自省錄を看るに, 之れ(白鹿洞學規)を論じて詳かなり. 然る後, 先儒の說を集めて逐條の下に註し, 同志と之れを講習す. 且つ嘆ずらく, 我か國小(學)大(學)の書, 家々伝へ人々誦し, 而も能く之れを明らかにする者蓋し未だ其の人を聞かず. 是れ世遠く地去るの由か. 然りと雖も, 退溪の如きは朝鮮數百載の後に生まれ, 而も洞遊面命に異なるなければ, 我々も亦感發して興起すべしと云ふ.

14 阿部吉雄, 『李退溪』, 63면. 朱子書節要序. (1) 晦菴朱夫子挺亞聖之資承河洛之統 (…중략…) 故其告人也能使人感發而興起焉不獨於當時及門之士爲雖百世之遠苟得聞敎者無異於提耳而面命也. 白鹿洞學規集註序 (1) 晦菴朱夫子挺命世之才承河洛之統 (…중략…) 我國小大之書家伝人誦而能明之者蓋未聞基人是世遠地去之由乎雖然若退溪生於朝鮮數百載之後而無異於洞遊面命則我亦可感發而興起云.

15 李相殷, 「退溪의 學問과 思想」, 『退溪學研究』, 서울대 출판부, 1972, 44면.

오직 ‘심지(心地)’의 공부에 치우치면 즉 ‘해석’에만 빠지게 된다는 것이다. 이러한 마음을 수련하기 위해서 필요한 것이 바로 심경이며, 심경의 내용은 ‘경(敬)’의 실천이었다.[16]

반복해서 말하자면, 주자학의 논리가 그러하듯이, ‘성인은 학문으로 도달한다’고 표현하듯이, 개인의 수양을 통한 자기변혁을 목적으로 한다. 이것이 퇴계에게도 나타났으며, 그것이 바로 퇴계가 주창하는 내용이었다. 이를 위해서는 ‘거경궁리(居敬窮理)’가 필요하고, 개인의 정신을 수양하는 ‘경’의 실천에 의해 절대적 객관적 원리인 ‘이(理)’의 궁극성이 파악된다는 것이며, 이를 통해 규범적으로 엄하게 도덕적으로 실천해야 한다는 것이다.

그런데 이것이 바른학문(正學)이라 하면서 덕성에 바탕을 둔 ‘도(道)의 학문’을 주창했다. 마음(心)을 바깥세계로 향하게 하기보다도 먼저 마음을 안으로 향하게 하고 자성(自省)과 성찰과 체험을 쌓아 가면서 언제나 마음속에 움직이는 존엄한 생명의 존재를 인정하고 자각하고, 그것을 존속시키고, 기르는 것을 학문의 출발점으로 삼고 또 목표로 삼았던 것이다. 요컨대 인간의 존엄성을 자각하고, 존양(存養)하는 것을 가장 중요하게 여긴 학문이었다.[17]

이러한 인간의 자성이나 성찰을 통해 ‘마음속’에 움직이는 존엄한 생명의 존재를 자각하고 존속시키는 것이었고, 중요한 것이 ‘경(敬)’이 중요한 어휘였다. 경은 존엄한 것에 대한 존경이고, 외경(畏敬)이며, 자신의 마음을 삼간다는 것이다. 그것이 마음 본래의 훌륭함을 찾아낼 수 있

---

16 李相殷, 「退溪의 學問과 思想」, 『退溪學硏究』, 42면.
17 아베 요시오, 김석근 역, 『퇴계와 일본 유학』, 32면.

다는 것이었다.

　퇴계에 관한 학문적 특성을 개인의 수양에 두고 있음을 주창하면서, 경의 특성을 강조하고 있었다. 주자의 교학은 수양, 정명(正名, 모든 사물의 올바른 존재양식을 명확하게 하여 벗어나 있는 것을 올바르게 하는 것), 경윤(經綸, 천하를 다스려 나가는 것)을 포함하는 장대한 규모를 가지고 있는데, 만일 그 학문에 따르는 자가 스스로의 수양을 아무렇게나 하고서 정명, 경윤 쪽에 공(功)을 초조하게 구할 때는 왕왕 당쟁을 부를 염려가 있다고 보았다. 그렇기 때문에 퇴계는 자신의 성격에서 교학(자성(自省)의 염(念)이 강하고, 수양을 중히 여긴)에 관심을 가진 것이다.[18] 보다 중요한 것은 역시 자성의 염(念), 겸허한 마음이 근원이 되어야 한다는 것이었다.

　특히, 정주학에는 '거경(居敬)'과 '궁리(窮理)'의 양면이 존재한다. 거경은 성의(誠意), 정심(正心)에 속한 일이요, 궁리는 격물치지(格物致知)에 속한다. 거경은 존양(存養)과 성찰(省察)의 측면을 강조한 것이고, 궁리는 진학(進學), 치지(致知)의 측면은 언급이 없다[19]고 논할 정도이다. 이것은 이러한 의미에서 퇴계는 거경의 강조했고, 그러한 의미에서 이를 통(統)해 보면, '심(마음)의 학(心)'이라는 의미로 해석할 수 있고, 마음을 근원 거점으로 하는 수양법이라고 본다면, '심학'의 세계이기도 했다.

　이것은, 퇴계의 성리학 계기가, 『심경부주(心經附註)』와 성리대전, 주자전서를 보았기 때문인데, '심경을 얻음으로부터 비로소 심학의 연원(淵源)과 심법(心法)의 정치(精緻)를 알게 되었다'[20]고 표현했다.[21] 즉 『심

18　아베 요시오, 안병주 역, 「李退溪-그의 행동과 사상(2)」, 『퇴계학보』, 112면.
19　李相殷, 「退溪의 學問과 思想」, 『退溪學研究』, 41면.
20　阿部吉雄, 『李退溪』, 13면.
21　李相殷, 「退溪의 學問과 思想」, 『退溪學研究』, 39면. 『心經附註』는 『心經』에 주를 부가(附

경부주』를 통한 심성(心性)에 관한 것으로, '인심유위(人心惟危), 도심유미(道心惟微), 유정유일(唯精唯一), 윤집궐중(允執厥中)'의 16자인데 이것을 '요순우상전지심법(堯舜禹相傳之心法)'이라고 하는데, 유가의 경전 중에서 '심(心)'에 관한 글로서는 처음으로 나오는 까닭에 후세에 심성에 관한 학문은 모두 여기서부터 유래한 것"이라고 하여, 이것을 심학의 심연이라고 보았다. 즉 퇴계가 『심경』을 읽고 '심학'의 근본과 마음을 쓰는 방식의 정미한 것을 자득하여 독자적인 학풍을 열을 수 있었다고 본다.[22] 내면을 설법하는 것이기 때문에, 말 그대로 '심학'이라고 불러도 괜찮은 형태를 가지고 있는 것이다. 이렇게 본다면 일본에서 유학이라는 개념 자체를 이미, 주자학은 당초부터 수양의 문제로 받아들여졌다.[23]

특히, 야마자키 안사이는 퇴계의 학설을 인설(仁說)과 경설(敬說)로 나타난다. 물론 퇴계와 야마자키 안사이의 학문적 성격은 역시 윤리 수양의 도학(道學)이었다.[24]

안사이에게 인(仁)은 인간의 본성, 본질로서 파악된다. 인간의 사명은 이 인간의 본질을 현현하는 것이라고 이해하고 있었다. 그런데 이 본성은 항상 욕망 때문에 기질(氣質) 때문에 뒤덮여져 있는 것으로 보았다. 사욕을 극복하고 본성으로 돌아가야 한다고 보았다. 수양법 즉 경학의 법이라는 것이 설

加)했다 하여 『心經附註』로 불리는데, 부주(附註)는 명나라의 헌종 때 유학자 정민정(程敏政)이 가(加)한 것이요, 심경은 주자의 사숙문인인 진덕수(眞德秀)가 편찬한 것이다.

22 아베 요시오, 김석근 역, 『퇴계와 일본 유학』, 40면.

23 阿部吉雄, 『李退溪』. 가마쿠라(鎌倉)시대 말기에 선승에 의해 대륙에서 장려되고 그 후 오산(五山)의 승려에 의해 전승되었다면. 즉 수양의 문제로 출발한다.

24 阿部吉雄, 『日本朱子學と朝鮮』, 東京大學出版部, 1965, 327・330면.

파되는 이유인 것이다. 주자학에는 그 수양법으로서 거경(居敬)과 궁리(窮理)의 두 개를 공부하고, 한쪽으로 편중되지 않게 하는 것이 중요한데, 안사이는 특히 경에 대해서 통상적 주자학자보다 거경을 중시했다. 궁리는 독서 등으로 리(理)를 파헤쳐가는 공부이므로 지적, 반성적인 것인데, 거경은 심신을 조심하는 것이므로 그런 의미에서 실천적인 것이다. 안사이의 학풍이 금욕적 양상을 띠고 실천적 직관적 경향을 가진 것이었다.[25]

거경의 문제를 도덕수양의 중요한 방법으로 설파하면서도 궁리의 범위가 확대되고 있었다. 야마자키는 경(敬)은 항상 본심을 자각시키는 '상성성(常惺々)의 법'이라고 보았다.[26] 야마자키 안사이가 경의내외설(敬義內外說)로 발전 전개시켰는데, 그것의 근원은 『자성록』에서 시작된 것을 보면 안사이와 이퇴계는 사상적 혈연 관계였다.[27]

공통적으로 야마자키 또한 수양을 전제로 하고, 경을 근본으로 삼고 있었던 것이다. 그런데, 개인의 수양 효과를 매우 과대시해 간다. 야마자키 안사이는 개인의 수양과 국가의 평화와의 관계를 연결시키면서, 논어에 '군자 자신을 수양하는 것은 경으로 한다'는 것은 경을 통해 안을 고친다는 의미이다. 경내의외(敬內義外)로 나누어 수기(修己)와 치인(治人)의 도(道)를 설교했다.[28] 이를 통해, 국가 천하를 바르게 하는 것이라는 사고 자체[29]에 안사이의 '의이방외(義以方外)'의 해석에는, 주자의

---

25 阿部吉雄, 『日本朱子學と朝鮮』, 364면.

26 阿部吉雄, 『日本朱子學と朝鮮』, 366면.

27 阿部吉雄, 『日本朱子學と朝鮮』, 386면. 경내의외(敬內義外)로 나누어 수기(修己)와 치인(治人)의 도(道)를 설교했다.

28 阿部吉雄, 『日本朱子學と朝鮮』, 397~398면.

철학에 자기완성적인인 면만 중시하는데 치인(治人)의 길은 일면에 백성의 오염을 일신하여, 난을 다스려, 세상의 부정부선을 고치는 적극적인 치인의 사상[30]을 논한 것이다.

야마자키는 퇴계학을 이어가면서, 퇴계의 철학적 수양관에 '반'하게 된다. 즉 퇴계의 수양관은 어디까지나 근본을 배양하는 것에 있고, 이것은 공자나 주자의 마음과 행동을 배워 자기를 반성 수양하는 실천학임을 이해했었다. 이를 다시, 앞에서 언급한 개념, 즉 퇴계가 인간의 마음에 만사의 근본론적 입장을 취하면서, 본원을 배양하지 않고 '해석'에만 빠지게 될 경우를 우려했던 논리를 변용시키게 된다. 야마자키는 퇴계와 동일하게 이론에만 정신이 팔리면, 도(道)는 평생 보이지 않는다고 갈파하고, 이퇴계의 『주자서절요』를 통하여, 주자의 마음과 행동을 구체적으로 배울 것을 가르쳤다.

그리하여 인간의 존엄한 그러나 따뜻한 본래성과 그 깊이에 있는 천지의 생생발랄(生生潑剌)한 생명력을 독실하게 믿어 인간을 순화해서, 어떠한 곤란이나 유혹에도 지지 않는 확고한 도덕심을 확립할 것을 강조한다. 그리하여 야마자키 안사이는 그러한 기반을 통해 더 나아가 주자의 정명주의(正名主義)를 발전시켜, 일본의 명분을 바로 잡아야 할 것을 주장하였다. 이를 더 나아가 일본의 국체(國體)에 맞추어 '존왕론'을 주창하였다. 이러한 논리에 대해 아베 요시오는 "야마자키 안사이학파의 주장이 맥맥히 후세에 전하여 메이지유신의 사상적 일대원류가 되었던 것은 철저하게 근본을 배양하는 도학(道學)을 이어받고 게다가 도학을

29　阿部吉雄, 『日本朱子學と朝鮮』, 399면.
30　阿部吉雄, 『日本朱子學と朝鮮』, 400면.

일본화하였기 때문이라고 생각한다"[31]고 논한다.

아베 요시오가 표현하듯이 '일본화'의 논리의 실현이었다. 더 나아가 아베 요시오는 "퇴계의 교학은 자성체찰(自省體察), 존양실천(存養實踐)를 주(主)로 하는 교학인데, 야마자키 안사이의 교학은 더 나아가 그 위에 대의명분의 교학을 건설하여, 황민으로서의 자각에 근거하여, 국체의 본의에 철저한 교학을 형성하고 있었다"[32]고 평하고, 야마자키 안사이의 '대의명분설'은 결코 표면적인 천박한 것은 아니고 투철한 도의사상에 근거하고 있었다는 것이다. 그러한 안사이가 말하는 도의사상을 이퇴계의 사상에서 충분히 취사선택하여 취한 훌륭한 황민의 도(道)를 자신의 사상 속에 만들어냈다고 보았다.

---

31 阿部吉雄, 안병주 역, 「李退溪—그의 행동과 사상(終)」, 『퇴계학보』, 1979, 114~115면; 阿部吉雄, 『李退溪』, 43면. 야마자키 안사이는 정주(程朱)의 학, 퇴계의 학을 훌륭하게 황도(皇道)에 순화(醇化)하여, 황도에 의해 그 지위가 높아졌다.

32 阿部吉雄, 『李退溪』, 7면. 지금의 반도는 황국 일본과 하나가 되어, 국체의 본의에 투철한 도의(道義)를 확립함으로서 기본적인 명제를 드러내고 약진하고 있다. 그러한 의미에서 일본의 조선 식민지지배도 긍정하는 것이었다. 아베 요시오(阿部吉雄), 「李退溪—그의 행동과 사상(3)」, 『퇴계학보』, 116면. 야마자키 안사이는 이퇴계의 학문을 매개로 하여 그의 철학설을 심화하고, 정신을 근본적으로 하여 다시 학풍을 열었다. 주자의 대의명분론을 깊이 추구했다. 일본인으로서의 자주적인 정신에 서서 이를 논했다. 그 정신에 일본의 역사를 의의(意義) 있게 회상하고, 일본이 가령 정권이 막부로 옮겨가는 일이 있어도 만세일계(萬世一系)의 황실이 항상 일본의 통치의 중심에 서 있었다는 것은 만국에 유례없는 것이라고 보고, 존왕론을 주창하여, 순연무잡(純然無雜)한 충성심을 주장했다.

4. 국가의 발현화(發現化) – 모토다 나가자네(元田永孚)

아베 요시오는, "퇴계 선생은 실로 근세 초기 이래 훌륭한 일본선철 (先哲)의 지위를 가지고 있다. 특히 그의 교육사상은 야마자키 안사이(山 崎闇齊), 모토다 나가자네의 사상을 통해 문교상에 간접적으로 영향을 주 었다"[33]고 주장하듯이 이처럼 야마자키에 의해 일본에 전도된 퇴계학 의 변용은 이제 '신'유학의 개념으로 모토다 나가자네로 이어졌다.

모토다는 구마모토번(熊本藩)의 번교(藩校) 시습관(時習館)에서 학문하 고, 이후 사숙(私塾)을 경영했다. 메이지유신 이후에 선교사(宣敎使) 참사 (參事)를 지내며, 궁내성에 근무하게 된다. 이후 20여 년에 걸쳐서, 메이 지천황(明治天皇)의 시강(侍講)을 맡았다.[34] 1886년에는 궁중고문관(宮中 顧問官), 1888년에는 추밀고문관(樞密顧問官)에 이르렀다. 그 사이에 『교 학성지(敎學聖旨)』를 기초하고,[35] 『요학강요(幼學綱要)』를 편찬하였다.

모토다는 어디까지나 유교 도덕을 '본(本)'으로 하고 지식예능을 '말 (末)'로 받아들여, 국민교화의 근원을 황실 중심으로 둔 전통을 찾으려 하였다. 문명개화를 서양의 압박에 의한 국체의 위기로 받아들였고, 번 벌(藩閥) 정치를 충의(忠義)를 배제한 황실의 경시로 받아들였다. 모토다 는 메이지천황을 국민의 모범으로 하고 그에 상응하는 유교적 덕목의 군주로 길러내는 것이 충신의 길이라고 생각했던 것이다.[36] 특히 공자

---

33 阿部吉雄, 『李退溪』, 2면.
34 高坂正顯, 『明治思想史』, 燈影舍, 1999, 150면.
35 林倍暎, 『儒敎と近代國家』, 講談社, 2006, 122～123면.
36 林倍暎, 『儒敎と近代國家』, 125～126면.

중심의 수신학은 주자학의 '본'의 지위를 부여하며, 존황론을 지탱하려 했다.[37]

19세기 말 일본 제국에서 천황제 교육의 기본적인 틀이 성립하는 과정에서 「교육칙어」가 만들어졌다. 1879년 9월에 천황의 시강 모토다 나가자네가 당시 이토오 히로부미 등 개명파 관료에 의해 준비 중에 있던 다소간 자유주의적인 「교육령」에 대한 복고적 반대 의견으로 「교학대지(教學大旨)」를 제출하면서부터 천황제 교육의 틀이 본격적으로 갖추어지기 시작한 것이다.[38]

1879년(메이지 12)에 모토다 나가자네는 『교학대지』를 기록했는데, 그 속에는 '교학의 요지는 인의충효를 명백히 하고난 그 위에 지식재예(知識才藝)를 추구하는 것이 조종(祖宗)의 훈전(訓典)'이라 하였고 또 '도덕의 학은 공자를 위주로 하여 사람마다 성실, 품행을 높여 그러한 위에서 각과의 학문을 부지런히 하면은 도덕재예 본말을 모두 구비하게 되며, 우리나라의 독립정신에 있어서 세상에 부끄러울 것이 없을 것이다'라고 설명했다.[39]

이러한 『교학대지』는 메이지기 교육방침을 결정해 갔으며, 전환의 시기를 맞이하게 했다. 이후 개명파 관료와 복고파 관료 간의 각축 속에서 천황제 교육의 체제화는 1890년의 「교육에 관한 칙어」의 제정에 이르러 국민교육의 방침으로 확립된다.[40] 같은 해에 〈기미가요(君が代)〉가

---

37 林倍暎, 『儒教と近代國家』, 128~129면.
38 福田義也, 『教育勅語の社會史』, 有信堂, 1997, 20~22면.
39 국회도서관 편, 「日本儒學의 發展과 李退溪」, 『國會圖書館報』 제9권 제8호, 國會圖書館, 1972, 81면.
40 福田義也, 『教育勅語の社會史』, 34~35면.

축제일 노래로 문부성에 의해 제정되었고, 그 이듬해인 1891년 '소학교 축일대제일의식규정'이 제정되었다.

'일본제국헌법' 제정(1989) 이후 일본신민 교화를 목적으로 만들어진 「교육칙어(교육에 관한 칙어)」는 일본에서는 1891년부터 일본 내 각 학교 에 '하부(下付)'되었고 '소학교축일대제일의식규정'을 통해 조회 등 각 종 국가·천황 관련 행사에서 반드시 봉독되도록 하였다. 이 「교육칙어」 에 기초한 사람이 모토다 나가자네인데, 모토다는 '이씨조선의 이퇴계 에 의하여, 오쓰카 다이노(大塚退野),[41] 그 소택(所擇)의 『주자서절요』를 읽고, 초연(超然)하여 얻은 바다. 우리 지금 퇴야(退野)의 학을 전하여, 이 를 금상황제(今上皇帝 = 메이지천황)에게 봉한다'[42]고 논한다.

이러한 모토다 나가자네의 사상은 황국의 도(道)의 근본으로 공자와 주자나 퇴계의 도의사상을 융화했던 것이다. 일반적인 인의도덕의 교 (敎)는 실로 황국의 도(道)를 중핵으로 하는 인의도덕의 교로서 설파되 었다.[43] 퇴계의 『자성록』과 『주자서절요』를 읽고, 부모처럼 존경하여, 자득(自得)한 바 있다고 스스로 밝히고 있다. 아베 요시오는 이 학파를 야마자키 안사이와는 달랐지만, 퇴계를 존숭했다는 점에서는 일치했다 고 평했다.[44]

메이지 교육계의 대표 모토다 나가자네도 이퇴계를 연구하고, 그 사

41　구마모토파의 인물로서, 야마자키파와 별개이지만, 이퇴계를 존신하고 있었다. 이퇴 계의 자성록과 『주자서절요』를 정연(精妍) 했다. 아베 요시오(阿部吉雄), 「李退溪―그 의 행동과 사상(1)」, 『퇴계학보』, 109면.

42　국회도서관 편, 「日本儒學의 發展과 李退溪」, 『國會圖書館報』 제9권 제8호, 81면.

43　阿部吉雄, 『李退溪』, 2면.

44　아베 요시오, 김석근 역, 『퇴계와 일본 유학』, 111~112면.

상 내용을 섭취하고 있었다. 그렇지만 모토다의 학문이 야마자키 안사이와 퇴계의 논리와 공명하는 곳이 있었는데, 황국의 도(道)를 통해 표출하고 있었다.[45]

일본의 전통적 근원을 천황에 두고, 일본을 세계의 중심인 천황국가로서 완성하기 위한 유학 활용이라는 문제가 대두되는 것이다.[46] 이처럼 '일본 = 천황의 나라' 규정 근거가 '유학적 발상'에서 유래한 것이라는 담론으로 '일본중심주의'가 구축되어간 것이다.

그것은 이전의 야마자키 안사이의 유교의 일본화가 모토다에게 살아남아 '일본 = 천황의 나라'를 위해, 즉 일본 에스노센트리즘을 위해 '개인 수학'의 논리가 '천황에 의한 개인 수학'으로 주창되고 이에 부합되지 않는 유교적 사상은 배제되었던 것이다.

이를 보아 퇴계는 에도시대의 처음부터 일본의 학자에게 존신되어 드디어 메이지의 교육지침확립에까지 관련을 갖고 있는 것[47]을 알 수 있고 하지만 그것은 일본화로 변용되는 '퇴계학'이었던 것이다.[48]

결론적으로 말하자면, 누구라도 학문, 수양을 통해 성인(聖人)이 될 수

---

45 阿部吉雄, 『李退溪』, 4면.
46 海後宗臣, 『教育勅語成立史の研究』, 東京大學出版會, 1965, 84~85면.
47 阿部吉雄, 안병주 역, 「李退溪－그의 행동과 사상(2)」, 『퇴계학보』, 123면.
48 國民精神文化研究所, 『教育勅語渙發關係資料集』 第1卷, 國民精神文化研究所, 1938, i~ii면.
  教育勅語－朕惟フニ我カ皇祖皇宗國ヲ肇ムルコト宏遠ニ德ヲ樹ツルコト深厚ナリ, 我カ臣民克ク忠ニ克ク孝ニ億兆心ヲ一ニシテ世世厥ノ美ヲ濟セルハ此レ我カ國體ノ精華ニシテ教育ノ淵源亦實ニ此ニ存ス爾臣民父母ニ孝ニ兄弟ニ友ニ夫婦相和シ朋友相信シ恭儉己レヲ持シ博愛衆ニ及ホシ學ヲ修メ業ヲ習ヒ以テ智能ヲ啓發シ德器ヲ成就シ進テ公益ヲ廣メ世務ヲ開キ常ニ國憲ヲ重シ國法ニ遵ヒ一旦緩急アレハ義勇公ニ奉シ以テ天壤無窮ノ皇運ヲ扶翼スヘシ是ノ如キハ獨リ朕カ忠良ノ臣民タルノミナラス又以テ爾祖先ノ遺風ヲ顯彰スルニ足ラン斯ノ道ハ實ニ我カ皇祖皇宗ノ遺訓ニシテ子孫臣民ノ俱ニ遵守スヘキ所之ヲ古今ニ通シテ謬ラス之ヲ中外ニ施シテ悖ラス朕爾臣民ト俱ニ拳々服膺シテ咸其德ヲ一ニセンコトヲ庶幾フ.

있다는 열린 이념은 중핵 및 향촌의 지도층을 담당하는 그들에 대해 주체적인 자각 및 경세의식을 크게 촉진했다. 그것은 곧 모토다와 같은, '자국을 세계제일의 도의(道義)의 나라로 만들려는' 이데올로기스트를 낳게 된 것이다. 그것은 국가의 지도에 의해 개인을 수양시켜야 한다는 국가주의적 시각에서 개인의 도덕화라는 '타율성'을 강조한 '개인의 내면 지배' 논리를 체현했던 것이다.

제8장

'일본' 내부의 '포스트 동아시아론'

1. '아시아는 하나다'와 '일본정신의 부흥' 논리

앞서 언급한 다케우치 요시미(竹內好)의 지적처럼 오카와 슈메이가 차지하는 '독립적인 사상성'[1]은 바로 오카쿠라 덴신(岡倉天心)의 사상과 연동되는 측면이 있었다. 그러한 의미에서 본 장에서는 오카와 슈메이(大川周明)의 사상적 편력이 갖고 있는 '내적 특징'을 오카쿠라 덴신의 '아시아는 하나다'라는 테제와 연계하여 밝히려 한다.

오카와 슈메이가 주장하는 '일본정신'과 아시아 부흥은, 오카쿠라 덴신의 '아시아 부흥론'에 기원을 두고 있었다는 점에서, 오카쿠라 덴신과

---

1   松本健一, 『大川周明—百年の日本とアジア』作品社, 1986, 8면.

의 연관성을 간과해서는 안 되기 때문이다. 오카쿠라 덴신이 주장한 '아시아 부흥'이라는 표제어에 기원을 두고, 오카와 슈메이가 내건 '아시아 부흥 사상'은 아시아인의 새로운 주체를 등록해가는 진입로였다. 오카와 슈메이는 '억압받는 아시아의 나라들'이라는 의미에서 오카쿠라 덴신이 제시한 '아시아는 하나다'라는 논리를 해석하여, '쇠퇴한 아시아를 다시 회복하는 것'이 아시아의 부흥이라고 주장하고, 아시아를 다시 성찰하게 된다.

그런데 문제는 다양한 아시아를 어떻게 하나로 묶어내는가에 있었다. 메이지기 현실적 테제로 등장한 '아시아'론은 '아시아 문화는 다양하지만, 서구로부터 억압받는 하나의 아시아'를 '아시아 문화의 공통성'으로 통합하는 '하나의 다양한 문화의 제국'으로서의 아시아를 정당화하지 않으면 안 되었다.

그렇지만 이러한 표현 즉 '하나의 다양 문화 제국'이라는 표현은 모순적이며 표현적으로도 어색하다. 그렇기 때문에 오카와는 그러한 모순을 타개하고, 아시아의 본성을 논증하기 위해 '오카쿠라 덴신의 아시아론'을 바탕에 깔면서도 아시아 개념을 '침략과 연대'라는 역설적 논리로 합성시키고 '진정한 아시아'로 회귀할 수 있는 방법을 고안해 내려 했다.

그 해결방법으로서 오카와 슈메이는, 서구를 상대화하면서 만들어내는 '다양한 아시아 제국'을 합성하고 '침략주의' 서구와 맞서기 위해서는 '아시아의 원래 상태인 고대의 문화'로 재화(再化)하거나 되살아나야(再生) 한다고 주장했고, 이를 위해서는 아시아인의 내면적 '회복'과 함께 넓게는 지역적 차이성을 봉합하는 '공간공동체'로서의 아시아 특성을 포함하면서 '하나의 아시아'로 부흥하는 매듭을 발견해 낸 것이다.

다시 말해서 아시아라는 공간의 새로운 공동체의 결합과 부흥이기도 했던 것이다. 이는 서구로부터 해방된 '아시아의 부흥을 강조'한다는 의미에서 '아시아 사상'의 부흥이기도 했다.

그런데 이렇게 오카쿠라 덴신을 참조하여 아시아의 부흥을 주장하는 논리에는 '일본정신'이 '아시아의 실질적 정신'이라고 주장하기에는 근거가 필요했다. 그러한 근거로서 찾아낸 것이 '일본정신'이었고, 그 일본정신의 부흥은 역으로 아시아 부흥을 위해 부흥되어야 하는 것이 '일본정신'이라는 결과를 가져왔다. 그러니까 '아시아정신'이 존재하고 이것이 부흥되어야 한다는 논리는 '일본정신'의 부흥이었던 것이다. 이러한 '일본정신'이 자각적으로 '설정되고', 아시아정신이 무엇인가를 '창출'되면서, '몇 가지 원리'들이 지칭되고 동원된 것이다.

바로 오카쿠라 덴신과 오카와 슈메이가 부흥되어야 할 '아시아 정신'과 '일본정신'을 '의식적으로' 발견하고 그 에토스를 제시하기에 이른다. 여기서 바로 '아시아 정신'과 '일본의 부흥'이라는 혁신적인 테제가 '일본 개조 = 아시아 개조'로 전복되는 것이었다.

그러한 의미에서 오카쿠라 덴신이 제시한 '아시아는 하나다'라는 논리는, 오카와 슈메이가 주장한 '초국가주의적' 의미로써 '아시아는 하나다'로 변형되고, 다문화 제국주의와 천황제 국가의 정당성을 형성해가면서 '아시아관'을 '주체적, 객관적'인 것으로 탈취한 것이다. 바로 일본정신 = 혁신에토스가 부각되면서, '아시아 국민국가'의 지배 담론을 정당화하는 '아시아 사상'을 구축하게 되는 지점이었다.

일본정신이 결국 아시아 민족의 정신적 유전자의 모습이고, 일본국민 바로 다마시이(魂, 정신) 그 자체이며, 그것은 곧 일본의 국체, 일본의 문화를 창조하고 발전시키는 힘이었던 것으로 귀결되며 일본정신의 부흥이 다문화 제국 아시아의 부흥으로 동일시되고 '서구를 상대화' 한 전지구적 '아시아 이론'의 핵심으로 등장하는 것이었다.

이러한 사유방식이 바로 오카쿠라 덴신의 텍스트를 오카와 슈메이가 재구성한 '아시아' 텍스트에서 발현되고 있었던 것이다. 본 장에서는 이를 가능하게 했던 아시아적 가치의 양식을 구체적으로 검토하고, 그 바탕에 흐르는 '아시아적 정신' 개념의 내부적 특징을 규명하고, 그것이 '일본정신'과 어떻게 접합되는지를 살펴볼 것이다.

이를 통해 '다문화 아시아 제국'이라는 개념이 '일본정신'이라는 '작위 된 개념'과 만나게 되고 '본질적 개념'으로 정착되어 가는지 그 과정이 밝혀질 것이다.

2. 아시아 개념과 오카쿠라 덴신

먼저 오카쿠라 덴신이 중국의 역사와 일본의 역사를 비교하면서 그려낸 조감도인 『태동고예사(泰東攷芸史)』는 커다란 의의가 있었다. 역사에 대한 시대구분에 나타난 '일본문화의 형성 프로세스가 가진 특징'과 '아세아(亞細亞)의 정체성'을 정리하고 있기 때문이다. 물론 『태동고예사』라는 제목에서 알 수 있듯이 '태동'을 전면에 드러내고 있는 것처럼, 오카쿠라는 '동양'이나 '동아시아'라는 개념을 사용하지 않고, 태동이라는 용어를 사용한 것에는 커다란 이유가 있었다.

오카쿠라는 "교예사(攷芸史), 미술사는 고래의 명품(名品)을 이해하여 우리들의 비판력을 기르는 것을 목적으로 한다. 단 본 강의에 쓰인 미술이라는 말은 좀 타당하지 않은 듯하며, 예술 혹은 교예라는 말을 사용하는 것을 통해 적당한 범위가 포함된다. 또한 동양이라는 글자는 'Orient'의 번역인데, 'Orient'는 'Europe'에서 보는 시점이다. 그리스는 오리엔트 속에 포함되었지만, 지금은 생략하여 동아 혹은 태동이라고 한다. 본 강의는 태동교예사라고 이름 짓는다"[2]고 한 것처럼, 오카쿠라에게 있어서 '태동(泰東)'은 주체적 '아시아' 구축 논리였다. 물론 아시아라는 개념이 '지리적인 명칭'과 함께 서구인들의 인식에서 형성된 '정치성'이나 '인위성'을 동반하고 있다는 것은 자주 지적된다. 특히 서구와 대립된 개념의 쌍으로서 아시아가 탄생하는 논리인데, 오카쿠라는 태동(泰東)이라는 용어를 사용하면서 아시아를 재구성했던 것이다.

바로 '아시아의 예술론'을 통해 오카쿠라는 동양미술의 독립자존을 주장하면서 '아시아는 하나이다(Asia is one)'라는 유명한 문구를 통해 시작된다. 잘 알려진 것처럼, 오카쿠라는 동양미술의 서구화 풍조에 반대하여, 동양미술의 독립자존을 주장했고, 일본이 아세아(亞細亞) 대륙의 문화가 전부 집합된 장소라고 주장했다. '아시아는 하나'라는 표현은 『동양의 이상(東洋の理想)』에서 사용하고 있는데, 그것은 아시아의 여러 민족의 다양성을 인정하지 않는다는 것이 아니라, 다양하면서도 서양 문명에 대한 아시아의 영광을 주장하고, 아시아의 양식을 지키며 이것

---

2   岡倉天心, 『日本美術史』, 平凡社, 2014, 264면.

을 회복하려는 점에서 하나라는 의미로 사용했다. 이 유명한『동양의 이상』보다 빠른 1902년에 발표한『동양의 자각(東洋の目覺め)』은 아시아의 민족들이 자신들의 재생을 위해 노력하는 모습을 조망하면서, 일본의 신생(新生)을 아시아 부흥과 연결시키고 있었다.

오카쿠라는 서구와 일본을 대립된 개념으로 설명했다. 오카쿠라는 일본이 서구문물을 배워 발달하게 된 것은, 인정하지만, 그것은 '모방력보다도 그 모방의 능숙함을 보여준 내부의 힘'에 의의를 두었다. 특히 서구 문화가 일본에게 가르쳐준 것에 대해서는 크게 감사를 표하지만, 실제로 일본인을 각성하고, 새로운 생활을 촉진시켜준 것은 역시 '아세아'라고 논한다.

다시 말해서, 오카쿠라는 '태서인은 우리들 태동인이 태서에 대해 배우지 않으면 안 되는 것처럼, 태동에 대해 다시 배우지 않으면 안 된다'[3]고 주장했다. 오카쿠라는 도식적으로 서구 대 일본이라는 점을 강조했고, 서구를 배우는 일본이 존재하는 것처럼 일본이 서구를 배웠듯이 서구도 일본으로부터 배워야 하고, 그 배움의 자세를 가져야 한다고 주장하는 것이었다. 이러한 주장 속에는 '보편성이 결여된 일본'이라는 보는 서구중심주의의 태도를 비판하는 것이며, 오히려 서구를 통해 '배움'을 갖고 그것을 모방하는 내부의 힘이 존재하는 일본을 다시 서구가 배워야 한다는 점에서, 서구가 오히려 '아시아'의 내용을 알지 못한다는 한계점을 비판하는 것이었다. 이것은 이미 오카쿠라가 '서구로부터 배움을 통해 새로운 일본문화'를 창출해 낸 '일본문화'와 '그것을 배우지 않

---

3   岡倉天心,「日本の覺醒」,『天心先生歐文著書抄譯』, 日本美術院, 1922, 51면.

는 서구의 문화'를 동렬에 놓으면서 문화상대주의적 논리를 끌어오면서 제시한 '서구중심주의'의 비판이었다.

오카쿠라는 서구의 물질문명이 발전해 온 역사에 대해, '미술의 보편성'이 존재했지만, 일본미술이나 예술이 가진 종합성에 대해 '이해하지 못하는 서구'가 '보편성'으로 해석되는 것이 갖는 문제점에 착안한 것이다. 그래서 서구인이 보는 아시아는 서구적인 논리로만 가득한 '일방적인 예술'로서, 그러한 예술은 일방적이라는 측면에 대한 '상대적 해석'을 일구어 낸 것이다. 오카쿠라의 입장에서 보면, '배우지 않는 서구의 예술'이 갖는 보편성이라는 개념 해석은, '아시아 특히 일본에게서 배우지 않는 서구중심주의적 반성과 함께 새로운 예술적 특성을 창출'하지 못한다는 의미에서 '유럽식' 일방론으로 비춰졌다. 다시 말해서 서구식 예술론이 갖는 '서구적 가치관'을 '보편'이라고 보는 '서구의 일방적인 도식'이 갖는 문제점을 하나의 이론으로 만들어낸 것이다. 오카쿠라 덴신에게 이것은 '서구라는 개별적 존재'가 만들어낸 아시아였고, 이는 하나의 개별성에 지나지 않았다. 이를 상대화하는 작업의 시초가 '태동'이라는 새로운 개념이었고, 일본의 '내용'이었다.

물론 서구의 문화를 하나의 개별성이라는 것을 읽어냈지만, 상대주의적인 입장에서 일본이 서구적 개별 보편성을 넘기 위해서는 딜레마가 수반되고 있었다. 순수한 일본적 특징과 동양과 서구를 아우르는 '보편성'이 갖추어진 것이 아니면 안 되었다. 그렇지만, 그 보편성은 일본의 순수한 개별적인 요소가 아니면 안 되는 것이었다. 여기서 바로 답을 찾는 것이 '아시아가 하나'라는 논리였다. 오카와는 아시아는 하나라는 것에 대해 다음과 같이 논한다.

아세아는 하나(一体)이다. 아세아는 결국 하나이다. 아라비아의 무도(武
道)도 페르시아의 시(詩)도, 중국의 윤리도 인도의 사상도 각각의 지역을 달
리하면서 피어난 것이기 때문에 구별은 가능하지만, 결국 동일한 아시아정
신이다. 일본의 특징은 복잡성속의 통리(統理)를 특별한 명석함을 가지고
이해할 수 있는 것 속에 존재한다. 일본인이 인도 달단족(韃靼族)이라는 것
도 아시아 사상의 두 원천을 함께 알 수 있는 편리함이 있다. 그 국체의 다름
이 그 위치의 특별함을 통해, 이 특권을 도와주고 있는 것이다.[4]

오카쿠라 덴신은, 물론 아시아가 중국이나 인도뿐만 아니라 아라비아
나 페르시아까지도 상정했고, 아시아가 각각의 '국가적 체계'를 달리한
다는 것도 인지하고 있었다. 그럼에도 불구하고 아시아가 하나인 것은
'아시아정신'에 있었다. 오카쿠라는 '국가 체계의 상이(相異)'를 봉합하
고 '아시아가 하나가 아니라'는 모순을 극복하기 위해 먼저 제시한 것
은, '아시아의 정신'에서 찾으려 했던 것이다. 즉 아시아의 의미를 재고
하고 과거 문화의 공유와 문화 이동의 논리를 통해 일본을 비롯한 아시
아를 '하나의 아시아'라고 보았다.

그중에서도 일본이 중국과 인도 문화의 수합장소이며, 일본은 아시아
문명의 박물관인데, 그 융합지역인 일본은 '아시아적'이며 '아시아적일
수 있는 것'이라고 주장했다. 그래서 바로 여기서 실제 일본인을 각성하
게 하고, 새로운 생활을 촉진시켜준 것은 역시 '아세아'이며 또한 서구
가 사고하지 못하는 즉 상대방을 모방하는 능숙함을 가진 내부의 힘을

---

4   岡倉天心, 「東洋の理想」, 『天心先生歐文著書抄譯』, 4~5면.

결합하는 곳이 일본이고 아시아였던 것이다.

전자의 주장으로서 '동서양의 상대화 작업' 논리 속에는 과거 역사 속에 존재하는 아시아의 전성기 즉 동양의 전성기기가 있었음을 상기시켰다. 다시 말해서 "아세아가 퇴폐하기 시작한 것은 15세기로 몽고가 중국을 통일했을 때이다. 그러나 동양은 그것 이외에도 위대한 문화를 소유하고 있었다. 아세아는 불교로 통일했었다. 중국에서는 공자(孔子)적 사상과 합쳐져서 훌륭한 문화를 꽃피웠다"[5]고 주장하며, 몽골이 물론 서양 문화를 파괴한 부분도 있지만, 오히려 사라센(Saracen) 제국을 건설하게 했고, 기독교 국가가 확립되는 데 영향을 주었다고 본 것이다.

특히 이탈리아에 문예 부흥의 도화선이 되었다는 것 등을 통해, 동양의 전성기가 서양 문화에 이바지한 영향을 제시한 것이다. 이러한 동양의 전성기기 역전되어 현재는 서구가 아시아 문화 발전에 영향을 주고 있는데, 그렇지만 아시아 전성기시대와 서구 전성기 시대의 공통점을 찾아낸다. 오카쿠라는 "'정신적 측면'에서 '사랑'의 가르침은 아시아에도 시리아 사막에도 있고, 크리스트교, 그리고 형태를 바꾼 유럽에서 조차도 퍼져있는 것"[6]이라고 주장한다. 바로 여기 즉 '정신적 측면 = 사랑'에서 서구적이면서도 일본적인 것이 발견되는 순간이었다.

그런데 그러한 아시아의 정신적인 것들이 서구에서도 파괴되고, 아시아의 인도나 중국도 그 맥이 끊어졌다고 비판한다. 오카쿠라는 "현대 문명은 태서인의 문명이며 태서인의 승리이다. 과학의 보급, 상공업의 개화가 그것이다. 그것도 모두 인간성 고양, 포애(包愛), 신실(信實)의 도

---

5   岡倉天心, 「日本の覺醒」, 『天心先生歐文著書抄譯』, 51~52면.
6   岡倉天心, 「東洋の理想」, 『天心先生歐文著書抄譯』, 16면.

(道)를 발휘하면서 생겨난 것이다. 그 정신은 결국 신문명으로 세계적 성질을 갖게 했고, 세계적 공통 관념을 길렀다. 태서인은 그것이 만족스럽고 환희를 느끼는지는 모르겠지만, 동양인에게는 동일한 감정을 경험할 수 없다. 물질문화는 무엇을 위한 것인가. 그 포애(胞愛) 정신의 목표는 어떠한가. 태서인에게 이 물질문명은 전혀 행복하지 않았다. 그들은 자신들이 만든 문명에 속았다. 자유를 오히려 잃어버렸다. 진정한 개성은 점점 파괴되었다"[7]고 논했다. 태서인 즉 서구인들은 자신들이 만든 물질문명은 진정한 개성이 소멸된 것이라고 보았다. 그리고 그러한 진정한 개성이 아시아에 존재하는데, 그 아시아에서도 중국이나 인도문화에서도 그림자만 남아있다며, "지금은 중국문화와 그 문학과 유적이외에 이를 전달하는 것이 없다. 또한 지금의 인도문화도 안카(アンカ)왕시대도 마스르콘(マスロコン)시대도 전하는 것이 없고, 그 그림자만 전해진다"[8]고 보았다.

결과적으로 오카쿠라는 앞서 언급한 '사랑'의 가르침이라는 '정신'적인 것에서 서구적인 것과 동시에 아시아적인 것의 교집합을 찾아냈고, 이어서 서구가 파탄에 이르고, 아시아의 인도나 중국도 파괴되었음을 주장하게 된 것이다. 그렇지만, 일본이야말로 서구를 포함해 중국과 인도 문화를 찾는 유일한 장소라고 주장하게 된다. 이러한 것이 가능한 것은, 바로 일본이 가진 '모방력보다도 그 모방의 능숙함을 보여준 내부의 힘'에 '일본적 특성'을 찾았다. 그것은 메이지기 현재의 모습이기도 했다. 그래서 오카쿠라는 서구의 기독교가 들여온 사상에 대해 다음과 같이 논했다.

---

7   岡倉天心, 「日本の覺醒」, 『天心先生歐文著書抄譯』, 68면.
8   岡倉天心, 「東洋の理想」, 『天心先生歐文著書抄譯』, 5면; 岡倉天心, 「日本の覺醒」, 같은 책, 68면.

기독교가 들어오면서, 서양의 사상지식은 국내에 흘러들어왔다. 이와쿠라(岩倉)나 오쿠보(大久保)도 국가를 위한 것이라 하여 침묵하며 흐름을 관망했다. 이러한 혼돈 상태는 이태리의 국가 초기와 비슷하다. 서양종교는 개인주의와 함께 들어왔다. 그리고 이때 국민들은 자각했다. 국체의 존엄이 되살아났다. 우리들이 국민적 수양의 핵심인 된 것은 항상 자신에 해당한다는 것을 잊지말아야한다는 점에 있다. 일본은 역시 그러했다. 자신에 대해 잠자는 아세아 정신의 체현에 노력했다.[9]

물론 서구의 개인주의나 종교 등이 수입되면서, 역시 아시아정신의 체현에 촉매역할을 한 것으로 해석되고, 그것은 역시 일본이 모방의 능숙함을 발휘하는 '정신'을 갖고 있었던 것을 증명하는 것이었다.

그것은, "우리 일본문화는 인도와 중국의 영향을 받아 그 나라에서 일어난 문물 지식을 끊임없이 수입하여 그 본국에 있어서는 존속하지 않게 된 후에도 이를 계승하여 완미저작(玩味咀嚼)하여 아세아문명의 융합합치하는 문화의 꽃을 피우고 있는 것이다. 지금은 서양문명을 수입하여 이에 동화하고 있는 것은, 실로 오랫동안의 국민적 문화 훈련의 결과라고 말하지 않을 수 없다. 게다가 서양문명이 우리들에게 가르쳐준 것은 대부분 물질적 기계적 방면으로 정신적 방면에 있어서는 자극을 준 것에 불과하다고 할 정도이다. 일본문화의 특질이 고대(高大)함을 가지고 깨달을 일이다. 또한 우리들은 여기에 동양문명 서양문명이라는 것을 구별하여 다른 이름으로 부르고 있지만, 실은 상류(相類) 비슷한 점이

---

9   岡倉天心, 「東洋の理想」, 『天心先生歐文著書抄譯』, 40~41면.

결코 작지 않은데, 서양문명이 그 특장으로 하여 자랑스럽게 생각하는 것처럼 우리 동양문명 속에 예부터 생겨난 것을 발견한 것이다. 예를 들면 우리들이 지금 신제도로서 인정하고 있고 서양에서 배운 것이라고 허락하고 있는 것도 옛날을 찾아보면 우리 고래의 법이었던 것조차 있다. 그러므로 우리들의 유신이 지금 용이하게 태서 문물을 동화할 수 있는 것도 결코 까닭이 없는 것도 아니라고 생각하지 않을 수 없다. 지금 태어난 신일본은 결코 신일본이아니라 구일본의 재화생(再化生)이라는 것이 판명된다. 구(舊)일본은 아직 망하지 않았다. 아직도 우리들 속에 모습을 갖추고 있다. 우리나라 작금의 제도 모두 구일본의 재화생이 아닌 것이 없다. 정치도 제도도 문예도 미술도 모든 방면에서 구일본은 성대하게 재생해 온 것이다"[10]라고 하듯이, 전자의 인용문과 후자의 인용문을 합체하여 해석해 보면, 일본이나 동양이 서양과 만나 더 새로운 문명을 낳는다는 장대한 일본적 르네상스의 도래를 실현시킬 수 있게 되었다. 서구와 동양에 이중적 입장을 다시 일본이 상대화하려는 대규모의 아젠다 제창을 시도한 것이다.

그를 위해 필요한 조건을 '조건'들을 찾아내려 했다. 오카쿠라는 예술사나 미술사가 가진 특징을 그 예술성 자체에 두는 것이 아니라, 주변 '환경'에 두었다. 오카쿠라는 "오늘날 미술사라고 하는 것도 결국 우리들의 국민문화 반영에 지나지 않는 이상 공자의 가르침, 불교의 도(道), 각 시대의 정치 세상까지도 함께 연구해야만 겨우 그 체계가 얻어지는 것은 아닐까. 일본의 미술사는 이것을 낳게 된 주변을 이해하지 않으면

---

10 岡倉天心, 「日本の覺醒」, 『天心先生歐文著書抄譯』, 66~77면.

이해 할 수가 없을 것이라고 여겨진다. 지리상으로 보아 중국이나 인도의 속국으로 여겨지게 되는 일본은 양쪽 문화의 중추적 영향을 상황에 맞게 향유할 수 있어 결코 모방에 구애받지 않고 생활, 사상, 예술상의 자유국이었던 것은 말할 수 없는 영광"[11]이라며, 일본의 미술사는 이것을 낳게 된 조건들이 중요하고, 그 조건들 중에 중요한 것이 '모방에 구애받지 않는 자유'에 있었다고 본 것이다.

그것은 일본역사 속에 나타나는데, 그것을 정리한 『동양의 이상』에서는, 일본의 원시미술에서 시작하여, 아스카시대 (550~700), 나라시대 (700~800), 헤이안시대(800~900), 후지와라(藤原)시대(900~1200), 가마쿠라(鎌倉)시대(1200~1400), 아시카가시대(1400~1600), 도요토미(豊臣) 및 도쿠가와(德川)시대 초기(1600~1700), 도쿠가와시대 후기(1700~1850), 메이지(明治)시대(1850~현재)로 구분했는데, 이는 『태동교예사(泰東巧藝史)』로 이어졌다. 오카쿠라가 동경제국대학 문과대학에서 실시한 강의 내용이라고 전해지는데, 그 「태동교예사개략(泰東巧藝史概略)」을 참조하면, 강의의 골자라고도 할 수 있는 분류표를 정리하여, 오카쿠라 덴신의 태동예술에 대한 견해 일반(一斑)을 알 수 있는 데 충분하다.[12]

이처럼 오카쿠라는 역사에 대한 먼저 시대를 구분하면서, 중국역사와 일본역사를 전체적 조감도처럼 그려냈다. 오카쿠라 덴신은 역사적 시대구분을 고대, 중세, 근세, 태서로 나누었다. 고대는 중국의 진한(秦漢) 일본의 상대(上代), 육조(六朝) 일본의 스이코(推古), 중세는 중국의 초기 당나라 일본의 하쿠호(白鳳)시대, 중기 당나라 일본의 덴표(천평, 天平), 만

11 　岡倉天心, 「東洋の理想」, 『天心先生歐文著書抄譯』, 6~7면.
12 　岡倉天心, 「泰東巧藝史概略」, 『天心先生歐文著書抄譯』, 184면.

년 당나라 데이칸(정관, 貞觀), 근세는 중국의 오대(五代), 북송이 일본의
후지와라(藤原) 초기, 남송이 후지와라(藤原) 후기, 원나라 가마쿠라(鎌倉),
명나라 아시카가(足利) 도요토미(豊臣), 청나라가 도쿠가와(德川) 초기,
도쿠가와 후기, 태서(泰西)가 메이지기(明治期)로 나누었다. 그리고 자세
하게 불교적 공예를 사적과 유품이라고 대별하고, 각국 즉 일본과 중국
을 중심으로 도표화해 놓았다. 시대구분과 동양 역사의 대조를 통해, 일
본이 '일본의 독특함'을 가진 것이 아니라, 동양의 역사와 연결되고, 일
본이 중국이나 일본의 문화를 접하고 수용하는 '모방의 능숙함을 발휘
하는 '정신'을 찾아낸 것이다.

아스카(飛鳥)시대 초기 야마토 천재에 의해 인도의 이상과 중국의 윤리 수
용자 집중자로서의 국가의 운명을 정한 이후 그것에 이어지는 나라(奈良),
헤이안(平安) 준비단계를 거쳐 마침내 후지와라(藤原)시대의 끝없는 헌신,
가마쿠라시대의 영웅적인 반동 속에 그 방대한 역량을 보여주고, 나아가 엄
숙한 정열을 갖고 죽음을 동경한 아시카가(足利)의 기사도의 준엄한 정열과
숭고한 금욕에 이르러서는 정점에 도달한 정도이며, 이들 모든 단계를 통해
일본의 진화는 마치 한 개의 인격 그것처럼 명확하게 조금도 흐트러짐이 없
다. 히데요시(秀吉)시대나 도쿠가와(德川)시대에 있어서도 동양의 유의(流
儀)에 따라 커다란 이상적 민주화라는 진정(鎭靜)에 의해 그 활동 리듬을 닫
으려 했다. (…중략…) 메이지혁명과 함께 일본은 스스로 과거로 돌아가고
필요한 활력을 과거 속에서 찾고 있다. 모든 본물(本物)의 복고(復古)와 마
찬가지로 말하자면 다른 것에서는 볼 수 없는 독특한 맛이 있어 그것을 두드
러지게 하다. 어딘가 다르다의 반동인 것이다. 즉 아시카가(足利)시대 이래

시작된 예술의 자연에 대한 헌신이 지금은 민족에 대한 인간 자신에 대한 전적인 헌신으로 변했다. 우리들의 미래를 풀어주는 비결은 자신의 역사 속에 있다는 본능적인 자각으로 그 열쇠를 찾으려고 열심히 모색하고 있다.[13]

모방의 능숙한 정신은, 결국 일본은 스스로 과거로 돌아가 보기도 하지만, 필요한 것은 바로 '활력'에서 찾았다. 일본이 중국이나 인도의 영향 관계 속에서 준비한 아시아적 특징이 결국 메이지기의 서구와 접촉하면서 다시 '일본적이면서 아시아적이고, 서구적인 것'을 일본 역사의 과거 속에 감춰진 '모방 능력의 힘'인 활력에서 발견해 낸 것이다.

그 활력은 '진정한 자아'의 발견이며, 그러한 '의식' 없이는 '생명'이라는 것도 없다는 논리로 연결하여, 근대에 직면한 일본이 '아시아'를 자각하고, 일본을 자각하여, 생명력을 통해 '독립 국가'로서 세계적 문화를 창조해야 한다고 자각했던 것이다. 오카쿠라는 결국, 서구, 인도, 중국의 정신적인 융합에서 '새로운 정신적 사유로서 동양의 자각' 논리를 발견해 낸 것이다.

즉 "대체적으로 사조를 두 개로 나눌 수가 있다. 하나는 동양 사상, 다른 하나는 서양 사상이다. 두 풍조는 1세기 반 이전에 일어난 것으로, 동양 사상은 일본고유의 미술을 통합해 버리고 중국과 인도의 영향에서 벗어나려는 자각적 노력으로 시작"[14]되었다. 그리고 "역사적 경험을 통해 길러 함양해 온 것이 동양인의 개성적 사고이며, 그 성숙함과 산 지식으로서 또한 건강하고 더 나아가 온화한 인간미를 포함한 사상과 감정

13　伊藤昭雄, 『アジアと近代日本』, 社會評論社, 1990, 64면.
14　岡倉天心, 「東洋の理想」, 『天心先生歐文著書抄譯』, 39면.

의 조화로서의 개성이었다. 이러한 상호간의 교환을 통해 교양을 단순하게 인쇄물 지침이아니라 진정한 수담으로서의 인산 교류라는 동양적 관념이 유지"[15]되고 있다고 본 것이다. 결국 그리하여 "아세아의 심리는 (…중략…) 인도에도 중국에도 일본에도 순례나 건국자에 대한 존경심이 남아있다. 동양인의 개인적 자아는 그러한 온화한 심정 속에서 자란 수양된 것에 있다. 모든 것이 평화적이며 조화적이고 합동귀일(合同歸一)이다. 동양인 도(道)의 미는 그곳에 있다. 사상에도 시가에도 예술에도 과학에도 그 미점(美點)이 있다"[16]는 것으로, 이것이야말로 실은 아시아의 사상과 과학, 시와 예술 속에 감춰진 에너지였다[17]인 것이다.

그래서 그러한 자각 즉 "일본에는 자각이 있다. 동양 전체에 그것이 없으면 안 된다. 동양의 대부분 국가들은 이 자각을 잃고 쓰러졌다. 일본에는 중대한 임무(重任)가 있다고 말하지 않을 수 없다. (…중략…) 우리들은 여기서 이 어둠을 걷어줄 것을 바란다. 새로운 생명을 가져다 줄 것을 기원한다. 게다가 그것은 아세아 자신 속에서 일어나지 않으면 안 된다"[18]라며, 일본이 가진 자각을 독자화시키는 것에 성공한다. 이러한 논리는 결국 "아세아는 정신적이지 아니면 무가치이다. 그러나 정신적 인물은 대가람(大伽藍, 큰절)에서는 나오지 않는다. 학문에서도 나오지 않는다. 낭인의 쓸쓸한 가슴 속에 깃들어 있는 것이 진정한 정신"[19]이라며, 독자적인 '쓸쓸한 가슴 속'에서만이 진정한 정신이 나타난다는 것이

---

15 伊藤昭雄, 『アジアと近代日本』, 61면.
16 岡倉天心, 「東洋の理想」, 『天心先生歐文著書抄譯』, 43면.
17 伊藤昭雄, 『アジアと近代日本』, 62면.
18 岡倉天心, 「東洋の理想」, 『天心先生歐文著書抄譯』, 44면.
19 岡倉天心, 「日本の覺醒」, 『天心先生歐文著書抄譯』, 62면.

다. 그것은, 서구와, 인도와 중국과 또 다른 '낭국(浪國)'이라는 '유동(流動) 국가'로 치환되는 것이었다.

오카쿠라는, 일본이 하나의 아시아 국가이지만, 그 아시아 내부 국가인 인도와 중국과는 또 다른 길을 찾기 위해 노력을 기울였는데, 그것은 바로 '각성'에 의한 시도라고 보았다. 즉 동양인의 개성적 사고인 인간미를 포함한 사상과 감정의 조화라는 미점(美點)이 가진, 아시아의 사상과 과학, 시와 예술 속에 감춰진 에너지를 발견하고, 그러한 에너지를 통해 새로운 '생명'의 힘을 발휘하는 일본 내부에서 이루어져야 한다고 주장한 것이다.

오카쿠라는 일본이 '사상과 과학, 시와 예술' 속에 포함된 '생명력'이라는 일본 = 자기동일성으로서 일본정신을 과거의 계보에서 뿐만 아니라 현재에도 발견되는 독자성이라는 새로운 시간적 원리를 만들어낸 것이다. 그 전환 속에서 '일본정신'이 밑바닥부터 일본인의 마음에 흐르며, 그 생명력을 통한 새로운 근대적 논리가 세계적 원리로 다시 생성된다는 논리로서 성립되는 것이었다. 그것이 바로 것처럼, '일본정신'이 세계적인 것으로 여기게 된 것이다. 물론 '일본정신'이라는 '일본을 배경으로 한' 새로운 세계 문화 창조는 한편으로 일본적 자기동일성으로 회귀되는 것이며, 반대로 서구와 대결하는 자세로 보이는 것이었다. 그렇지만 분명히 오카쿠라 덴신이 주장한 '아시아는 하나'라는 슬로건은 결과적으로 일본적 독특함과 아시아의 통일성을 통해 서구를 융합하는 논리로서, 메이지기 일본의 아이덴티티를 창출해 내고 있었다.

3. 오카와 슈메이의 아시아 부흥론

오카와 슈메이는 오카쿠라 덴신의 『동양의 이상(東洋の理想)』을 중시했다. 달리표현하자면 오카와 슈메이가 기획한 것은 오카쿠라 덴신이 주장한 '아시아주의'의 재검토였다.

물론 그러한 의미에서 아시아주의의 특징을 설명할 필요가 있는데, 선행 연구에서 이미 아시아주의 논리가 '일본을 맹주로 한 아시아 여러 민족의 단결과 구미열강의 아시아침략에 대한 대항 사상'으로 귀결되어 '우익과 아시아아주의'에 대한 분석[20]은 특이할 만하다. 그렇지만, 아시아의 맹주가 될 수 있는 사상을 갖게 되는 프로세스에 대한 분석도 중요하다고 본다.

사상적 경향으로서 국수주의적 시점을 하나 설명한다하더라도, 배외주의적인 국수주의라기보다는 '서구도 하나의 국수주의'를 기초로 한 국제주의라는 시점을 창출하고, 일본도 스스로의 국수(國粹)를 중시하고, 보편적인 '개화'가 가능하다고 보았다는 '사고'가 존재했다는 점이다.[21] 즉 아시아의 맹주가 되기 위해 일본은, 일본의 입장에서 어떠한

---

20 노하라 시로(野原四郎)와 하시카와 분조(橋川文三)의 연구를 제시하며, 아시아주의에 대해 정리했다. 첫째 아시아연대에 의한 구미지배로부터의 해방을 목표로 한 사상으로 파악되거나, 둘째 아시아주의란 명목하에 아시아침략을 위장한 사상으로 파악되는 것을 제시한다. 이러한 논리를 근거로 메이지기의 '아시아주의' 주창자들을, 아시아주의의 사상 창출에 있어서 그들이 주체라기보다는 그러한 아시아주의 사상의 실천적 주체로 파악하는 입장을 취한다. 행동이 동반된 사상이었기 때문에 이러한 측면도 부정할 수는 없다고 본다. 김채수, 「일본의 우익과 아시아주의」, 『일본문화연구』 제20집, 동아시아일본학회, 2006, 327면.

21 潮出浩之, 『岡倉天心と大川周明』, 出川出版社, 2011, 23면.

'일본'을 내세워야 하는가에 직면했고, 그 문제에 대한 대답을 구축해 가면서 일본문명론을 제창해 갔다.

오카와 슈메이는 "오카쿠라 가쿠조(岡倉覺三, 오카쿠라 덴신)의 저서 『태동이상론(泰東理想論)』, 『태동고예사(泰東攷芸史)』 강의에, 가장 깊고 선명하게 아시아 정신의 본질을 제시하고 있다. (…중략…) 오카쿠라 씨의 저서 및 강의에 영향을 받은 것"[22]이라며 오카쿠라 덴신의 영향을 고백했다.

먼저 오카와 슈메이는 오카쿠라 덴신이 제시한 '아시아는 하나다'라는 담론을 중시했다. 오카쿠라는 "히말라야 산맥은 두 개의 문화를 분수령으로 중국에 공자(孔子)의 공산주의, 인도에 개인주의라는 구별을 낳았지만, 아시아민족이 공통의 습산(襲産)인 궁극과 보편에 대해 사랑을 구분하는 것을 불가능했다. 이리하여 아시아는 세계의 모든 대종교의 발생지가 되고, 특수와 수단에 다다르는 지중해민과 북쪽 인민과는 전혀 규(規)를 달리하기에 이르렀다"[23]고 규정했는데, 오카와 슈메이 역시 "히말라야 산맥은 공자의 공동주의를 근거로 하는 중국문명과, 개인주의를 철저히 하는 인도문명을 나누었지만, 이것은 단지 하나의 면목으로 점점 선명해진 것에 지나지 않는다"[24]고 보며 하나의 아시아라는 논리에 대해 착안한다.

앞서 제시한 것처럼 오카쿠라 덴신이 제창한 '아시아는 하나(Asia is one)'라는 표어는 아시아 여러 민족의 다양성을 인정하지 않는다는 것이 아니라, 다양하기도 하지만, 아시아에 대해 '서구' 문명 수용을 강요

22　大川周明, 『日本文明史』, 大鐙閣, 1921, 7면. 오카쿠라 덴신 이외에도 야마지 아이잔(山路愛山), 기타 잇키(北一輝)를 거론하고 있는데, 이에 대해서는 다음 원고를 기대한다.

23　岡倉天心, 「東洋の理想」, 『天心先生歐文著書抄譯』, 4면.

24　大川周明, 「日本文明の意義及び価値」, 『大川周明關係文書』, 芙蓉書房出版, 1998, 84면.

하는 '서양 문명에 대한 아시아의 영광을 주장하고, 아시아의 양식을 지키며 이것을 회복하려는 점에서 하나'라는 점이었는데, 오카와 슈메이는 오카쿠라 덴신이 주장한 '아시아'의 논리에 대한 재검토에서 '아시아'를 논하고 있었다. 이때 오카쿠라가 미술품의 발전 역사를 통해 '아시아'를 재구성했지만, 오카와 슈메이는 미술사를 근거로 한 '수입과 진보'의 시대구분 재구성에 보이는 예술성과 일본이 가진 문명의 특성을 통해 아시아 개념을 재구성해 냈다.[25]

구체적으로 오카쿠라와 오카와는 아시아의 '자각' 논리와 아시아적 가치가 가진 '정신'의 특성을 설명하는 '공통분모' 속에서 발견해 내는 아시아적 관념이었다. 문화적 형식은 어떻게 변화하든지 상관없지만, 문화 속에 감춰진 정신이 사멸(死滅)하게 내버려두면 아시아는 존재할 수 없다고 보았다. 오카쿠라가 부각시킨 "우리 일본문화는 인도와 중국의 영향을 받아 그 나라에서 일어난 문물 지식을 끊임없이 수입하여 (…중략…) 아세아문명의 융합 합치하는 문화의 꽃을 피우고 있는 것"[26]에 깊이 영향을 받은 오카와 슈메이는, "아세아 대륙의 정화라고 말할 수 있는 중국문명과 접했다. 우리들은 엄정한 노력으로 이 신래의 문명을 연구하여 잘 이를 동화시켜 국민적 섬유의 일부를 이루게 하고, 찬란한 꽃인 문예 도덕의 소지를 만들어냈다. 우리들의 예술적 천분은 이 새로운 문명에 생기를 얻어 매우 급속하게 진보를 이루었다. (…중략…) 흠

---

25 潮出浩之, 『岡倉天心と大川周明』, 49면. 오카와 슈메이는 이 이외에도 '지역 구분'과 '종교'에 대한 개념을 보태는 것으로 새롭게 아시아를 재해석하고 있었다. 본 논고에서는 '지역적 구분 개념'과 종교적 부분을 구체적으로 다루지 못했다. 아시아의 지역적 구분이 가진 의미와 한계 및 종교와 관련된 부분은 다음 원고를 기대한다.

26 岡倉天心, 「日本の覺醒」, 『天心先生歐文著書抄譯』, 76면.

명(欽命)천황기에 인도문명의 정화라고 불리는 불교가 전래되었다. 우리들의 문명은 곧바로 아세아문명의 통일이었다. 우리들은 과거에 있어 접촉한 모든 문명을 섭취하고 부단하게 고도의 문화를 전개해왔다. 이 것이 구일본문명의 의의 및 가치"[27]라고 인식하게 된 것이다.

그런데 현재의 아시아는 서구에 의한 식민지지배에 의해 '아시아적 가치'가 분할되고 있다고 보았다. 그것을 회복하기 위해서 오카쿠라는 아시아적 과제를 제시했다. 아시아의 회복 접근 방법은 "아시아의 과제 는 아시아적 양식을 지키고, 이것을 회복하는 데 있다. 그러나 이것을 이루기 위해서는 아시아 자신이 우선 이러한 양식의 의미를 인정하고, 그 의식을 발전시켜가지 않으면 안 된다. 그것은 과거의 그림자야말로 미래의 약속이다. 생명이란 끊임없는 자신에 대한 복귀 속에 있다. 이러 한 자기인식이 조금이라도 움직임을 가졌기 때문에 일본은 자신의 개조 를 이루고, 동양세계의 대부분을 몰락에 이르게 한 저 폭풍을 잘 견딘 것"[28]으로 보았다.

오카와 역시 일본이 아시아적 양식을 유지하고 일본이 그러한 생명력 을 가진 영광의 3천 년의 역사라는 것을 주장한다. 오카와 슈메이는 "우 리들의 역사는 시작부터 모든 아시아의 문명은 노도(怒濤)의 모습으로 부단히 우리들에게 밀려왔다. 그렇지만 거암과 같이 우리들의 국민적 자존과 유기적 통일은 그들의 팽창적인 사조의 한가운데에 서서 의연하 게 자기의 독립을 지켜냈다. 국민적 정신은 어떠한 경우에 있어서도 결 코 신래(新來) 문명의 노예가 되는 일은 없었다. 중국인과는 전혀 달리

27　大川周明, 「日本文明の意義及び価値」, 『大川周明關係文書』, 89~93면.
28　伊藤昭雄, 『アジアと近代日本』, 62~63면.

우리들은(일본-필자) 아세아대륙에 향기를 내는 인문의 꽃을 보게 되고, 항상 새로운 감격에 가슴이 뛰었다. 최초에 삼한 문명과 접했을 때에도 다음에 중국의 유교문명과 접했을 때도 나중에 인도의 불교문명에 접했을 때에도 우리들은 타국민의 추종을 불허하는 민감함과 경탄할 만한 자유스러운 비판적 정신을 통해 자세하게 이를 관찰하고 열심히 이를 연구했다. 그리고 이 엄숙한 노력은 그들의 문명을 유감없이 이해하고 이를 국민적 생산 내용으로서 다 섭취할 때까지 계속했다. 맹목적인 숭배는 우리들이 일부러 행하지 않았다. 그것과 동시에 우리들은 편협한 배척도 하지 않았다"[29]고 주장했다.

그것은 곧 일본인 혹은 문화의 일본문화의 특질로서, 하나의 훈련을 통해 습득한 일본문화의 고대(高大)함이었다. 오카쿠라가 주장한 "우리들은 여기에 동양문명 서양문명이라는 것을 구별하여 다른 이름으로 부르고 있지만, 실은 상류(相類) 비슷한 점이 결코 작지 않은데, 서양문명이 그 특장으로 하여 자랑스럽게 생각하는 것처럼 우리 동양문명 속에 예부터 생겨난 것을 발견한 것이다. 예를 들면 우리들이 지금 신제도로서 인정하고 있고 서양에서 배운 것이라고 허락하고 있는 것도 옛날을 찾아보면 우리 고래의 법이었던 것조차 있다. 그러므로 우리들의 유신이 지금 용이하게 태서 문물을 동화할 수 있는 것도 결코 까닭이 없는 것도 아니라고 생각하지 않을 수 없다. 지금 태어난 신일본은 결코 신일본이아니라 구일본의 화생이라는 것이 판명된다. 옛 일본은 아직 망하지 않았다. 아직도 우리들 속에 모습을 갖추고 있다. 우리나라 작금의

---

29 大川周明, 「日本文明の意義及び価値」, 『大川周明關係文書』, 82면.

제도 모두 구일본의 화생이 아닌 것이 없다. 정치도 제도도 문예도 미술도 모든 방면에서 옛 일본은 성대하게 재생해 온 것"[30]으로 이어졌다.

다시 말해서 일본인 혹은 문화의 일본문화의 특질로서, 하나의 훈련된 양식인 '모방 능력의 힘'의 부활이었다.

오카와 슈메이는 역사의 원동력은 실로 국민의 창조력 그것 자체라고 보고, 그러한 역사적 '원동력'에 의해 일본이 창조력을 통해 구축해 온 것으로 "옛것을 잃는 것이 없이 새로움을 포용하는 생동감(潑溂)에 귀일한 정신은 아세아문명의 모든 것을 섭취하고 이를 우리들이 국민적 생활위에 부활시켰다. 그것이 아세아는 혼연일체이다. 히말라야 산맥은 공자의 공동주의를 근거로 하는 중국문명과, 개인주의를 철저히 하는 인도문명을 나누었지만, 이것은 단지 하나의 면목으로 점점 선명해진 것에 지나지 않는다"[31]며, "중국의 윤리도, 인도의 종교도, 모든 단일한 아세아를 이야기한다. 그렇기 때문에 이 '잡종 속에 존재하는 통일'을 특히 선명하게 실현하여, 아시아의 하나를 가장 충분하게 발휘하는 것이 항상 우리들의 위대한 특권이다. 그리고 세계에 비할 데 없는 황통(皇統)의 연면과 이방(異邦)의 정복을 받지 않는 높은 자존과 조상의 사상 감정을 유지한 절호의 섬나라인 것이 일본으로 하여금 아세아의 사상이나 문명의 진정한 호지자(護持者)이게 했다. 그러면 우리들의 의식은 아세아 의식의 종합이다. 우리들의 문명은 전(全) 아시아 사상의 표현이다. 일본문명은 비할 데 없는 의의 및 가치는 실로 이러한 것에 존재"[32]한다

---

30 岡倉天心, 「日本の覺醒」, 『天心先生歐文著書抄譯』, 77면.
31 大川周明, 「日本文明の意義及び価値」, 『大川周明關係文書』, 84면.
32 大川周明, 「日本文明の意義及び価値」, 『大川周明關係文書』, 85면.

고 본 것이다. 일본이 가진 모방의 힘과, 아세아의 사상이나 문명의 진정한 유지자로서, 오카쿠라가 주장하듯이, "황화(黃禍)라는 말을 우리들은 듣고 있다. (…중략…) 오히려 백화(白禍)라고 부르는 것이 우리들에게는 절실하게 울려 퍼지는 것이라고 생각될 정도이다. 황화라는 말도 백화 때문에 생긴 허구에 지나지 않는다"[33]는 것처럼, 황화 개념의 허구성을 지적하고, 백화를 상대화하고 있었다. 그것이 오카쿠라가 지적한 것처럼 '일본의 각성이' 메이지유신과 함께 부활(復活)이 필요한 것으로, 그것은 '국체의 자각'이었고 또 "국민자각의 두 번째 원인은 의심할 것도 없이 외국이 빈번하게 일본 근해에 들어와 국민국가의 개방을 강요한 것에 있다. 인도도 서양 손으로 넘어갔다. 중국은 아편전쟁을 치렀다. 일본도 준비하지 않으면 안 된다"[34]는 의미의 각성이었다.

그것은 서구인의 아시아 지배를 비판하는 논리 속에서 인지되는데, 오카와는 "오늘날의 세계는 구라파인의 세계이다. 근세 초기부터 구라파인은 모든 방면에 그 활동범위를 확대하여, 서쪽으로는 남북아메리카를 약취(略取)하고, 동남에서는 인도 호주를 점령하고, 동아에서는 시베리아를 정복하여, 지금은 지구의 대부분이 토지 인민 모두가 서구민족의 지배에 들어갔다. 아프리카 대륙도 19세기에 들어서 내지의 탐험이 진행되면서 유럽열국은 서로 경쟁하며 영토 획득에 부심했고, 독일은 이를 동서로 횡단했고, 영국은 이를 남북으로 횡단했고, 프랑스는 북부에서 중앙에 점거하려 하고 있다. 오늘날 세계에서 그들의 지배를 피한 것은 유일하게 일본 제국과 중국뿐이다. 아시아대륙의 백여 나라들은

---

33 岡倉天心, 「日本の覺醒」, 『天心先生歐文著書抄譯』, 80면.
34 岡倉天心, 「東洋の理想」, 『天心先生歐文著書抄譯』, 40면.

가령 그 이름은 독립국일지라도 실은 모두 구라파인에 의해 실권을 빼앗겼다. 독립은 자력의 힘에 의한 독립이 아니며, 유럽열강이 그들의 편의상 독립시켜두는 것에 지나지 않는다"[35]며, 서구의 아시아 식민지배가 가진 구조를 비판한다.

비판적 '서구 식민지 비판'의 효시로 등장한 오카쿠라의 영향 속에서 오카와 슈메이가 전개한 거대 담론은, 서구와의 투쟁을 인정하게 되고, 아시아인이 백인을 제압했던 시대를 다시 상기해야 한다고 보았다. 그것은 "러시아가 남하하는 날은 반드시 올 것이며, 중국의 분할은 거의 정해졌고, 미국의 거만함은 날로 심해진다. 그리고 국내를 돌아보면, 조정에 있는 자들은 공심(公心)도 없고, 재야에 있는 자들은 일신의 이해를 따지기에 분주하다. 이러한 상황을 보면 국가의 운명은 어찌될 것인가. 지금은 거국적으로 경각심이 필요"[36]하다고 주장한다.

그래서 아시아인이 아시아에서 서구를 몰아내려면 아시아의 주체 부흥이 필요하고, 아시아의 연대와 서구와의 투쟁이고 서구를 능가하는 '아시아'가 만들어져야한다고 설명해 내고 있는 것이다. 오카와 슈메이는 이를 위해서 아시아는 하나가 되어야 한다는 것이었다.

우리들이 '아세아인의 아시아'라고 외치는 것은 아시아가 구라파인의 지배에 있는 한 본래의 아시아를 발휘할 수는 없기 때문이다. 만약 서구민족이 진정으로 아세아 여러 나라의 행복을 꾀하는 정신을 갖고 동시에 그쪽이 아시아 여러 나라를 위하는 진정한 행복이라고 한다면, 아시아인의 아시아라

---

35 大川周明, 「君國の使命」, 『大川周明關係文書』, 106면.
36 大川周明, 「擧國警覺すべきの秋」, 『大川周明關係文書』, 95면.

는 표어는 무의미하다. 단, 오늘날의 실정에서 서구민족의 태도나 정신은 결코 아시아에 있어 그렇게 좋은 것은 아니다. 우리들은 그들의 태도와 정신을 고치고 아시아를 구제함과 동시에 그들 그자를 모두 구제하려는 마음자세를 가져야 한다. '대의(大義)를 사해에 펼치는 것' 이것이 유신개국의 선각자가 제국의 사명으로 높게 부르짖던 것이다. 국민은 실로 이것의 위대한 사명을 각오하지 않으면 안 된다. 각오하고 군국(君國)의 대업에 고되더라도 참고 부단히 노력하지 않으면 안 된다.[37]

오카와 슈메이가 주장하는 아시아의 투쟁 논리도 결국은 외부의 서구 식민지에 저항하고, 반론을 제시함으로써 과거 아시아에 있었던 '옛 아시아 문명'을 통해 서구를 능가하는 새로운 문명을 아시아에서 생성할 수 있다고 본 것이다. 오카쿠라가 제시한 것처럼 서구의 아시아 식민지배는 오히려 일본의 각성을 불러일으켰고, "우리들을 각성하게 하고, 우리들에게 새로운 생활을 촉진시켜준 것은 역시 아세아라는 것을 믿는다"[38]고 주장하고, 그러한 각성은, "안으로부터의 승리인가 그렇지 않으면 외부로부터의 강대한 힘에 의한 죽음이 있을 뿐"[39]이었다. 그러한 아시아의 정수를 부흥시키기 위해서는, 아시아문명의 '저장고'인 일본에서 찾아야 하는 것이었다. 중국의 핵심인 유교를 받아들여, 도덕적 생활을 찾아냈고, 인도 문명의 정수인 불교를 전수 받으면서, 일본에 『고사기』와 『일본서기』에서 주장하는 성신의 길(性神の道)에 존재했던 것이다.

37　大川周明, 「君國の使命」, 『大川周明關係文書』, 112면.
38　岡倉天心, 「日本の覺醒」, 『天心先生歐文著書抄譯』, 51면.
39　伊藤昭雄, 『アジアと近代日本』, 64면.

일본국의 천황을 아마테라스 오미카미(天照大御神)의 자손이라고 하고, 그들 자신은 이 나라를 경영하는 칙선을 받아, 천손에 공봉(供奉)하는 신들의 자손이라고 믿어 의심치 않았다.[40]

바로 여기서 오카와 슈메이가 아마테라스 오미카미(天照大神)를 '부흥' 시키는 논리이며, 이는 옛 과거의 사상 신앙을 연구하고 철저한 이해가 필요한 이유이기도 했던 것이다. 그것은, 아시아의 정수를 설명해 내기도 하는 것이며, 그것이 서구의 구약성서를 상대화하는 논리이기도 했던 것이다. 오카와 슈메이는 "『고사기』의 서술은 세계관의 서술을 통해 시작된다. 우리들은 이미 어느 학자가 구약의 세계관과 『고사기』의 그것과의 유사를 주장하는 것을 들었다. 그리고 세상 속에 몇 가지 오해는 그다지 많지 않다. 구약의 사상은 천지를 초월적 일신의 창조에 귀일하게 하는 것이었다. 그렇기 때문에 『고사기』는 결코 천지 창조를 설파하지 않는다. 그것은 단지 천지의 계발(啓發) 천지의 전개만을 설파"[41]한다며 다시 오카쿠라가 주장했던, 자기규정의 '곡예'를 보여준 것이다.

40　大川周明, 「日本文明の意義及び価値」, 『大川周明關係文書』, 87면.
41　大川周明, 「日本文明の意義及び価値」, 『大川周明關係文書』, 86면.

4. '일본의식 에토스'와 아시아

서구와의 대면을 통해 메이지기의 오카쿠라 덴신과 오카와 슈메이는 '아시아와 일본을 둘러싼 담론' 즉 오카쿠라 덴신이나 오카와 슈메이는 일본을 서구와는 다른 독자적 원리나 가치를 가진 존재로 만들어내기 위한 일본의 자기 규정과 서구에 대한 아시아 아이덴티티 주장의 이중구속 논리 속에 갇혀 있었다. 문제는 오카쿠라 덴신이 영어로 논문을 발표하며 아시아와 일본의 가치를 제시한 것처럼, 근대 서구인들이 '보는 아시아'에 대한 물음에서 출발하고, 그러한 구도 속에서 찾은 '답변' 형식으로 이루어졌다는 점이다.

물론 그것은 영어라는 언어 방법론을 가져왔지만, 서구인이 보는 '아시아적 가치'나 '아시아의 원리' 내부에서 그 답을 찾고 발견하려는 양상에서 이루어졌다. 그것은 배타주의적 시선으로서의 국수주의 출발이 아니라, 서구인이 이해할 수 있는 아니 서구 언어공간에서 유통할 수 있는 '답변'이지 않으면 안 되었던 것으로, 그것은 '이미 서구화'된 인식 속에서 '상정'된 것이었다.

그것을 오카쿠라 덴신이나 오카와 슈메이는 '서구 상대화'로 이해했고, 그 반대로 상대화를 이루지 못한 서구에 대해 '배움과 모방의 능력 힘'을 통해 일구어 낸 '아시아와 일본'의 근대라는 '내부' 담론 속에서 구축되어 가는 아시아적 주체의 구축이었다. 물론 그러한 물음과 상정 자체가 이미, 일본 내부에서 해석한 서구 해석 논리 속에 들어간 것이고, 일본이 만들어 놓은 '아시아 개념' 이론 시스템 속에 빠져 스스로를 봉인하는 '사상 힘' 자장에 놓여 있었던 것이다.

이 패러독스는 오카쿠라 덴신이나 오카와 슈메이의 '아시아 부흥론'으로 대표되는 일본정신의 가치를 역으로 서구 상대화라는 탈이중구조적 사고에 연결되면서 '자각'이라는 정신적 논리를 인지하고 있었다. 그것은 결국 서구의 본질을 물질에 두고, 식민지 지배를 주장하는 서구 근대와 그를 정신적으로 극복하는 '아시아'를 본질로 해석한 것에 이미, 오카쿠라와 오카와의 오독(誤讀)이 존재했던 것이다.

오카쿠라가 서구를 해석하는 논리 속에 '미술'을 키워드로 다시 세상을 보고 아시아를 보게 되는 인식을 가졌는데, 물론 그러한 발견은 대단한 자각이었지만, 그 발견은 역으로 다시 '아시아'를 은폐해 버렸다. 즉 서구와 대립되는 아시아라는 '객관성의 발견'은 오카쿠라가 가진 '담론적 감각'이었고, 그은 아시아를 상실시켜 버렸다.

그것은 오카와 슈메이가 '아시아는 다양하지만 하나이다'라는 논리를 보편적 이념으로 간주하게 되고, 아시아의 다양성이나 아시아적 차이에 대한 '본질'에 대해 눈을 돌리지 못했다. 아시아인 스스로가 아시아를 논하고 서구와의 상대화를 구축한다는 모습 속에서는 '아시아인'이라는 '본질'에 이미 '해답'을 갖고 있다고 설정한 '선험적' 사고 때문에 아시아와 서구의 대립 이념 그 자체를 결코 넘을 수 없는 것이었다. 서구가 제시한 아시아, 아시아로서의 일본 개념을 역설적으로 일본 개념으로 보는 아시아, 일본과 아시아를 통해서 보는 서구로 리메이크 한 것이다.

특히 오카쿠라 덴신과 오카와 슈메이는 '인도'에 관한 관심에서 출발한 것은 동일했고, 아시아 블록을 구상하는 출발점이기도 했다. 그렇지만, 오카쿠라는 아시아의 자신감 회복과 연대를 주창하면서 일본의 아시아 침략에 대해서는 서로 달랐다. 오카쿠라는 '약간의 변명'은 있었지만, 오카와 슈메이는 '일본의 아시아 식민지'를 긍정했다.[42]

아시아의 민족들이 서구 식민지지배에서 벗어나 자민족의 재생을 찾아 국가를 재건하려고 노력하는 모습에 대해서는 '긍정적인 인식'으로 전망했다. 결국은 일본의 신생(新生)을 통해 아시아 부흥을 거론하게 되었고, 그것이 이미 서구열강의 아시아 침략과 동일선상에 일본이 가담하고 있는 것에 대해서는 의식하지 못하고 있었다.[43]

오카와 슈메이는 서구를 넘기 위해서는, "물질계에서는 물론이고 정신계에서도 항상 용감하게 나아가고 선한 전쟁을 하지 않으면 안 된다"[44] 고 주장하게 되고 그것이 일본중심주의나 천황이라고 논하는 논리가 선험적 인식에 근거했다는 것을 떨쳐버리지 못하게 하는 '목적론'이 존재했다. 오카와는 간토대지진을 경험하면서 간토대지진은 일종의 비상시(非常時)인데, 이 비상시에는 나라의 대의를 위한 각오가 존재했다고 밝혔다. 그것은 오카와 슈메이가 천재(天災)보다도 더 무서운 것은 바로 인간이 만드는 화(禍)라고 제시하며, 즉 천재지변 뒤에 오는 인간의 '반응'들이 바로 제2의 비상시라고 걱정하며, 이를 극복하게 위해서 필요한 것이 정신의 일체화였다.

지진 이전과는 달리 일본의 재정이 매해 궁박(窮迫)해 질 것이며, 지진 이

---

42 潮出浩之, 『岡倉天心と大川周明』, 91면.

43 伊藤昭雄, 『アジアと近代日本』, 61~62면.

44 大川周明, 「日本文明の意義及び価値」, 『大川周明關係文書』, 94면.

후 사태가 변하여 위험사상이 구체화될 가능성이 생긴 것이다. (…중략…)
이 비상시는 실로 인간의 다마시이(魂)에 의해 생겨나는 것이기 때문에 국
민의 다마시이의 자세에 의해서는 이를 훌륭하게 처리할 수 있을 뿐만 아니
라, 그 출현을 저지할 가능성도 있는 것이다. (…중략…) 지진의 재액에 살
아남은 사람들은 천운의 존중함을 생각하여 군국의 대의에 봉공하지 않으
면 안 된다고 생각한다. 이 지진을 복을 가져오기 위한 화(禍)였다고 하는
것은 오로지 우리들의 노력에 달린 것이다. 냉정철저하게 시게의 추이를 보
고 적확하게 이에 책응(策應)하여 용감하게 국가를 위해 선의(善意)의 전쟁
을 치른다는 각오야말로 일본 부흥의 근본 힘이 되는 것을 절실하게 느끼는
바이다.[45]

즉 '다마시이(정신)'의 중요성을 강조하는 것에서 읽어낼 수 있을 것
이다. 오카와가 주창한 '아시아'나 '일본중심의 아시아주의' 담론 속에
감춰진 오카쿠라의 담론 재편성은, 바로 정신의 '새로운' 가능성이라는
명목으로 위기상황에서 재현된 '정신 = 사상'화는 재해나 전쟁의 부흥
과정에서 국민들에게 '의도적'으로 주입하는 '이데올로기'였던 것이다.

45　大川周明,「日本復興の眞個の力」,『大川周明關係文書』, 192〜193면.

결론

이상으로 본 저서에서는 '우익'과 '우익 사상'(오카와 슈메이)이 탄생되는 원리를 살펴보았다. 각 장에서 전개한 내용을 정리하는 것으로 결론을 대신하기로 한다. 먼저 제1장에서는, 메이지유신을 '시점(始點)'으로 설정하면서도 근대화는 19세기 후반기에 나타난 일종의 세계적인 발전 추세이기도 했다. 메이지유신이 '복고와 유신'이라는 모순된 '정신'을 품고 출발했던 것에서 그 문제점을 도출했다. 즉 서구화와 일본의 독자적 근대성에 대한 논의가 지식인들 사이에서도 분열되고 대립되는 복잡한 사상적 구도를 띠며 나타난 점에 착안했다.

구체적으로 미야케 세쓰레이나 다카야마 초규가 제시하는 '국수보존주의'가 전후 하시카와 분조가 해석한 보수주의적 성격, 즉 모든 혁신을 배제하는 입장의 보수주의가 아니라, 시대적 정황에 의해 새로운 혁신을 가미해간다는 특수한 발전론을 갖는 '국수주의'였음을 제시했다. 그것은 다시 메이로쿠사(明六社)의 멤버나 니시무라 시게키, 우에키 에모리가 주장하듯이 서구와 동양의 융합 이론이었던 것이다. 그것은 구가 가쓰난(陸羯南)이나 나카무라 마사나오(中村正直)처럼 중국에 대해 연대론을 주장하는 논리도 존재했던 것이다. 그렇지만 청불(淸佛)전쟁에서 중국이 패하는 것을 보고, 후쿠자와 유키치나 도쿠토미 소호가 주장하는 '탈아(脫亞)' 이론으로 수렴되어 가게 된다. 그것은 일본의 전통적인 일본정신, 국수주의가 국가주의로 전환되고, 민족과 국가의 개념이 획일화되면서 일본주의의 정신적 핵심인 천황제를 바탕으로 동아시아의 문명국임을 외부에는 사상적으로 교화(敎化)하고, 내부에서는 정치적인 순치(馴致)를 통해 완성해 냈던 것이다.

일본의 서구화에 대한 숭배나 서구화 추구도 역시 당시의 세계화 추세에 대한 순응 속에서 주조된 문명국가론이었다. 근대국가의 발전이라는 '진화론'적 입장에서는 '문명개화와 식산흥업'이 일본사회의 근대화에 있어서 비교적 성공적인 서구화 정책이었다. 그렇지만 '부국강병'은 일본 내부에서 순치시킨 천황중심의 보수주의적 '제국주의'는 한중 양국에 대한 침략전쟁을 통해 이루어낸 '울트라 국가주의'의 표출이고, 동아시아에서 타자에게 폭력을 가하고, 자신의 이익만을 추구한 '착오적인 국책'이었다. 일본이 자칭하는 서구화의 '성공'은 메이지유신의 '문명개화와 식산흥업'이었고, '부국강병'은 청일전쟁을 통해 검증되었다.

메이지유신을 통해 서구화를 이루고, 동아시아에서 중국과 조선에 대한 우월성 확보라는 두 가지 욕망이 합체된 것이었다. 그것은 바로 일본제국의 구축이었고, 한국과 중국에 대한 폭력적 식민지 기초 위에서 달성되었던 것이다. 이러한 일본의 메이지유신과 청일전쟁은, 일본은 한국과 중국의 근대화의 진로를 차단하고 그 대가로 '일본중심주의'를 실현한 것이다. 메이지유신과 청일전쟁을 수행하면서 천황제 국가 이데올로기를 정당화하는 '철의 유산'을 하시카와 분조적 보수주의를 통해 동아시아 주변국에 폭력을 가하면서 갖게 된 '제국의식'과 일원화되는 '일본의 환시(幻視)' 속에서 빚어낸 것이었음이 드러났다.

제2장에서는, 메이지시기 새로 유입된 서구의 기독교를 통해 보편적 '종교다운 것이 무엇인가'에 답하는 논리를 제시한 마쓰무라 가이세키를 중심에 두고 살펴보았다. 서구에서 일어난 '종교라는 고유 범주'를 중핵에 두고 그것 자체를 어떠한 형태로든 규명하려고 시도한 것이다. 이 시기 일본에서는 서구의 릴리전(Religion)을 불교 경전에 바탕을 두어 '종교'라는 조어(造語)를 생성시켰고, 그 종교는, 근세의 종교적 생활 일부였던 신심(信心)이나 신앙(信仰)이 릴리전과 접속되면서 교지(教旨)로 번역, 해석되는 상황이었다.

그 교지는 다시 도리(道理)라는 내적 특성, 즉 숭경심과 신에게 기원하는 방식의 교법(教法) 논리의 차이에 의해 기독교, 불교, 신종교 등이 나타난 것이라고 해석했다. 특히 종교에 대한 해석이 경쟁되면서 종교 자체를 의례(儀禮)에서 교의(教義)를 중시하는 시대적 컨텍스트의 영향이 존재했다. 이러한 의례중심주의를 비판하면서 등장한 대표적 인물이 마쓰무라 가이세키였던 것이다.

마쓰무라는 일본교회-도회를 설립하고 '신종교'를 제창했다. 그 신종교란 '새롭게 만든 교단'으로서의 신종교가 아니라, 그 신종교는 기독교의 의례를 부정하면서, 종교의 의례가 시간과 공간에 의해 변용되는 것이지만, 종교의 골수(骨髓)는 고대로부터 현재까지 변하지 않는 것을 존중하는 '신종교'였다. 그러니까 기독교를 포함한 모든 교(敎)는 변하지 않는 '골수'의 종(宗)이 존재하는 것으로, 그 종은 세계적인 공통성을 갖고 있다고 해석했던 것이다.

특히 표면적으로 나타난 예수는 일본의 황천상제(皇天上帝)를 '숭상'하는 것과 동일한 것이라고 해석하게 되고, 기독교중심주의에서 떨어져 나와 일본적인 독립을 통해 독보(獨步)의 길로 나아가야 한다고 주장하면서 설립한 것이 도회(道會)였다. 이것은 서구의 기독교가 비교종교학에 의해 '상대화'가 이루어지면서 기독교중심주의가 전복되는 시대적 흐름을 이해하고, 이러한 일본의 새로운 종교를 만들어내야 한다는 의미에서 창출한 도(道)였던 것이다.

결과적으로 도회의 도(道)가 형체를 가진 천(天)이고, 주재(主宰)적 제왕(帝) 즉, 일본에서 고래로부터 현재까지 변하지 않는 것 바로 일본의 천황을 찾아낸 것이다. 이때 필요한 것이 신을 믿는 믿음과 개인의 덕을 수양하는 것이었다. 여기에 개인의 수양과 맞물리면서 진화하여 종교 윤리의 대혁명이 이루어지게 된다. 종교는 인격의 문제로 개인에서 국가사회를 위해 일하려는 인격을 갖게 된다고 주장한 것이다. 즉, 개인의 자각이 종교 이해라는 '방법' 속에 존재하는데, 그것은 신심 = 무의식에서 출발하여, 의식의 해체와 재구성을 통해 '자각'하게 되는 경로를 설명해 내고, 마지막 단계는 모든 것을 '깨달은 경지' 그것은 바로 황통(皇統)을 중심으로 한 서구 기독교의 보편적 윤리와 교육, 도덕, 진리, 생명력이 융합된 '황통의 윤리적 제국의식'을 완성해 냈음이 나타났다.

제3장에서는, 오카와 슈메이는 바로 마쓰무라 가이세키가 설립한 일본교회에 입회하고 도회에서의 활동을 살펴보았다. 마쓰무라 가이세키

가 주장하는 '신종교'의 의미 즉, 종교의 핵심은 '의례'에 있는 것이 아니라 '진리와 신앙심'에 있다고 파악했다.

그것은 종교의 각 종파를 넘고 동서양을 넘어 '신을 믿고 진리를 추구하는 도의(道義)'가 '공통의 분자'가 존재한다는 것으로 파악했다. 신앙심은 모든 인간의 공통적 의식의 발현이라고 보고, 파(派)의 차이는 종(宗)종에서 보면 본질적으로 '동일'하다고 인지했다.

또한 오카와 슈메이는 사회주의와 기독교에 대해 접하면서도, 크리스찬이 되거나 사회주의자가 되지는 않았다. 그 과정에서 마쓰무라 가이세키의 『수양록』과 『입지의 기초』를 읽게 되고, 오카와 슈메이는 마쓰무라 가이세키의 입장과 자신이 유사하다고 보고, '도회'에 입회하게 되고 마쓰무라 가이세키가 주장하는 것처럼, 종교가 가진 역사적 초월성을 믿었다. 종파의 차이는 본질적인 의미를 갖지 않게 되고 모든 인간에게 공통된 의식의 발현에 가탁한 '진리적 종교'로서의 신종교를 정의해 간다. 이러한 신종교를 세계적 '종교혁명'시대의 조류와 연결시켜, '보편적 성질을 가진 서구의 릴리전(religion)'으로 치환시킨다. 그것은 고대로부터 일본에 일상 생황에서 존재하던 신심(信心)이나 신앙(信仰)이라는 서민의 종교적 생활 속에 나타난 도리(道理)에서 찾았던 것이다.

오카와 슈메이는 신앙심이라는 일본의 원시적 '불후의 것'으로 가장 옛 것이 가장 새로운 것이라는 논법 회로를 통해 국민 이데올로기 편성을 시도한 것이다. '신앙'이라는 자발적인 신앙심 내셔널리즘을 고취시켰던 것이다. 그것은 국가와 개인의 내적 결합을 꾀하는 기획의 하나로서 일본적 종교의 관점에서 받아들이고, 국체 이데올로기 노선에 적극적으로 참여하는 정치적 의미를 내포하고 있었다. 서구의 기독교가가

우주를 초재(超在)하는 것이라면, 일본의 신앙심은 생활에 내재(內在)하
는 생명의 힘이라고 보고, 그것은 고래로부터 일본에 전해지는 일본의
천황이 아마테라스 오미카미(天照大神)의 자손이라고 점을 주장했다. 이
것은 다시 충(忠)과 효(孝)를 연결하는 논리로 비약된다. 충효는 곧바로
도(道)였고, 종교의 본질 논리인 '자기 생명의 본원'을 경(敬)하는 의미
에서 충효가 공통적이며 이것이야말로 바로 국가에 귀일하는 것이라고
주장한 것이다.

종교 해석을 통해 도의 천황제 국가라는 독자적인 '천황관'을 구축한
오카와 슈메이는 서구의 기독교와의 만남을 통해 마쓰무라 가이세키의
'도의'를 재해석해 내면서, 종교의 동서 융합과 동서의 공통 요소를 도
출해 냈던 것이다. 천황의 근거는 믿음-신계(神系)와 생활-도의-군주의
관계에서 연결된 개인적-국가적 보편적 틀로 구성해 낸 것이다. 그것
은, 기독교중심주의에 환원되기보다는 오카와 슈메이의 인식 속에는 동
서를 조화하는 논리로 여겨졌고, 동서 종교의 대립이 아니라 '일본이 도
의 국가천황국가'의 자각을 통해 세계적인 의미를 낳는 '미래의 세계'라
고 주장했다.

그것은 오카와 슈메이가 마쓰무라 가이세키의 수양과 국가의 의미를
도를 통해 재구성해 내고, 유럽중심주의를 극복하는 세계문명을 완성한
다는 '신(新)일원론'을 주장하게 된 것이다. 이는 마쓰무라 가이세키가
주장한 '자아 해체의 영원한 것'이 생명이라는 도(道)의 논리 제거하면
서 서구의 기독교중심주의 담론과 동일한 타자를 재생산하는 도의 천황
을 구축하는 한계를 가졌다는 점이 드러났다.

제4장에서는, 결국 오카와 슈메이와 미노다 무네키는 '국가에 대한

우려'와 국가를 재건하기 위한 국가사상을 확립해야 한다는 동일한 입장에서 출발했다. 메이지유신의 성공을 황실 중심 국가를 일궈낸 것에 의의를 두었는데, 제1차 세계대전 이후, 세대적 차이에서 빚어진 사상적 틈과 함께 서구의 자연주의, 향락주의, 공리주의, 민주주의가 수용되면서, 국체(國體)의 의미가 흔들리고 있었다. 이러한 시대에, 오카와 슈메이는 노장회(老壯會)를 시작으로 행지사(行地社), 신무회(神武會)에서 활동하며, 일본의 개조를 주장했고 5·15사건과 연루하게 된다. 한편으로 미노다 무네키 역시 일본 내에 나타난 서구의 사상 즉 데모크라시나 의회중심주의 문제를 타개하지 않으면 안 된다고 보고, 흥국동지회(興國同志會)와 원리일본사를 창립하면서 일본개조를 실천했던 것이다.

즉, 오카와 슈메이와 미노다 무네키는 메이지유신이 서구와 일본의 충돌이었지만, 성공적으로 존황주의를 정점에 두는 국가 만들기에 성공한 것처럼, 서구 사상의 유입과 일본 내부의 사상적 충돌을 극복하는 제2의 유신(維新)을 주장했던 것이다. 그것은, 메이지기의 전통주의나 일본주의와는 다른 새로운 내셔널리즘을 형성하고 있었다. 바로 이때 오카와 슈메이와 미노다 무네키가 국가 내셔널리즘의 구성을 두고 사물과 인격(개인과 국가), 제도와 정신의 문제에 대해 논쟁이 일었다.

오카와 슈메이는 서구의 기독교를 접하면서 유교가 가진 천(天)의 의미를 재인식하게 되었고, 마르크스에 의해 서구적 제도가 가진 문제점을 극복하는 '정신'의 중요성을 의식하게 된다. 그리하여 절충주의적 노선을 통한 국가주의를 주장하게 된다. 먼저 인간은 모두 자연적인 상태를 갖고, 그 자연적인 상태의 개인은 도덕 교육을 통해서만, 완성된 인격체를 가질수 있다고 설정했다. 자연적 상태의 인간은 도덕적 인격을 갖추지 못하게 되면, 오히려 반항적인 존재가 될 수 있기 때문이다. 그렇기 때문에 오카와 슈메이는 양날의 칼로 존재하는 기초적 단계 즉 자연 단계를 가진 개인을 도덕 교육으로 개안시켜나가고 그것이 완성되면 결과적으로 도덕적 국가가 탄생한다고 보았다. 이에 대한 논리는 미오다 무네키도 동일했다.

이를 위한 방법으로, 오카와 슈메이는 개인과 국가의 거리 극복 문제를 서구 철학자 헤겔과 훔볼트의 논쟁이 가진 '역사성'을 인용하며 담보해 냈다. 그렇지만 미노다 무네키는 서구 철학을 비판적으로 수용하지 못한 오카와 슈메이라고 간주하며, 서구의 언어 담론을 그대로 믿는 '미신' 숭배자라고 간주했다.

즉, 미노다 무네키는 마르크스와 헤겔도 서구의 철학적 역사 속에서 이루어 낸 자기운동의 변증법 논리에 불과했기 때문이다. 이를 벗어나지 못한 오카와 슈메이 또한 자연인 단계에 머물고 있으며, 탈서구주의를 이루지 못한 것으로 간주했던 것이다. 그러나 반대로, 오카와 슈메이는 서구 철학을 일본적 논리로 절충하면서 개인과 국가의 관계를 설명해 내는 것으로 이를 활용한 것이다.

특히 오카와 슈메이가 국가의 모든 제도는 정신적인 것에서 나온 것이라고 상정했고, 미노다 무네키 인간사회의 도구나 제도는 인간의 지력(知力)이나 사상에 의해 발생되고 발달하는 것이라고 공감했다. 그렇기 때문에 오카와 슈메이와 미노다 무네키는 새로운 국가를 만들기 위해서는 개인의 혼(魂)을 컨트롤해야 하는 것이라고 보았다. 그렇지만, 오카와 슈메이는 무정부주의, 사회주의, 개인주의, 향락주의조차도 새로운 국가를 만들어내는 생명으로 간주하면서, 그러한 사상들을 수용해야 한다고 주장한 것이다.

반대로, 미노다 무네키의 입장에서는 사회주의나 무정부주의는 국가를 부정하는 부정사상으로, 국가창조의 생명이라고 인정할 수 없다며, 비판적이었다. 미노다 무네키는 국가를 부정하는 사상이 새로운 국가사상이라고 간주하는 오카와 슈메이는 그 '언어'에 도취된 것으로, 그것에서 탈출해야 한다고 주장했다.

물론 이러한 비판과 반비판을 거치면서도 오카와 슈메이와 미노다 무네키는 동일적 입장으로 수렴된다. 즉, 오카와 슈메이와 미노다 무네키는 일본인의 입장에서 일본인의 체험에 근거한 입장에서만, 일본 국가론이 구축되어야 한다는 주장이었다.

오카와 슈메이도 일본인 입장을 중시하는 입장이지만 서구와의 절충을 통한 일본적 입장을 주장했지만 말이다. 이는, 오카와 슈메이와 미노다 무네키는 양자가 비판적이면서 긴장관계로 보이지만, 그러한 현실에서 국가사상을 새롭게 만들어내고, 서구 사상을 일본적인 맥락에서 극복하자는 새로운 내셔널리즘의 공모가 있었음이 드러났다.

오카와 슈메이가 주장한, 도덕적 실현 = 국가의 완성은, 결국 미노다 무네키의 반대적 의견을 통해 보완되면서, 국가 제도의 완성을 위한 정반합이었던 것이다. 그것을 통해 국가에 필요한 인격, 정신을 중시하고, 완벽한 국가를 만들어내기 위한 사상 구축을 실천한 것이다. 이것은 후지타 쇼조(藤田省三)가 설명한 전체주의의 '양상' 즉 인간의 내면을 자연적 상태에서 꺼내어 도의적 국가 체제로 편입시켜 간다는 의미에서 '생활양식이라는 제도' 이론을 아주 훌륭하게 구축한 오카와 슈메이와 미노다 무네키의 논쟁 내용을 들여다보았다는 것은, 역설적으로 국가 제도가 가진 '국가주의적 내셔널리즘'을 드러내준 것이다.

그것은 오카와 슈메이나 미노다 무네키가 '현실의 시대를' 위기상황이라고 전제하고, 이를 존황주의로 재편하기 위해 기획하고 전략화했던 국가사상의 수용과 배제를 거친 통제 안에서 구현되는 '국민 사상'의 창출이었던 것이다.

제5장에서는, 오카와 슈메이와 미노다 무네키는 '도덕과 종교', '충과 효'의 해석을 둘러싸고 논쟁을 벌이면서 새로운 국가주의 구축에 대한 대화를 시도했음을 알 수 있었다. 그 방법론에 있어서, 오카와 슈메이는 '서구 이론'을 수용하고 일본적 논리를 '절충'하는 방식으로 통합적인 '종교과 도덕', '충과 효' 개념을 구축해 낸다. 그러나 미노다 무네키는 서구의 마르크스주의, 헤겔 철학을 '근대적 언어가 만든 미신'이라고 여겨 이를 수용하지 않았다.

그렇지만 서구의 마르크스주의나 헤겔을 비판하는 심리 구조주자 분트의 이론을 수용하면서, 일본의 '언령, 생명론'을 주장하면서 '충효 일체성 = 천황숭배'주의를 '발견'해 낸다. 결과적으로 오카와 슈메이가 주장하는 서구와 동양의 절충주의나 혼효주의는 두 문화의 혼합과 융합이 아니라 '혼효' 속에서 발견되는 일본의 '도덕이나 인격, 정신주의'의 탐구가 이루어졌고, 그것이 근대적 충효 논리를 발명해 내는 논리구조로 이어졌다.

반대로 미노다 무네키는 서구의 철학 즉 마르크스나 칸트, 헤겔의 논리를 서구의 신이론인 심리구조학을 빌리면서 혼효를 제거하고, 신이론에 일본의 과거 이론들을 대입시키면서 새로운 '간나가라노미치(신의 길)' 논리를 탐구해 낸 것이다. 그 방법론에는 오카와는 '천(天)'을 삼분하면서도 종교와 도덕이 일치한다는 점으로 통일해 냈다. 그리고 '천(天)'을 존경하고 경외하는 것을 통해 개인과 사회가 합일되는 것이라고 설명해 냈다.

그것은 효의 개념을 강조하면서 이루어졌는데, 효는 부모나 조상에 대한 도덕 원리이면서, 생명의 근원이고, 그 생명은 '조령'으로 연결되었다. 그래서 그것은 국가의 천황의 제사로 연결되고, 그것이 충(忠) 개념으로 나타난다고 설명해 낸 것이다. 이처럼 천황을 믿는 것은 종교적인 행위인데, 그것이 충과는 다른 개념이라고 주장하게 된 것이다.

그렇지만, 미노다 무네키는 천(天)은 분리되는 것이 아니라 천지인을 모두 포함하는 전체라고 규정했다. 전체와 부분이라는 개념이 존재하는 것이 아니라, 전체가 존재하는데 그중에서 부분이 존재하는 것이라고 여겼다. 그래서 효와 충은 하나이며, 일본이 천황의 국가, 시키시마노미치, 간나가라노미치가 존재하고, 그것은 다시 개인이라는 부분으로 침투하는 것이라고 보았다.

국가와 개인이 나누어지는 것이 아닌 것은 물론이고, 국가가 개인에게 '인식'을 만들어주는 것이며, 동시에 개인은 '언어'를 통해 경험하게 되면서 생명적인 '초자아성'도 인지하게 되는 것이라고 보았다. 그것은 바로 일본이 서구에서 발견되는 논리들의 '언어의 사술(詐術)'을 초극하고, 천황의 존재가 중국과도 차이를 가진 정통성을 일본의 간나가라노미치라고 주장한 것이다. 결국 오카와 슈메이와 미노다 무네키는 '일본 및 일본인의 길'을 둘러싸고 논쟁하면서 서구와 동양의 혼효와 변증이라는 논리를 원용하면서, 서로 다른 입장이었지만, 결국 '전체'를 합일하는 '일본 변증법적 전체주의 = 천황주의' 구축에 공모했던 것임이 드러났다.

제6장에서는, 오카와 슈메이는 『대학』과 『중용』을 '유교사상'적 측면에서 관심을 갖고, 서구의 종교 연구의 시대적 흐름을 인지하면서 '새로운 유교'를 구축해 내는 측면을 고찰했다. 오카와 슈메이가 사상가인가 철학자인가라는 문제라기보다는, 『대학』과 『중용』을 '선험적' 연구를 탈구축하는 방법론에 오리지널리티가 존재했다. 오카와 슈메이는 유교가 '종교, 도덕, 정치'의 내부에 공통적으로 존재하는 것을 '도(道)'라고 규정하면서 출발하는데, 이것은 당시의 서구에서 발생한 종교학이나 종교사 연구에서 나타난 '모든 종교의 공통적 특성이 존재한다'는 논리와 '계몽주의의 대상화로서 신비주의의 등장' 이론을 극대화시키는 것과 연결되고 있었다. 이렇듯 서구의 종교 연구 흐름을 수용하는 오카와 슈메이는 '새롭게 학문의 지평을 여는 방식'으로서 '보편적 원리'를 체득하게 된다. 그 원리의 발견은 『대학』의 해석에서부터 시작되었다.

오카와 슈메이는 『대학』에서는 '친민(親民)'을 '신민(新民)'이라고 해석했다. 이 신민이라는 어휘 해석은 왕양명의 '친민'이라고 해석한 것을 따른 것이 아니라 맹자의 신민 해석을 근거로 했다.

그리고 다시 맹자와 왕양명이 해독하는 '수도(修道)'의 '수(修)'를 '수양한다'라고 해석하는 것이 아니라, 오카와 슈메이는 '수양해야 하는 것'이라고 해석해 냈다. 다시 말해서 도(道)는 모든 인간의 개인 개인에게 선험적으로 주어진 논리로서 '천부인권설'을 근거로 삼고 있었는데, 그 개인 개인이 선험적으로 가진 도(道)는 '수양한다'는 것이 아니라 '수양해야 하는 것'에 착안했다. 그것만이 새로운 민중(新民)이 생겨나고 그것이 새로운 사회공동체를 구현해 낸다고 보았다. 여기서 개인과 사회공동체의 관련성이 부상되고, 개인이 갖고 있는 도(道)를 수양해야 하는 것으로서 설명해 낸다. 오카와 슈메이는 '신민(新民)'과 '명체달용(明体達用)'을 해석하면서 개인과 사회공동체의 관계를 개인의 수양과 동시에 사회공동체의 공동 혁신투쟁의 가르침 공동체로 파악했으며, 그 수양의 논리가 도덕과 교육으로 일체화되어 나타났다.

그리고 자아와 타자를 상대화하는 논리를 천(天)·지(知)·인(仁)의 인식으로 나누면서 그것을 인지하게 했다. 천(天)에 대한 올바른 관계의 실현이 종교였고, 유교에 다만 이를 '경(敬)'이라고 부르는 것으로 해석되고, 지(地)란 정신(精神)과 대비되는 자연(自然)으로 유교에서는 이를 '의(義)'라고 부르는데, 이는 정신의 지배를 확립하는 것이라고 보았다.

그리고 인(仁)이란 본인과 평등한 가치를 가진 인격자로서의 인(人)을 가리키는 것이라고 보았다. 이것은 인간의 공동생활에 각 개인마다의 생명을 각각의 처지에 맞게 발전시키기 위한 노력으로서, 이것이 바로 '정치'라고 해석했다. 바로 천지인(天地人) 속에 종교와 도덕과 정치가 합체되는 논리가 설명된 것이었다.

또한 인간의 초월적 경지는 시대적 흐름이나 난세(亂世)를 응시하는 논리였고 그 궁극적 지의 경지에 도달하는 것은 중화(中和)였고, 시대적 흐름에 따라 달라지는 기존 논리를 넘어, 변화하지 않는 보편성을 가진 것으로 자타(自他)에 초재(超在)하는 덕(德)을 자각하는 '경지'를 제시했다. 그래서 그 경지에서 보면, 유교가 도덕, 종교, 정치를 융합한 논리이고, 처음에 중국에서 발생했지만, 이미 중국에서는 '정통과 황통'이 무너져버렸다고 주장했다.

중국에서 영향을 받은 유교 식민지의 극복이 이루어진 것이다. 중국에서 없어진 유교가 일본은 '정통과 도통과 황통'으로 이어져오고 있다고 주장했다. 그것은 바로 '천(天) 사상 = 덕(德) = 도덕' 그리고 '인(仁) = 생명 = 종교'였고, '용(勇) = 성(誠) = 평등 = 정치'인데 이것들이 '중용'에 이르게 되는 논리로서 유학이 존재했고 그것이 유일하게 일본만이 존재하는 황국 국체인데, 이것이 바로『대학』과『중용』에서 구축된다는 '황체(皇體) = 중용 이데올로기'를 창출해 낸 것이었다.

제7장에서는, 유학이라는 개념이 일본 내에서 어떻게 자국 중심주의 논리로 재편되는지를 살펴보았다. 특히 조선의 퇴계는 주자의 논리를 보완하면서, 개인 수양의 정점을 경을 통해 마음을 다스리는 논리를 만들어내는 의미에서 '조선 유학 중심주의'를 고안해 내고 있었는데, 이를 일본의 야마자키나 모토다가 모방하면서 일본중심주의를 일궈내 갔다. 결국 유학의 '개인 수양' 인식의 틀을 통해, 일본화된 유교의 정점으로 천황제를 옹립하고, 교육을 통한 국민의 관리를 실시하게 된 것이다.

이는 아베 요시오가 주장하듯이, 동아시아 세계는 유교라는 공통적 특성을 통해, 새로운 동아시아를 구성하는 논리 속에는 '동일한 유학'이 존재했지만, 서로 다른 유교가 존재했음을 알 수 있는 것이다. 하나로서의 동아시아라는 개념은 이미 존재하지 않았고, 유교라는 '중화주의'를 형성해 내려는 에고센트리즘의 유교만이 존재했던 것이었다.

제8장에서는, 오카쿠라 덴신이 주장한 '아시아는 하나다'라는 논리 속에는, 인도 불교, 중국 유교와 도교를 중심으로 '아시아와 일본'의 관계성 속에서 구축한 '아시아론'이었음을 알 수 있었다. 아시아의 정수를 수입하고 여러 주변국의 문물을 받아들여 서구에게 박해를 받지 않으며 근대까지 그러한 아시아적인 것을 보존한 일본은 '아시아의 박물관'이며, 그 미술이나 사상은 아시아적 양식의 총합이라고 오카쿠라는 상정

했던 것이다.

그리고 오카쿠라는 서구의 식민지 정책 아래 허덕이고 있는 조건에 의해 아시아를 하나의 전체로 제시하고, 서구의 문명에 의해 수탈되는 객체로서 아시아를 서구와는 별개로 그러나 포괄적인 원리를 내걸면서 하나의 통일체로 '구축'한 것이다.

이를 적극적으로 수용한 오카와 슈메이는 아시아의 정수와 일본정신을 연결시켰다. 아시아문화의 집합체로서의 일본을 설정할 수 있는 논리를 오카쿠라를 통해 학습하면서, 그것이 '일본정신'으로 재편성되는 논리를 '시대적 구분'과 '인도와 중국'의 식민지화를 중첩시키는 담론 속에 끼워 넣으면서, 아시아의 가능성을 일본에서 찾는 담론을 발견해 낸 것이다.

특히 서구의 식민지지배에 허덕이는 '하나의 아시아'를 '다문화를 새로운 제국'으로 통합하고 융합하는 테제를 찾아간다. 그것은 바로 다양한 아시아 문화의 정수를 총합한 일본이 그 가능성을 갖고 있으며, 그 정수는 역시 일본정신 속에 존재한다고 보았다. 그리고 일본의 부흥을 위해 필요한 사상성을 '일본의 전통'에 투영시키고 아시아의 혁신 에토스를 '일본정신' 속에서 체현해 낸 것이다.

다시 말해서 아시아 문화의 '정신적 유전자'인 국체(國體)가 일본에서 배양되었는데, 바로 그것이 일본정신의 본질이며, 이러한 일본정신을 부흥시켜야 한다고 주장한 것이다. 그리고 그 원천을 아마테라스 오미카미(天照大神)에서 찾았고, 일본민족 = 일본문화를 통합해가며 일본정신의 세계성을 해석해 냈다. 시대적 상황을 등에 업고 일본정신의 에토스는 성립해 왔던 것이다. 그러한 '다문화 제국'의 '새로운' 가능성이라는 명목은, 간토대지진이라는 위기상황에서 오카와 슈메이의 '인위적인 의도'로 재현된 '정신 = 사상' 논리였던 것이다. 오카와 슈메이는, 오카쿠라 덴신이 주장한 '아시아' 개념을 '일본정신의 구조' 속에서 찾았고, 그 아시아적 정수의 존립형태인 '국체'를 합성시키면서 일본정신이 곧 아시아정신이라는 논리를 재구성해 냈던 것이다.

결국 '일본정신 = 아시아정신'으로 재구성되고, 동양을 상대화하지 못하는 '서구정신 = 개별정신'을 '일본정신 = 아시아정신 = 세계정신'으로 전복시켜 일본중심주의적 '권위'를 제시하는 '아시아 정체성'을 만들어 냈다. 특정한 일본정신에 귀착하는 일본적 구조 그 자체가 이러한 논리 속에서 여실히 드러나고, 아시아의 부흥에 아시아전통 = 일본전통을 강조하는, '일본인의 국민화' 그리고 '일본인의 아시아화'로 시그널을 확대하면서, 오카쿠라 덴신과 오카와 슈메이는 아시아 본질론을 부각시킨 '다문화 제국주의 = 아시아 국민' 논리를 생산했던 것임이 드러난 것이다.

참고문헌

김양희, 「일본 우익의 사상적 기저로서의 신도(神道) 고찰」, 『日本文化硏究』 제20집, 동아시아일본학회, 2006.

김채수, 『일본 우익의 활동과 사상 연구』, 박이정, 2014.

김호섭 외, 『일본 우익 연구』, 중심, 2000.

노병호, 「미노다 무네키(蓑田胸喜)의 원리일본과 1930년대의 일본」, 『동북아역사논총』 41호, 동북아역사재단, 2013.

______, 「天皇과 日本의 교착과 분열―초국가주의자 4인의 '현실' '비전' '천황'」, 『日本學研究』 44집, 단국대 일본연구소, 2015.

다케우치 요시미, 서광덕·백지운 역, 『일본과 아시아』 소명출판, 2004.

도이 데루오, 서정민 역, 『일본기독교의 사론적 이해』, 한국기독교역사연구소, 1993.

마루야마 마사오, 김석근 역, 『일본의 사상』, 한길사, 1998.

무라오카 쓰네쓰쿠, 박규태 역, 『일본신도사』, 예문서원, 1999.

박진우, 『천황의 전쟁 책임』, 제이앤씨, 2013.

박훈, 『일본 우익의 어제와 오늘』, 동북아역사재단, 2008.

성백효, 『大學·中庸集註』, 전통문화연구회, 2014.

슬라보예 지젝, 이현우·김희진·정일권 역, 『폭력이란 무엇인가』, 난장이, 2012.

아베 요시오, 「佐藤直方派의 李退溪尊信」, 『퇴계학보』, 퇴계학연구원, 1974.

__________, 「日本刻의 주자학」, 『퇴계학보』, 퇴계학연구원, 1975.

__________, 「日本刻版, 李退溪全集影印本序 및 解題」, 『퇴계학보』, 퇴계학연구원, 1975.

__________, 「李退溪의 철학적 수학과 일본 유학」, 『퇴계학과 한국문화』, 경북대 퇴계학연구소, 1976.

__________, 「李退溪の史的地位と日本儒學との異質性」, 『퇴계학과 한국문화』, 경북대 퇴계학연구소, 1977.

__________, 「일본의 충효론」, 『퇴계학보』, 퇴계학연구원, 1977.

__________, 「李退溪—그의 행동과 사상(1)~(3)」, 『퇴계학보』, 퇴계학연구원, 1979.

아베 요시오, 김석근 역, 『퇴계와 일본 유학』, 전통과현대, 2001.

요시다 코헤이, 정지욱 역, 『일본 양명학』, 청계, 2004.

이광래, 『일본 사상사연구』, 경인문화사, 2005.

이권희, 『근대 일본의 국민국가 형성과 교육』, 케포이북스, 2013.

이치카와 히로시, 강미리 역, 『정신으로서의 신체』, 시절인연, 1995.

임태홍, 『일본 사상을 만나다』, 성균관대 출판부, 2010.

자크 데리다, 김다은·이혜지 역, 『다른 곳』, 동문선, 1997.

채수도, 「大川周明の思想と行動に關する一考察」, 『日本語文學』第62輯, 일본어문학회, 2013.

______, 「오가와 슈메이의 '만몽구상'에 대한 고찰—안보 경제 논리를 중심으로」, 『日本文化硏究』 제52집, 동아시아일본학회, 2014.

판카지 미슈라, 이재만 역, 『제국의 폐허에서』, 책과함께, 2012.

하라 마코토, 서정민 역, 『(전시하)일본 기독교사—국가를 넘어서지 못한 일본 프로테스탄트 교회』, 한들출판사, 2009.

호사카 유지·김양희·김채수·홍현길, 『일본 우익 사상의 기저 연구』, 보고사, 2007.

Totman C, 王毅 譯, 『日本史』(第二版), 上海人民出版社, 2008.

W. ジェームズ, 今田寬 譯, 『心理學』上, 岩波文庫, 1992.

カーライル, 石田羊一郎·大屋八十八郎 譯, 『英雄崇拜論』, 丸善, 1893.

カーライル, 土井晩翠 譯, 『英雄論』, 春陽堂, 1898.

クリストファー W. A. スピルマン, 『近代日本の革新論とアジア主義』, 芦書房, 2015.

マークR. マリンズ, 高崎惠 譯, 『メイド・イン・ジャパンのキリスト敎』, トランスビュー, 2005.

加藤正夫, 『宗敎改革者・松村介石の思想』, 近代文芸社, 1996.

岡倉天心, 「東洋の理想」, 『天心先生歐文著書抄譯』, 日本美術院, 1922.

______, 「日本の覺醒」, 『天心先生歐文著書抄譯』, 日本美術院, 1922.

______, 「泰東巧藝史槪略」, 『天心先生歐文著書抄譯』, 日本美術院, 1922.

______, 『日本美術史』, 平凡社, 2014.

桂島宣弘, 『自他認識の思想史』, 有志舍, 2008.

高橋昌郎, 『明治のキリスト敎』, 吉川弘文館, 2003.

高山樗牛, 「カーライル氏の英雄論翻譯について」, 高山林次郎, 斎藤信策・姉崎正治 編, 『樗牛全集(文芸及史伝上)』第2巻, 博文館, 1912.

高增杰, 「'脱亜論'의 形成—福沢諭吉의 國際政治思想 軌迹」, 『日本研究論集』4, 南開大學出版社, 1998.

高坂正顕, 『明治思想史』, 燈影舍, 1999.

工藤真輯, 「思想形成期の大川周明—宗教と社會主義」, 『北大法學研発科ジュニア・サーチ・ジャーナル』NO.15, 2008.

關岡英之, 『大川周明の大アジア主義』, 講談社, 2007.

橋川文三, 「解說」, 『近代日本思想大系21—大川周明集』, 筑摩書房, 1975.

久米邦武, 田中彰 校注, 『特命全権大使米欧回覧実記』第1巻, 岩波書店, 1985.

臼杵陽, 『大川周明—イスラームと天皇のはざまで』, 靑土社, 2010.

宮川英子, 「宗教研究の中の宗教學」, 『現代思想』7(vol.30-9), 靑土社, 2001.

宮川透, 「日本の精神風土とキリスト教」, 『日本精神史の課題』, 紀伊國屋書店, 1980.

磯前順一, 『近代日本の宗教言説とその系譜』, 岩波書店, 2003.

吉田茂, 孔凡・張文 譯, 『激動の百年史』, 世界知識出版社, 1981.

内山正熊, 「日清戦争百年—光と影」, 日本國際政治學會 編, 『國際政治』109號, 1995.

大山梓 編, 『山県有朋意見書』, 原書房, 1960.

大森美紀彦, 『日本政治思想研究—権藤成卿と大川周明』, 世織書房, 2010.

大川周明, 『日本文明史』, 大鐙閣, 1921.

______, 『宗教原理講話』, 東京刊行社, 1921.

______, 『日本及日本人の道』, 社會教育研究所, 1925.

______, 『人格的生活の原理』, 宝文館, 1926.

______, 「日本精神研究」, 『大川周明全集』第1巻, 岩崎書店, 1961.

______, 「儒教の政治思想」, 『大川周明全集』第3巻, 岩崎書店, 1962.

______, 「中庸新註」, 『大川周明全集』第3巻, 岩崎書店, 1962.

______, 「『大學』の根本精神」, 『大川周明全集』第3巻, 岩崎書店, 1962.

______, 「道義國家の原則」, 『大川周明全集』第4巻, 岩崎書店, 1962.

______, 「蓑田氏の批評を讀む」, 『大川周明全集』第4巻, 岩崎書店, 1962.

______, 「維新日本の建設」, 『大川周明全集』第4巻, 岩崎書店, 1962.

______, 「第二維新の発祥期」, 『大川周明全集』第4巻, 岩崎書店, 1962.

______, 「安楽の門」, 『近代日本思想大系21—大川周明集』, 筑摩書房, 1975.

_______, 「擧國警覺すべきの秋」, 『大川周明關係文書』, 芙蓉書房出版, 1998.

_______, 「君國の使命」, 『大川周明關係文書』, 芙蓉書房出版, 1998.

_______, 「道會問答」, 『大川周明関係文書』, 芙蓉書房出版, 1998.

_______, 「新しき世界戰」, 『大川周明関係文書』, 芙蓉書房出版, 1998.

_______, 「我等の進む可き路」, 『大川周明関係文書』, 芙蓉書房出版, 1998.

_______, 「日本教會とは何ぞ」, 『大川周明関係文書』, 芙蓉書房出版, 1998.

_______, 「日本文明の意義及び価値」, 『大川周明關係文書』, 芙蓉書房出版, 1998.

_______, 「日本復興の眞個の力」, 『大川周明關係文書』, 芙蓉書房出版, 1998.

_______, 「日本将来の経済政策」, 『大川周明関係文書』, 芙蓉書房出版, 1998.

_______, 「阪谷男爵の平和絵御を評す」, 『大川周明関係文書』, 芙蓉書房出版, 1998.

大川周明全集刊行會, 「大川周明略伝」, 『大川周明全集』 第1卷, 岩崎書店, 1961.

_________________, 「解説」, 『大川周明全集』 第4卷, 岩崎書店, 1962.

大塚健洋, 「大川周明の思想形成(1)」, 『法學論叢』 第117卷 第6號, 京都大學法學會, 1985.

_______, 「道會における大川周明(下)」, 『政治経済史學』 237, 日本政治経済史學研究所, 1986.

_______, 『大川周明と近代日本』, 木鐸社, 1990.

_______, 『大川周明－ある復興革新主義者の思想』, 講談社, 2009.

德富蘇峰, 『戰爭と國民－近代日本と思想 2』, 有斐閣, 1979.

藤田省三, 『全体主義の時代経驗』, みすず書房, 1997.

鈴木範久, 『明治宗教思潮の研究』, 東京大學出版會, 1979.

鈴木正節, 「アジア主義の源流－青年大川周明論」, 『流動』 9月號, 流動出版, 1979.

_______, 「道會と大川周明」, 『武蔵大學人文學會雑誌』 第17卷 第1號, 武蔵大學人文學會,
        1985.

鹿子木員信, 『新日本主義と歷史哲學』, 靑年教育普及會, 1934.

林倍暎, 『儒教と近代國家』, 講談社, 2006.

末木文美士, 『近代日本と仏教』, トランスビュー, 2004.

武寅, 「甲午戰爭－日本百年國策的負面開端」, 『中國社會科學報』, 2014.

武田淸子, 『人間觀の相剋』, 弘文堂, 1960.

米慶余, 『近代日本의 東亜戰略과 政策』, 人民出版社, 2007.

米慶余 主編, 『日本百年外交論』, 中國社會科學出版社, 1998.

飯田篤司, 「'自然的宗敎'槪念の歷史的位置をめぐって」, 『東京大學宗敎學年報』 14, 東京
        大學宗敎學, 1996.

柄谷行人,『'戰前'の思考』, 講談社, 2002.

福田義也,『敎育勅語の社會史』, 有信堂, 1997, 20～22면.

福沢諭吉,「通俗國権論 前篇」,『福沢諭吉全集』第4卷, 時事新報社, 1898.

________,『福沢諭吉全集』第10卷, 岩波書店, 1960.

蓑田胸喜,『學術維新原理日本』上卷, 原理日本社, 1933.

________,「日本精神とマルキシズム」,『日本精神講座』第9卷, 新潮社, 1934.

________,『學術維新』, 原理日本社, 1941.

________,「大川周明氏の『日本及日本人の道』を評す」,『蓑田胸喜全集』第3卷, 柏書房, 2004.

森岡淸美,『明治キリスト敎會形成の歷史』, 東京大學出版會, 2005.

三井甲之,『しきしまのみち言論』, 原理日本社, 1940.

森正蔵,『旋風二十年―解禁昭和裏面史』, 鱒書房, 1947.

西周,「百學連環 第二編」,『西周全集』第1卷, 日本評論社, 1945.

石田あゆう,「日本主義的社會學の提唱」,『日本主義的敎養の時代』, 柏書房, 2006.

成田龍一,「1920年代, 民衆文化とナショナリズム」,『近代都市空間の文化経験』, 岩波書店,
        2003.

小幡啓靖,「初期修養団における學校敎育への問題提起」,『東京大學大學院敎育學研究科紀
        要』第35卷, 東京大學大學院敎育學研究科, 1995.

小松茂夫,「陸羯南」,『日本の国家思想』上, 靑木書店, 1980.

小野靜雄,『日本プロテスタント敎會史』上, 聖惠授産所出版, 1986.

孫傳玲,「山崎闇斎の'中'概念」,『日本研究』第49集, 國際日本文化研究センター, 2014.

松本健一,『思想としての右翼』, 第三文明社, 1976.

________,『大川周明―百年の日本とアジア』, 作品社, 1986.

松本三之介,『吉野作造』, 東京大學出版會, 2008.

________,『近代日本の中國認識』, 以文社, 2011.

松田公平,「朱子學・陽明學における『大學』」,『江戸の儒學』, 思文閣出版, 1988.

宋天正 注譯, 楊亮功 校訂,『大學中庸』, 重慶出版社, 2009.

松村介石,『立志の礎』, 警醒社, 1889.

________,『修養錄』, 警醒社, 1899.

________,「信仰の生涯」,『回顧二十年』, 道會事務所, 1925.

________,『新宗敎』, 道會事務所, 1925.

________,『信仰五十年』, 大空社, 1926.

_______, 『道會の信仰』, 東方書院, 1934.

植村和秀, 「蓑田胸喜の西田幾多郎批判―論理的解析(1)」, 『産大法學』 39卷 3·4號, 2006.

_______, 「天皇機関説批判の‘論理’」, 『日本主義的教養の時代』, 柏書房, 2006.

_______, 『昭和の思想』, 講談社, 2010.

信夫清三郎 編, 天津社會科學院日本問題研究所 譯, 『日本外交史 1853~1972』 上册, 商務印書館, 1980.

辻善之助, 『增訂海外交通史話』, 内外書籍株式會社, 1930.

阿部吉雄, 『李退溪』(日本敎育先哲叢書第二十三卷), 文敎書院, 1944.

_______, 『日本朱子學と朝鮮』, 東京大學出版會, 1965.

岩崎允胤, 『日本マルクス主義哲學史序說』, 未來社, 1984.

岩波新書編輯部 編, 『日本の近現代史をどう見るか』, 岩波書店, 2010.

野島嘉晌, 『大川周明』, 新人物往來社, 1972.

野村浩一, 「大隈重信‘新日本論’」, 張學鋒 譯, 『近代日本의 中國認識―亞洲로 향한 航蹤』, 中央編譯出版社, 1999.

刈田徹, 「五高時代における大川周明の思想と行動に関する一考察」, 『拓殖大學論集』 第161號, 拓殖大學研究所, 1986.

吴怀中, 『大川周明と近代中國』, 日本僑報社, 2007.

伊藤昭雄, 『アジアと近代日本』, 社會評論社, 1990.

伊藤整他, 「近代日本を創った思想家10人を選ぶ」, 『中央公論』 929號, 中央公論社, 1965.

日本プロテスタント史研究會 編, 『日本プロテスタント史の諸問題』, 雄山閣, 1983.

子安宣邦, 「二の60年と日中関係」, 『読書』 雜志編 『亜洲の病理』, 生活·読書·新知三聯書店, 2007.

長谷川亮一, 『‘皇國史観’という問題』, 白澤社, 2008.

赤塚忠, 『新釋漢文大系(2)―大學·中庸』, 明治書院, 1967.

田尻祐一郎, 『江戸の思想史』, 中公新書, 2011.

田富, 「论大川周明的法西斯主义思想」, *Jilin Shifan Daxue Xuebao(Renwen Shehui Kexue Ban)*, Vol.38 No.3, 吉林師範大學, 2010.

井田輝敏, 『近代日本の思想像―啓蒙主義から超國家主義まで』, 法律文化社, 1991.

潮出浩之, 『岡倉天心と大川周明』, 出川出版社, 2011.

佐藤優, 『日米開戰の真実』, 小學館文庫, 2011.

佐藤卓己, 「歌學的ナショナリズムのメディア論―『原理日本』再考」, 『表現における越境と混淆』(日文研叢書36), 國際日本文化研究センター, 2005.

左山貞雄, 『大川周明博士その思想』, 大同書院, 1994.

竹內洋, 「帝大肅正運動の誕生・猛攻・蹉跌」, 『日本主義的教養の時代』, 柏書房, 2006.

竹內洋 編, 『蓑田胸喜全集』第1巻・第3巻, 柏書房, 2004.

竹內好, 「大川周明とアジア研究」, 『近代日本思想大系21－大川周明集』, 筑摩書房, 1975.

______, 「大川周明のアジア研究」, 丸川哲史・鈴木将久 編, 『竹内好セレクションⅡ－アジアへの / からのまなざし』, 日本経済評論社, 2006.

中野目徹, 『明治青年とナショナリズム』, 吉川弘文館, 2014.

増田眞, 「啓蒙と神秘思想」, 『啓蒙の運命』, 名古屋大學出版會, 2011.

川村邦光, 『聖戦のイコノグラフィー』, 靑弓社, 2007.

清家基良, 「大川周明試論」, 『政治経済史學』230, 日本政治経済史學研究所, 1985.

青地晨, 「大川周明と‘アジア解放’」, 『中央公論』, 中央公論社, 1965.

土居健郎, 閆子妹 譯, 『日本人の心裡構造』, 商務印書館, 2007.

土肥昭夫, 『歴史の証言日本プロテスタント・キリスト教史より』, 教文館, 2004.

河原宏, 『近代日本の亜洲認識』, 第三文明社, 1976.

海後宗臣, 『教育勅語成立史の研究』, 東京大學出版會, 1965.

丸山真男, 「日本の思想」, 『丸山真男集』第7巻, 岩波書店, 2003.